글로벌 시대의

국제통상환경과 무역실무

조혁수 저

유원북스

머 리 말

우리나라 경제의 대외 의존도는 세계 어느 나라보다도 높은 실정이다. 필연적으로 우리나라는 외부적 환경에 직접적으로 노출되어 있고 영향을 많이 받을 수밖에 없는 경제구조를 가지고 있다. 과거 글로벌 금융위기의 여파로 우리나라 경제가 다른 경쟁국보다 훨씬 더 많은 어려움을 겪은 사실이 이러한 우리나라 경제의 높은 대외 의존형 특성을 반영하고 있다. 우리나라 경제에 있어서 최대 화두는 언제나 수출증대를 통한 무역의 확대였다. 우리나라 경우처럼 대외 의존형 경제구조를 가지고 있는 국가에 있어서 수출증대는 해당국 경제성장을 이끌 수 있는 핵심기반이라 할 수 있다. 이러한 수출증대 및 균형 잡힌 무역을 위해서는 체계적인 경제정책과 같은 거시적 전략과 함께 개별 기업의 효과적인 미시적 전략수립 및 이행이 필수적이라 할 수 있다. 효과적인 전략수립을 위해서는 글로벌 국제통상환경에 대한 체계적인 이해가 우선 필요하다.

국제통상은 여러 가지를 함께 내포하고 있는 복합적인 개념이다. 그리고 국제통상은 일반적으로 순수학문이기보다 실용학문의 성격을 지니고 있다. 구체적으로는 국제무역(international trade), 국제경제(international economics) 그리고 국제경영(international business) 개념 등을 포함하는 융합적 성격의 학문이 바로 국제통상이다. 과거 국제무역으로 대변되는 일차원적인 개념에서 3개 영역을 포괄하는 복합적 개념으로 확대된 국제통상에 대한 정확한 이해 없이는 효과적인 기업전략수립 및 이행이 불가능하다. 본 저서는 국제무역, 국제경제, 국제경영으로 대변되는 국제통상의 세 분야에 대해 체계적인 개념정립 및 분석을 실시하고 있다.

우선, 본 저서는 글로벌 국제통상환경에 대한 철저한 분석을 실시하고 있다. 글로벌 국제통상환경에 대한 이해를 바탕으로 개별 기업활동에 영향을 미칠 수 있는 외부환경의 기회 및 도전에 대한 분석을 선행하고 있다. 구체적으

* 본 연구는 2010년도 계명대학교 비사연구기금으로 이루어졌음.

로 글로벌화에 따른 국제 정치적 환경, 국제 경제적 환경, 국제 문화적 환경 등에 대해 다양한 사례들을 활용하여 분석하고 있다. 이와 함께 글로벌 국제통상 환경에서 시장기회를 극대화하고 시장위협은 최소화하는 기업전략수립에 관한 내용을 전달하고 있다.

두 번째로, 본 저서는 글로벌 국제통상전략에 대한 체계적 논의를 실시하고 있다. 글로벌 시장환경은 개별 기업에 다양한 기회를 제공하고 있다. 하지만 효과적인 기업전략수립이 선행되지 않으면 이러한 시장환경은 오히려 위협적인 요인이 될 수 있다. 즉 효과적인 무역실무, 국제경영, 국제경제 부분들에 대한 이해 및 철저한 분석이 글로벌 국제통상 기업전략수립에 핵심 선행과제임을 알 수 있다. 물론 이러한 기업전략수립 및 이행은 글로벌 국제통상 관련 학술적 연구동향에 대한 이해를 바탕으로 완성될 수 있다. 이러한 과정들을 통해서 글로벌 국제통상환경에서의 기회를 최대한 활용하고 위협적인 부분들은 최소화하는 효과적인 기업전략수립이 가능하다고 판단된다.

세 번째로, 본 저서는 국제무역거래 실무과정에 대한 심층적 내용 전달을 실시하고 있다. 국제통상의 다양한 개념들 중 핵심적인 부분은 바로 국제무역이다. 우리나라는 글로벌 무역대국 중 하나이다. 우리나라 경제를 뒷받침하고 또한 우리나라 경제의 성장 원동력은 바로 국제무역이라 할 수 있다. 따라서 개별 기업들이 글로벌 국제통상환경에서 경쟁하고 성장하려면 국제무역 개념 및 절차에 대한 정확한 이해가 필수적이다. 이러한 배경으로 본 저서는 개별 기업 차원에서 실질적으로 활용될 수 있는 국제무역에 대한 체계적이고 상세한 내용을 전달하고자 한다. 본 저서에서는 국제무역에 있어서 핵심적인 내용인 국제무역계약의 절차, 조건, 관련규칙 등에 대해 단계별로 기술하며 특히 국제무역과 관련한 여러 국제협약이나 법률의 내용을 심층적으로 전달하고 있다.

국제통상이라는 방대한 분야에 대한 이론적인 부분, 실무적인 부분 그리고 학술적인 부분에 대해 체계적으로 논의하기 위하여 노력했지만 미흡한 부분이 많을 것으로 예상된다. 부족한 부분에 대한 너그러운 이해를 부탁드린다.

2013년 1월

저자 씀

차 례

P·A·R·T 01 글로벌 국제통상환경

제 1 장 Globalization

제 2 장 국제기구, 국제지역 경제통합

P·A·R·T 02 글로벌 국제통상 실무

제 1 장 무역의 기초

제 2 장 국제무역계약 체결

제 3 장 국제무역계약 이행

제 4 장 국제무역 해상보험

PART 01

글로벌 국제통상환경

제 1 장

Globalization

제 1 절 Globalization 개념

1. Globalization 정의

다양한 영역에서 꾸준히 논의되고 있는 여러 이슈 중 국제통상 관련 핵심적인 이슈가 바로 글로벌화(globalization)이다. 글로벌화는 정치, 사회, 문화 등의 분야에서 일상적으로 사용되고 있지만 정확한 정의에 대해서는 여전히 다양한 의견이 존재하고 있다. 또한 글로벌화 자체가 정적인 개념이기 보다는 동적인 개념이다. 이러한 특성으로 글로벌화의 정확한 개념 정의가 여전히 어려운 현실이다. 글로벌화 정의와 관련해 경제적인 측면만을 강조하는 학자, 기업가, 행정가 등의 전문가 집단이 있다. 하지만 동시에 많은 다른 전문가는 인적 교류, 문화적 교류, 정치적 교류 등과 같이 다양한 측면의 글로벌화를 강조하고 있다.

IMF(International Monetary Fund)에 의하면 글로벌화는 재화와 서비스 및 금융자본, 기술이 무제한으로 국경을 넘어 거래되는 양과 양상의 증대라고 정의될 수 있다. 사실 세계화(internationalization)와 글로벌화(globalization)의 개념이 혼용되어 사용되는 경우가 많다. 하지만 세계화의 개념은 국제경영(international business) 분야에서 다국적 기업의 해외진출 단계를 이론적으로 설명하기 위해 시작되었다. 이에 반해서 글로벌화는 기업활동에 국한되지 않고 통합적 사회현상을 설명하는 개념이다. 학자에 따라서는 세계화의 개념을 글로벌화와 현지화(localization)의 융합적 개념으로 접근하는 경우도 있다. 따라서 세계화와 글로벌화를 같은 개념으로 이해하는 것은 바람직하지 않다.

다양한 의견과 접근방식에도 불구하고 많은 관련 당사자가 공감하고 있는 글로벌화의 개념은 상호의존성의 증대이다. 예를 들어 전 세계는 정치적 · 문화적 · 경제적 측면에서 국가 간 상호의존성이 지속적으로 증대되고 있다. 그 결과 다양한 분야에 있어서 전 세계가 하나로 통합되는 현상이 확대되고 있다. 앞서 논의된 내용에 의하면 이러한 전 세계적 통합 현상을 글로벌화로 정의할 수 있다.

2. Economic Globalization(경제적 글로벌화)

글로벌화는 다양한 분야에서 현재 진행 중이다. 그 중 대표적인 분야가 경제 분야이다. 경제 분야에서 국가 간 의존성이 강화되고 있으며 이러한 현상을 경제적 글로벌화(economic globalization)로 정의할 수 있다. 경제적 글로벌화는 다양한 요인에 의해 확산되고 있다. 대표적인 요인이 WTO(World Trade Organization)와 같은 경제 분야의 초국가적 기구이다. WTO는 전 세계적 자유무역을 확대하고 분쟁해결 기구를 통해 국가 간 무역 분쟁을 적극적으로 중재하고 있다. 또한 WTO는 개별 국가에 다양한 무역 관련 정책을 제안하고 있다. 1920년대~1930년대 사이에 선진공업국을 중심으로 많은 국가가 국제무역, 해외 직접투자에 있어서 강력한 장벽을 세웠다. 이러한 무역 장벽은 공산품 수입에 높은 관세를 붙이는 형태로 현실화되었다. 해외 경쟁 국가와 기업으로부터 국내 산업을 보호하기 위하여 높은 관세가 부과되었지만 이는 결과적으로 상대 국가의 보복성 무역정책을 촉발시켰다. 이러한 현상으로 전 세계 수요는 위축되게 되었다. 그 결과 1930년대 대공황이 발생하게 된다. 물론 대공황을 초래한 다양한 요인이 있었지만 많은 전문가가 당시 보호주의 무역정책을 중요한 핵심 요인으로 간주하고 있다.

이러한 역사적 경험을 바탕으로 WTO와 이전 GATT(General Agreement on Tariffs and Trade) 체제는 수 차례 다자간 협상을 통해 무역 장벽을 낮추기 위해 많은 노력을 기울여 왔다. GATT 체제의 마지막 다자간 협상인 우루과이라운드(Uruguay Round, UR)에서는 회원국 간 공산품 및 서비스 무역에 대한 무역 장벽 완화를 합의하였다. 그리고 기존 GATT 체제를 대신하는 WTO 출범을 합의하게 된다. 1947년부터 1994년까지 지속하는 동안 GATT는 1차부터 8차에 걸친 다자간 협상을 통해 회원국 간 상품무역의 평균 관세율을 지속적으로 인하시켰다. GATT 체제를 이은 WTO의 핵심원칙도 바로 관세인하를 통한 무역 자유화이다. 미국의 경우 1910년대 44%, 1950년대 14% 정도를 유지하던 평균 관세율이 2006년도에는 3.2% 수준으로 하락하였다. 일본의 경우도 1910년대 30% 정도의 평균 관세율이 2006년도에는 2.3% 수준으로 하락하였다.

WTO에서는 국제무역과 해외 직접 투자를 더욱 자유롭게 하기 위해 새로운 회의를 2001년 말에 개최하였다. 카타르(Qatar) 도하(Doha)에서 개최된 이 회의는 당시에는 3년을 기한으로 시작되었지만 실제로는 장기화되었다. 이 회의에서는 공산품, 서비스, 농산물에 대한 관세인하와 농산물 생산자에게 지급되는 보조금 철폐, 국경을 넘는 투자에 대한 장벽 제거, 반덤핑 법의 사용을 제한하는 것을 주로 논의하였다. 이 중 농산물에 대한 논의가 가장 활발히 진행되었다. 많은 국가가 무역 장벽과 해외 직접 투자(Foreign Direct Investment, FDI)에 대한 규제를 완화하기 위해 노력해 왔다. 그 결과 국가 간 투자를 촉진하고 보호하는 투자협정이 급격히 확대되고 있다. 이에 따라 글로벌 시장에서 해외 직접 투자에 대한 호의적인 시장환경이 조성되고 있다. 이러한 추세는 전 세계 국가 간 경제적인 통합, 즉 경제적 글로벌화(economic globalization)를 가속시키고 있다. 또한 시장의 글로벌화(globalization of markets)와 생산의 글로벌화(globalization of production) 현상도 확대되고 있다.

이러한 경제적 글로벌화는 국제지역 경제통합(regional economic integration)을 통해 실질적으로 강화되고 있다. 국제지역 경제통합은 국가 간 관계를 규율하는 중요한 원칙인 지역주의를 바탕으로 형성된다. 지역주의란 정치적으로는 독립되어 있지만, 지리적 · 문화적 · 경제적으로 상호 의존성이 높은 국가 간 무역, 통화, 산업, 금융, 재정 등에 관한 통합을 체결하여 하나의 경제권을 형성하려는 노력이나 경향을 의미한다. 국제지역 경제통합은 역내우선주의를 원칙으로 운영되고 있다. 역내우선주의란 회원국 상호 간 이익을 도모하지만 비회원국에게는 차별적 조치를 공동으로 행하는 공동 경제권 운영의 원칙이다.

이러한 국제지역 경제통합의 첫 단계가 바로 자유무역협정(Free Trade Agreement, FTA)이다. 자유무역협정을 통해 역내 국가 간 자유무역은 실현될 수 있다. 물론 현실적으로 회원국 간 모든 상품 및 서비스 무역을 자유롭게 할 수는 없지만 상당 수준의 자유무역과 경제적인 통합을 이룰 수 있다. 이러한 자유무역협정은 점진적으로 높은 수준의 통합인 경제동맹(Economic Union, EU)으로 확대 · 발전되고 있다. 현재 우리나라가 미국, 유럽연합(European Union, EU)과 체결한 경제통합은 자유무역협정에 해당된다. 북미자유무역협정(North American Free Trade Agreement, NAFTA)도 대표적인 자유무역협정이다. 현재 유럽연합(EU)도 과거 베네룩스 관세동맹(Benelux Customs Union), 유럽공동체(European Community, EC)를 통해 점진적으로 확대 · 발전되어 왔다. 국제지역 경제통합은 원칙적으로 무역 자유화 및 무차별주의를 바탕으로 하는 GATT 체제와 WTO 원칙에 위배되지만 이를 통해 점진적인 무역 자유화가 실현될 수 있기 때문에 예외적으로 허용되고 있다. 이러한 국제지역 경제통합을 통해 국가 간 점진적인 경제적 통합이 이루어지고 있으며 이를 통해 경제적 글로벌화가 실현될 수 있을 것으로 기대하고 있다.

3. Political Globalization(정치적 글로벌화)

경제적 부분과 함께 정치적 영역에서도 글로벌화가 가속화되고 있다. 정치적 분야에서는 초국가적 정치 기구가 중요한 역할을 하고 있다. 전 세계적으로 국제연합(United Nations, UN)이 중요한 역할을 하고 있으며, 유럽지역에서는 유럽연합(European Union, EU)이 정치적인 통합을 주도하고 있다. UN은 1945년 10월 24일 국제협력과 공동의 안보를 통해 평화를 유지하기 위해 창설되었다. 현재 190여 국가가 회원국으로 참여하고 있으며 개별 국가가 UN에 가입할 때는 UN헌장에 반드시 동의를 해야 한다. UN헌장은 국제 관계의 기본적인 원칙을 설정한 국제 조약으로 4가지 목적을 내포하고 있다. UN헌장은 세계평화를 유지하고 국가 간 우호를 발전시키며, 국제 문제의 공동 해결이나 인권향상을 위해 협력하고 국가 간 정책의 조화를 추구하는 것을 목적으로 하고 있다. 이와 함께 빈곤을 줄이고 실업을 퇴치하며 경제와 사회의 발전을 위한 환경조성도 UN의 중요한 역할 중 하나이다. 이와 같은 활동으로 UN의 영향력은 확대되고 있으며 UN 아래 개별 국가의 상호협력이 적극적으로 진행되고 있다.

유럽지역에서 최초로 이루어진 경제통합은 공동 대외관세를 채택한 베네룩스 관세동맹(Benelux Customs Union)이었다. 1, 2차 세계대전을 경험한 유럽국가에서 정치적인 통합의 필요성이 대두되었고 이를 위해 경제적인 통합이 우선 추진되었다. 베네룩스 관세동맹에는 벨기에(Belgium), 네덜란드(Netherlands), 룩셈부르크(Luxemburg) 3개국이 참여하였다. 이 후 프랑스(France), 서독(West Germany), 이탈리아(Italy), 베네룩스 3국 등 6개국이 1951년 유럽석탄-철강공동체(European Coal and Steel Community, ECSC)를 설립하였다. ECSC 6개 회원국은 1958년 유럽경제공동체(European Economic Community, EEC)와 유럽원자력공동체(European Atomic Energy Community, EURATOM)를 설립하였으며, EEC는 1968년 역내관세를 완전히 철폐하고 역외공동 관세율의 통일을 달성하는 등 실질적인 관세동맹의 형태로 운영되었다.

EEC는 1967년 ECSC, EEC, EURATOM 3기구를 하나의 공동체 기구로 통합하는 조약을 체결하였으며 이를 통해 유럽공동체(European Community, EC)가 탄생하게 되었다. 1985년 EC정상회담에서 단일유럽법(Single European Act, SEA)이 채택되었다. 또한 상품, 노동력, 서비스, 자본의 자유로운 이동 보장, 과학 및 기술개발의 공동정책 실시, 유럽통화제도의 강화 등을 추진하였다. EC는 1992년 통화통합과 정치통합을 목표로 유럽연합조약(Treaty on European Union, TEU)을 체결하였으며 EC의 명칭은 EU로 변경되었다. EU의 출범은 유럽국가 간 경제적인 통합과 함께 정치적인 통합을 추진하고 있음을 의미한다. 앞서 논의된 UN과 EU와 같은 초국가적 정치기구의 활발한 활동을 통해 정치적 분야에서 전 세계 국가 간 수렴현상이 나타나고 있으며 이러한 현상을 정치적 글로벌화로 정의할 수 있다.

4. Cultural Globalization(문화적 글로벌화)

경제적 · 정치적 분야와 함께 문화적 측면에서도 글로벌화가 현재 가속화되고 있다. 문화적 글로벌화에 있어서 핵심은 바로 인터넷의 개발과 확산이다. 월드와이드웹(World Wide Web, WWW)의 빠른 성장으로 1990년에 인터넷을 사용하는 이용자는 전 세계적으로 약 100만 명 정도였지만 1995년에는 5,000만 명으로 확대되었다. 그 후 2007년에는 인터넷 이용자의 숫자가 13억 명으로 확대되었다. 전 세계적인 인터넷 이용의 확대는 경제적 측면과 함께 기회의 평등이라는 가치를 실현하고 있다. 인터넷을 통해 전 세계 소비자는 지역, 국가, 시차 및 다른 요인에 의한 차별 없이 온라인을 통해 재화 및 서비스 거래에 적극적으로 참여하고 있다. 기업에 있어서도 인터넷의 확대는 규모에 상관없이 중요한 의미를 가진다. 큰 기업이든 작은 기업이든 인터넷을 통해서 어느 때보다 저렴한 비용으로 글로벌 시장에 진출할 수 있게 되었다.

인터넷의 발달로 우리는 시간과 공간의 제약 없이 다른 국가, 다른 문화에 대한 정보에 쉽게 접근할 수 있다. 이를 통해 다른 문화에 대한 이해를 향상시킬 수 있을 뿐만 아니라 다른 문화에 대한 거부감도 상당히 완화될 수 있다. 이러한 과정을 통해 문화적 측면에서의 전 세계적 통합이 이루어질 수 있다. 이러한 문화적 글로벌화는 단순히 문화적 측면에만 국한되는 것이 아니라 경제적 분야에도 엄청난 파급효과를 미칠 수 있다. 전 세계 국가의 소비자가 서로 유사한 문화를 공유함으로써 소비 특성이 통합되는 경향이 나타날 수 있다. 기업의 입장에서는 낮아진 문화적 장벽을 통해 다른 문화권 시장 진출을 효과적으로 확대할 수 있다.

인터넷과 같은 커뮤니케이션(communication) 기술의 발전과 함께 주요 운송수단(transportation)의 발달도 문화적 글로벌화에 많은 영향을 미치고 있다. 과거에 비해 항공 운송수단의 발달로 다른 국가, 다른 문화권에 대한 이동을 자유롭게 할 수 있다. 이러한 이문화 간 교류를 통해 다른 문화권에 대한 거부감이 낮아질 수 있으며 궁극적으로 전 세계적인 문화적 수렴현상이 가속화될 수 있다. 이러한 현상이 바로 문화적 글로벌화이다. 물론 이러한 운송수단의 혁신은 경제적 측면에서도 많은 효과를 가져왔다.

민간 제트기와 대형 수송기의 발전 그리고 물품의 운송 및 하역과정을 단순화시킬 수 있는 컨테이너 수송의 도입이 중요한 역할을 해 왔다. 상업 제트기 여행으로 전 세계를 하나의 지구촌으로 묶을 수 있었고, 컨테이너 수송은 운송사업을 완전히 변화시켜 왔다. 컨테이너 수송이 출현하기 전에는 물품의 선적 및 환적에 많은 노동력과 시간 그리고 비용이 들었다. 하지만 컨테이너 수송이 널리 이용되면서 운송비용이 큰 폭으로 낮아질 수 있었다. 컨테이너 수송을 통해 효율적인 국제운송이 가능해짐에 따라 생산의 글로벌화(globalization of production)가 촉진되고 있다. 따라서 경제적 · 정치적 · 문화적 글로벌화는 서로 배타적이거나 독립적인 현상이 아니라 상호작용을 통해 함께 수렴되는 사회적 현상이라 할 수 있다.

제 2 절 Globalization 핵심 분야

1. Globalization of Markets(시장의 글로벌화)

국제통상 분야와 관련한 글로벌화의 핵심 분야는 시장의 글로벌화(globalization of markets)와 생산의 글로벌화(globalization of production)로 대변될 수 있다. 시장의 글로벌화는 다양한 특성을 보이는 전 세계 시장이 하나로 통합되어 거대 시장으로 재편되는 현상을 의미한다. 글로벌화를 통해 국가 간 무역장벽이 무너지고 국가별로 다양했던 상품 및 서비스에 대한 소비자 기호가 어느 정도 유사해지면서 시장의 글로벌화가 가속화되고 있다. 예를 들어 전 세계 소비자는 Coca-Cola 음료, Mcdonald 햄버거, Starbucks 커피를 즐기며 IKEA 가구, Hollywood 영화 등에 대해 높은 친밀성을 나타낸다. 특히 Coca-Cola 등과 같은 글로벌 브랜드의 기업활동은 단순히 시장환경을 이용하는 것에 국한되는 것이 아니라 시장의 글로벌화를 촉진하기도 한다. Mcdonald 햄버거의 경우 전 세계적으로 글로벌 표준화된 제품(globally standardized products)을 판매함으로써 해당 분야의 전 세계 소비자 기호로 하나를 수렴시키는 결과를 이끌어내고 있다.

기업이 시장의 글로벌화를 촉진시키고 이익을 얻기 위해서 Coca-Cola 경우처럼 기업규모가 중요한 것은 사실이지만 거대한 기업규모가 반드시 필요한 것은 아니다. 예를 들어 미국 수출기업 중 전체의 90% 정도는 종업원 100명 미만의 중소기업이다. 미국의 전체 수출 규모에서 해당 기업에 의한 비중은 꾸준히 증대되고 있다. 현재 미국 수출의 20%가 중소기업에 의해 이루어지고 있다. 만약 종업원 수 규모를 500명 미만으로 확대하면 미국 전체 수출기업의 97%는 여기에 해당된다. 전형적인 예가 미국 뉴욕에 본사를 두고 있는 Hytech과 B&S Aircraft Alloys 등이다. Hytech는 태양광 패널을 생산하며 연간 매출액 중 40%를 5개국에서 벌어들이고 있다. B&S Aircraft Alloys도 800만 달러의 연간 매출 중 40%를 해외에서 얻고 있다.

시장의 글로벌화가 세계적으로 확대되고 있지만 여전히 국가별로 특유한 시장 특성을 가지고 있다. 개별 국가는 소비자 기호에서부터 유통 채널, 문화적 가치 체계, 비즈니스 시스템, 법적 규제까지 다양한 측면에서의 시장 특성을 보이고 있다. 이러한 시장 특성 때문에 글로벌 시장에 진출하는 기업은 특정 국가의 시장환경에 적합하도록 맞춤형 마케팅 전략을 수립하고 제품의 특성을 변화시켜 사업을 전개할 필요가 있다.

글로벌 시장에서 같은 업종의 대표적 기업은 여러 시장에서 함께 경쟁하고 있다. 음료업계의 Coca-Cola와 Pepsi, 게임업계의 Sony, Nintendo와 MS, 비행기 엔진 산업의 GE와 Rools-Royce 등이 여기에 해당된다. 한 회사가 특정 국가에 진출하면 그 회사의 경쟁기업은 뒤이어 진출하는 경향을 보인다. 이런 현상은 경쟁업체가 특정 시장에서 이익을 독차지하는 것을 막기 위함이다. 이와 같이 기업은 전 세계 시장에서 서로가 서로를 쫓아다니면서 그들의 고유자산(resource)도 함께 이전하게 된다. 여기에서 의미하는 고유자산은 단순히 제품만을 의미하는 것이 아니라 기업경영 전략, 마케팅 전략, 브랜드 명칭, 인사조직 전략 등도 포함한다. 즉 기업의 동질적인 기업문화 및 자산이 전 세계로 이전되는 결과가 초래된다. 이러한 기업현상도 시장의 글로벌화를 가속화시키는 중요한 요인이다.

2. Globalization of Production(생산의 글로벌화)

생산의 글로벌화는 노동, 자본, 에너지, 토지 등과 같은 생산요소의 국가 간 차이를 적극적으로 활용하여 세계 여러 국가에서 제품이나 서비스를 생산하는 활동을 의미한다. 생산의 글로벌화를 통해 기업은 전체 비용 구조를 낮추거나 제품의 품질을 향상시킬 수 있다.

이를 통해 기업은 글로벌 시장에서 보다 효율적으로 경쟁할 수 있는 기회를 기질 수 있다. 유럽의 Airbus와 함께 민항기 제조의 양대 축인 미국 Boeing의 경우 일본 업체에서 기체와 문이 제조되고 있으며, 싱가포르 업체에서는 랜딩기어 문이 제조되고 있다. 날개 부분은 한국에서 제조되고 있다. 이 외에도 전 세계 많은 국가의 업체가 Boeing 비행기 제작에 참여하고 있다. 예를 들어 Boeing 777의 경우 해외에서 부품을 아웃소싱(outsourcing)하는 비중이 약 30% 정도이었지만, Boeing 787의 경우는 항공기 부품의 65%를 해외 제조업체에서 아웃소싱하고 있다. Boeing에 의하면 이러한 아웃소싱은 단순히 비용절감의 차원을 넘어서 특정 해외업체가 해당 분야에 있어서 세계 최고이기 때문이다. 즉 Boeing 있어서 다양한 해외 공급업체의 협력망은 최종 제품의 가격 경쟁력과 함께 품질 수준을 높이고, 이를 통해 경쟁업체인 Airbus보다 더 높은 실적을 얻을 수 있는 효과적인 수단이 되고 있다. 또한 Boeing은 항공기를 주문하는 현지 항공사로부터 더 많은 주문을 받기 위해 해당기업에 아웃소싱을 맡기기도 한다. 한국의 대한항공은 미국 Boeing의 고객인 동시에 부품을 생산하고 조달하는 협력업체이기도 하다.

생산의 글로벌화와 관련해 초기의 아웃소싱은 앞서 살펴본 Boeing의 경우처럼 주로 생산활동에 제한되어 있었다. 하지만 기업은 인터넷과 같은 정보통신 기술 발달을 적극적으로 활용하여 서비스 분야에서도 글로벌 아웃소싱을 진행하고 있다. IBM과 같은 미국 소프트웨어 업체는 인도(India) 엔지니어에게 미국산 소프트웨어의 검사와 보수 업무를 맡기고 있다. 또한 병원산업에서는 MRI 스캐너로 촬영된 영상이 미국 외과 의사가 잠든 사이 외국에서 판독되어 다시 전송되어진다. Dell과 Bank of America와 같은 미국의 컴퓨터 업체와 금융 업체도 소비자 콜센터(call center) 등의 고객 서비스 분야를 인도와 같이 같은 언어권의 개발도상국으로 아웃소싱하고 있다. 물론 생산의 글로벌화를 저해하는 다양한 요소도 존재하고 있다. 개별 국가의 공식적 · 비공식적 무역 장벽이 대표적인 저해 요인이며, 정치적인 불확실성도 생산의 글로벌화를 약화시킬 수 있다. 그럼에도 불구하고 생산의 글로벌화는 지속적으로 확대될 것으로 예상된다. 더욱이 글로벌 기업활동은 이러한 생산의 글로벌화를 가속화시키는 역할을 하고 있다.

제 3 절 Globalization 영향

1. Globalization 긍정적 · 부정적 영향

앞서 논의한 대로 글로벌화(globalization) 정의에 대해서는 다양한 접근방식과 의견이 있었다. 이와 함께 글로벌화가 미치는 영향에 대해서도 많은 논쟁이 있다. 글로벌화는 다양한 분야에서 직접적 혹은 간접적으로 영향을 미치고 있다. 경제적 분야와 함께 환경, 노동, 빈부격차, 지역화 등 다양한 사회적 분야에서도 긍정적 혹은 부정적인 영향을 미치고 있다. 글로벌화를 지지하는 당사자는 전 세계 경제의 지속적인 발전과 평화의 유지를 언급하며 글로벌화의 중요성을 강조하고 있다.

반면 반대론자는 글로벌화가 오히려 빈익빈, 부익부와 같은 경제적 혹은 사회적 양극화를 심화시켰음을 주장하고 있다. 많은 학자와 기업가는 국제무역과 국제투자에 대한 각종 장벽을 낮추는 것이 세계 경제가 더욱 번영하기 위해 필수적인 부분이라 주장하고 있다. 이 주장에 따르면 낮아진 무역 장벽에 의해 상품과 서비스의 가격이 전 세계적으로 하락하고 이를 통해 개별 국가의 경제 성장, 소비자 이익의 증대, 일자리 창출 등을 기대할 수 있다. 물론 이러한 주장을 뒷받침할 수 있는 상당한 이론적 혹은 실증적 근거가 있지만, 동시에 글로벌화는 여전히 다양한 측면에서 비난을 받고 있다.

글로벌화에 반대하는 집단은 그들의 의견을 나타내기 위해 APEC(Asia-Pacific Economic Cooperation), WTO(World Trade Organization), G20(Group 20) 등과 같은 글로벌 정치 혹은 경제 회의가 있을 때 길거리를 장악하는 등 폭력적인 수단을 동원하기도 한다. 예를 들어 1999년 미국 시애틀(Seattle)에서 열린 WTO 회의 때 약 4만 명 이상의 글로벌화를 반대하는 시위자가 거리를 점거하고 폭력적인 수단을 동원해 의사를 표현했던 사건이 있었다. 평온하던 시애틀 다운타운은 무정부주의자와 경찰과의 충돌로 인해 전쟁터를 방불케 할 정도로 아수라장이 되었다. 결국 당시 WTO 회의는 합의점을 찾는 데 실패하였다. 물론 회의 장소 바깥의 시위대가 WTO 회담 실패에 직접적으로 기여한 것은 없지만 시위자가 그 회의를 지연시키는 데 성공했다는 인상은 확실히 심어 놓았다.

2011년에는 미국의 경제수도이자 연방준비제도이사회(Federal Reserve Bank, FRB), 증권거래소, 주요 상업은행, 투자은행 등 핵심 금융기관이 한 곳에 모여 있는 뉴욕(New York) 맨해튼(Manhattan)의 월가(Wall Street)에서 "월가를 점령하라(Occupy Wall Street)"는 구호와 함께 학생, 시민, 노동자가 참여하는 시위가 있었다. 금융자본의 탐욕에 항의하는 이른바 '월가 점령 시위'는 미국에서 시작되었지만 전 세계로 확대되었다. 이 시위의 직접적인 이유는 금융자본의 탐욕에 대한 항의였고 이는 경제적 글로벌화와 밀접한 관계가 있다. 즉 글로벌화는 항상 긍정적인 결과만을 도출하는 것이 아니라 다양한 부정적인 결과도 동시에 수반할 수 있다.

2. 규모의 경제 실현

기업활동과 관련해 글로벌화는 많은 장점을 가지고 있다. 연구개발과 생산에 있어서 글로벌화는 규모의 경제 실현에 직접적으로 영향을 미칠 수 있다. 규모의 경제가 실현되는 이유는 기업활동의 글로벌화를 통해 고정비용이 더 많은 생산단위로 할당되기 때문이다. 이러한 규모의 경제는 제조나 광고와 같은 다양한 분야에서도 실현될 수 있다. 예를 들어 자동차 산업은 연구개발비와 함께 상당한 고정비용을 필요로 하는 산업이다. 엄청난 규모의 생산 설비, 노동, 자본의 투자가 필요한 산업이 바로 자동차 산업이다. 따라서 매년 수십만 대만 생산할 수 있는 작은 규모의 자동차 기업은 글로벌 시장에서 살아남기 어렵다. 글로벌화는 기업의 생산활동 기반을 모국(home country)에만 국한하지 않는다. 기업은 글로벌 시장으로 확대 · 진출할 수 있다. 이를 통해 해당 기업은 규모의 경제를 실현할 수 있다.

3. 소비자 수요의 동질화

전 세계적인 글로벌화의 영향으로 민간 부분의 경제적 혹은 문화적 교류가 특히 활발히 진행되고 있다. 국가 간 소득격차가 좁혀지고 있으며 생활수준, 노동환경, 소비자 기호가 통합되는 현상도 보이고 있다. 즉 글로벌화로 인해 소비자 수요의 국가 간 차이가 현저히 줄어들고 있음을 알 수 있다. 관련되는 이론적 혹은 실증적 연구에 의하면 글로벌 시장의 소비자 수요 동질화는 글로벌 브랜드에 의해 많은 영향을 받아 왔다. 현재 전 세계 많은 소비자가 Mcdonald 매장에서 점심식사를 하며, Starbucks 커피를 마시며, 간식으로는 Dunkin Donuts를 즐기고 있다. 그리고 휴일에는 Hollywood Blockbuster 영화를 즐겨보며, 의류와 관련해서는 GAP 티셔츠와 혹은 Levis 청바지를 즐겨 입는다. 이러한 경향을 보면 전 세계 소비자 수요가 하나로 수렴되고 있음을 알 수 있다. 관련 연구에 의하면 이러한 현상을 '세계의 캘리포니아화(California of the World)'라고 지칭하고 한다. 이는 글로벌화의 중요한 결과 중의 하나이다.

4. 국가 간 장벽의 감소

글로벌화에서 핵심적인 부분이 정치적인 글로벌화(political globalization)이다. 앞서 논의한 대로 이는 전 세계 국가가 정치적으로 하나로 수렴되는 현상을 의미한다. 이를 통해 국가 간 정치적인 장벽은 지속적으로 낮아지고 있다. 또한 WTO와 같은 초국가적 경제기구의 확대로 국가 간 무역 장벽 등의 경제적인 장벽도 지속적으로 낮아지고 있다. 특히 GATT 체제 및 WTO의 핵심 원칙이 바로 관세양허(binding tariffs)를 통한 무역 자유화의 실현이다. 이를 통해 정치적 혹은 경제적 분야에서 다양한 국가 간 장벽이 낮아지는 현상이 나타나고 있다.

5. 국가주권의 약화

글로벌화의 부정적인 측면을 강조하는 비판론자는 오늘날 상호 의존성이 증대된 세계 경제에 대한 통제권이 개별 국가에서 세계무역기구(WTO), 유럽연합(EU), 유엔(UN) 등과 같은 초국가적 기구로 이전되고 있음을 주장하고 있다. 그리고 비판론자는 이러한 초국가적 기구가 개별 국가에 여러 정책을 강요하고 있으며 이에 따라 개별 국가의 주권이 침해당하고 국가 스스로 자신의 운명을 통제하는 것이 제한되고 있다고 주장하고 있다. 글로벌화와 관련 비판의 핵심 대상이 바로 세계무역기구(World Trade Organization, WTO)이다. WTO는 GATT 체제에 서명한 150여 국가 간 무역 분쟁을 중재하는 역할도 하고 있다. 이를 통해 WTO의 배심원은 개별 회원국이 WTO 규제를 위반하지 못하도록 하고 있다. 만약 개별 회원국이 WTO 규제에 순응하기를 거부한다면 WTO는 다른 회원국에게 해당 위반국에 대한 차별적 무역 조치를 취할 수 있도록 허용하고 있다. 이러한 사실을 근거로 비판론자는 개별 국가의 주권침해를 우려하고 있다. 하지만 경제학자와 정치가 등 전문가 집단은 다른 견해를 보이고 있다. 그들에 의하면 UN 및 WTO와 같은 초국가적 기구가 개별 국가에게 여러 제안을 강요하기에는 해당 기구의 영향력이 제한적이어서 개별 국가의 이익에 심각한 영향을 미치지 않는다고 주장하고 있다. 오히려 국제노동기구(International Labour Organization, ILO)와 같은 초국가적 기구의 활발한 활동으로 개발도상국에서 노동환경 개선과 같은 긍정적인 결과가 있음을 주장하고 있다. 즉 글로벌화는 접근방식에 따라서 부정적 혹은 긍정적 결과를 초래할 수 있다.

6. 세계의 빈곤

글로벌화를 비판하는 당사자는 국제적인 자유무역 및 해외 직접 투자로 인해 많은 이익이 발생했지만 지난 100여 년 간 부자 국가와 가난한 국가의 부의 차이는 오히려 더 벌어지고 있음을 주장하고 있다. 1870년대에 세계에서 가장 부자인 17개 국가의 1인당 국민소득은 다른 모든 국가의 평균보다 2.4배가 높았다. 하지만 1990년에 동일 집단을 비교했을 때 국민소득의 차이는 4.5배로 벌어져 있었다. 이론적 혹은 실증적 연구에 의하면 글로벌화와 관련이 없는 요인도 이러한 현상과 밀접한 관련이 있다. 예를 들어 국가에 따라서 정부의 정책이 해당 국가 부의 창출을 용이하게 하는 것이 아니라 오히려 부를 파괴할 수도 있다. 또한 정책의 실패로 인해 부패가 만연될 수도 있다. 심지어 정책의 실패가 전쟁도 유발할 수 있다. 최근 수십 년간 캄보디아(Cambodia), 쿠바(Cuba), 이라크(Iraq), 리비아(Libya), 수단(Sudan) 등의 국가는 국민의 경제적 수준 향상은 외면하고, 오히려 경제적 후퇴를 초래했다. 이로 인해 해당 국가의 빈곤은 심각하게 악화되었다.

선진국의 정책도 가난한 국가의 빈곤을 악화시킬 수 있다. 선진국의 높은 관세 및 비관세 장벽은 가난한 국가의 농산물 수출을 어렵게 할 수 있다. 농업이 가난한 국가의 핵심 수출산업임을 감안할 때 선진국의 정책이 글로벌 빈곤 확산에 영향을 미칠 수 있다. 따라서 선진국은 빈곤국에서 수입하는 물품, 특히 농산물에 대한 관세 및 비관세 장벽을 낮춤으로써 해당 국가의 빈곤 퇴치에 기여할 수 있다. 이와 관련해 세계무역기구(WTO)는 만약 세계 모든 선진국이 자국의 농산물에 대한 보조금을 철폐하고 농산물 교역에 대한 관세 장벽을 제거한다면 연간 1,280억 달러에 이르는 경제적 번영이 달성될 수 있다고 주장하고 있다. 특히 이 중에서 부채로 어려움을 겪고 있는 빈곤국 혹은 개발도상국에 직접적으로 이익이 되는 금액이 300억 달러가 넘을 것으로 예측하고 있다. 글로벌화는 국가 간 경제적 장벽을 감소시킬 수 있다. 관세 및 비관세 장벽은 대표적인 경제적 장벽이다. 따라서 글로벌화를 통해 세계의 빈곤 개선을 기대할 수 있다.

제4절 Globalization 국가별 수준

과거 글로벌화에 대해 회의적인 시각을 가진 당사자가 비판한 부분이 개념적 모호성과 함께 글로벌화가 구체적인 수치로 측정되지 않는다는 점이었다. 예를 들어 과연 국가 간 경제적 · 정치적 혹은 문화적 상호 의존성을 어떻게 측정할 수 있는가에 대한 회의적인 시각이 있었다. 하지만 최근에는 글로벌화를 객관적으로 측정하고 수치화하는 통계 자료가 많이 발표되고 있다. 미국의 정치, 경제 전문 잡지인 *Foreign Policy*와 컨설팅 회사인 *AT Kearney*에서 공동조사를 통해 계량화한 글로벌화 지수가 일반적으로 많이 사용되고 있다. 초기 조사에서는 주로 경제적 분야에 초점을 맞추었지만 최근 조사에서는 경제적 교류와 함께 정치적 혹은 문화적 교류에도 많은 비중을 두고 있다. 글로벌화 지수와 관련해 인터넷 환경, 국제사회 참여도, 개인의 해외접촉 빈도 등이 중요한 지표로 활용되고 있다. *Foreign Policy*와 AT Kearney에서 공동으로 발표하는 글로벌화의 평가변수 및 지표는 〈표 1-1〉과 같다.

최근에는 KOF Index of Globalization 지표도 개별 국가의 글로벌화 수준을 측정하기 위해 많이 활용되고 있다. KOF Swiss Economic Institute에서 발표하는 KOF 글로벌화 지수는 경제적 지수(economic globalization), 사회적 지수(social globalization), 그리고 정치적 지수(political globalization)로 구성되어 있다. 구체적인 평가지표는 실질적인 경제 흐름(actual economic flows), 경제활동

■ 표 1-1 ■ 글로벌화 평가변수 및 평가지표

평가변수	평가지표	측정방법
경제적 교류	무역 규모 해외 직접 투자 규모	(수출+수입)/GDP (유입+유출)/GDP
개인적 교류	해외여행 규모 국제전화사용 빈도 소득이전 규모	(입국자+출국자)/인구 (수신+발신)/인구 (수취+지급)/인구
인터넷 교류	인터넷 사용자 수 인터넷 호스트 수 인터넷 서버의 보안 수준	인터넷 사용자 수/인구 인터넷 호스트 수/인구 보안서버 수/인구
정치적 교류	국제기구 참여 대사관 유치 활동	참여 국제기구 수 국내 외국 대사관 수

제한(economic restrictions), 정보통신 교류(data on information flows), 인적 교류(data on personal contact), 문화적 접근성(cultural proximity) 등이다. AT Kearney 글로벌화 평가지수가 70여 국가를 대상으로 평가하는 반면 KOF 지수는 매년 200여 국가를 대상으로 평가를 실시하고 있다.

국가별 글로벌화 순위는 평가기관, 평가연도, 평가기준에 따라서 차이를 보이고 있지만 벨기에(Belgium), 아일랜드(Ireland), 스위스(Switzerland) 등을 중심으로 하는 유럽국가가 상위를 차지하고 있다. 아시아 지역에서는 싱가포르(Singapore), 홍콩(Hongkong) 등이 상위에 위치하고 있다. 우리나라의 경우 매년 40~60위권 정도의 순위를 유지하고 있다.

다음에서 알 수 있듯이 구체적인 국가별 글로벌화 순위는 〈표 1-2〉 및 〈표 1-3〉과 같다.

■ 표 1-2 ■ 국가별 일반적 글로벌화 및 경제적 글로벌화 순위

	Country	Globalization index		Country	Economic globalization index
1	Belgium	92.76	1	Singapore	97.39
2	Ireland	91.95	2	Luxembourg	94.63
3	Netherlands	90.94	3	Ireland	93.27
4	Austria	90.55	4	Malta	92.23
5	Singapore	89.18	5	Belgium	92.15
6	Sweden	88.23	6	Netherlands	91.91
7	Denmark	88.11	7	Hungary	90.5
8	Hungary	87.38	8	Sweden	88.98
9	Portugal	86.73	9	Bahrain	88.96
10	Switzerland	86.64	10	United Arab Emirates	88.74
11	Cyprus	86.59	11	Estonia	88.39
12	Luxembourg	86.02	12	Czech Republic	86.32
13	Czech Republic	85.76	13	Denmark	86.00
14	United Kingdom	85.54	14	Austria	85.98
15	Canada	85.53	15	Cyprus	85.84
16	Spain	84.36	16	Slovak Republic	84.06
17	Finland	84.34	17	Portugal	83.54
18	France	84.12	18	Finland	83.27
19	Slovak Republic	83.83	19	Chile	83.26
20	Norway	83.19	20	Montenegro	82.54
21	Australia	81.60	21	Panama	81.31
22	Germany	81.53	22	New Zealand	80.79
23	Greece	81.30	23	Israel	78.99
24	Italy	81.02	24	Spain	78.74
25	Poland	80.81	25	Switzerland	78.39
26	Estonia	79.34	26	United Kingdom	77.73
27	New Zealand	78.31	27	Slovenia	77.47
28	Slovenia	77.67	28	Norway	77.02
29	Malaysia	77.43	29	Georgia	76.72
30	Israel	77.23	30	Malaysia	76.38
60	Korea, Rep.	62.39	84	Korea, Rep.	60.13

■ 표 1-3 ■ 국가별 사회적 글로벌화 및 정치적 글로벌화 순위

	Country	Social globalization index		Country	Political globalization index
1	Cyprus	91.76	1	Italy	98.43
2	Ireland	91.43	2	France	98.21
3	Singapore	91.04	3	Belgium	97.91
4	Austria	90.28	4	Austria	97.31
5	Belgium	89.75	5	Spain	96.68
6	Switzerland	89.43	6	United Kingdom	96.43
7	Canada	88.72	7	Sweden	95.86
8	Netherlands	87.87	8	Poland	95.17
9	Denmark	86.19	9	Portugal	94.36
10	France	85.65	10	Canada	94.16
11	United Kingdom	85.50	11	Switzerland	94.12
12	Portugal	84.50	12	Brazil	94.02
13	Czech Republic	83.33	13	Egypt, Arab Rep.	94.02
14	Slovak Republic	82.33	14	Netherlands	93.99
15	Norway	82.28	15	Denmark	93.76
16	Germany	82.16	16	Turkey	93.21
17	Sweden	82.13	17	Germany	93.15
18	Spain	81.20	18	Argentina	93.09
19	Kuwait	81.19	19	Norway	93.07
20	Luxembourg	81.14	20	Greece	92.81
21	Finland	80.78	21	Hungary	92.71
22	Hungary	80.59	22	United States	92.47
23	Greece	80.33	23	India	91.98
24	Australia	79.65	24	Romania	91.80
25	United Arab Emirates	77.91	25	Australia	91.77
26	Poland	77.42	26	Nigeria	90.90
27	Liechtenstein	76.40	27	Finland	90.90
28	Andorra	76.27	28	Ireland	90.86
29	United States	76.24	29	Chile	90.18
30	Malta	75.91	30	Pakistan	89.87
103	Korea, Rep.	45.75	32	Korea, Rep.	89.20

읽기 1-1-1 국내 치킨 기업의 글로벌화

국내에서 BBQ 치킨을 운영하는 제너시스 BBQ는 2003년 중국 진출을 시작으로 스페인, 일본, 베트남, 미국, 싱가포르, 말레이시아 등 13개국에서 진출해 현지에서 영업을 하고 있다. BBQ 치킨의 해외시장 진출 성공 요인은 크게 두 가지로 나눠 볼 수 있다. 첫째는 BBQ가 가지고 있는 핵심 역량과 그 핵심 역량을 이용해 이윤을 창출할 수 있는 비즈니스 모델이다. 둘째는 해외시장 진출 전략 측면에서의 유연성이다. 물론 해외시장 진출 과정에서 많은 시행착오가 있었지만 글로벌화 및 현지화의 균형 잡힌 전략을 통해 지속적인 성장을 거두고 있다.

	진출 시기	가맹점 총매출	가맹점 수	진출 방식
중국	2002년	3,845만 달러	178	직접 투자(상하이, 칭다오) +마스터 프랜차이즈
스페인	2005년	240만 달러	5	직접 투자(초기 2곳) +마스터 프랜차이즈
일본	2006년	540만 달러	10	마스터 프랜차이즈
베트남	2006년	1,800만 달러	50	마스터 프랜차이즈
몽골	2006년	300만 달러	5	마스터 프랜차이즈
미국	2006년	1,200만 달러	25	합작 투자(동부/서부 지역본부) +마스터 프랜차이즈
싱가포르	2007년	600만 달러	10	합작 투자 (동부/동남아 지역본부)
말레이싱	2007년	1,800만 달러	50	마스터 프랜차이즈
호주	2007년	480만 달러	10	마스터 프랜차이즈
필리핀	2007년	180만 달러	5	마스터 프랜차이즈
사우디아라비아	2009년	72만 달러	1	마스터 프랜차이즈
에콰도르	2009년	48만 달러	1	마스터 프랜차이즈
터키	2009년	48만 달러	1	마스터 프랜차이즈
합계		1억 1,189만 달러	351	

(제너시스 BBQ 자료 참고)

제5절 글로벌화(Globalization)와 현지화(Localization)

1. 현지화(Localization)의 필요성

국제통상환경에서 글로벌화와 함께 강조되는 개념이 바로 현지화(localization)이다. 우리나라의 경우 무역에 의존하는 경제구조의 특성 때문에 현지화가 매우 중요하다. 우리나라의 무역 의존도는 세계 어느 국가보다 높은 수준이다. 이러한 높은 대외 의존형 경제구조는 글로벌 시장환경에 직접적으로 그리고 심각하게 영향을 받을 수 있다. 그 결과 우리나라 통화인 원화(Won, ₩)는 다른 경쟁국 통화에 비해 환율변동이 상당히 큰 편이다. 그러므로 우리나라 기업의 경우 생산시설을 국내에만 집중시키는 것은 환율변동에 너무 많이 노출된다는 문제점이 있다. 따라서 현지화를 효과적으로 활용한다면 환율변동과 관련한 위험을 어느 정도 분산할 수 있는 효과를 기대할 수 있다.

현지화는 환율변동에 대한 대비와 함께 보호무역주의를 우회하는 목적으로 활용될 수 있다. 세계무역기구(WTO)를 비롯한 많은 초국가적 경제 기구가 무역 자유화를 강조하고 있지만 실제로는 선진국을 중심으로 많은 국가에서 여전히 무역 장벽이 존재하고 있다. 수입쿼터(importing quote), 반덤핑 관세(anti-dumping duty), 상계 관세(countervailing duty), 세이프가드(safeguard) 등이 보호무역주의를 강화하는 대표적인 무역 장벽이다. 최근에 급증하고 있는 국제지역경제통합(regional economic integration)도 회원국에 대한 보호무역주의를 강화하는 수단으로 활용되고 있다. 예를 들어 북미자유무역협정(North America Free Trade Agreement, NAFTA)의 경우 회원국인 캐나다(Canada), 미국(USA), 멕시코(Mexico) 3개국 간의 무역 장벽은 낮아졌지만 비회원국에 대한 무역 장벽은 오히려 강화되었다. 유럽연합(European Union, EU)의 경우도 비유럽연합 국가에 대한 무역 장벽을 가중시키고 있다. 우리나라처럼 무역, 특히 수출비중이 높은 국가의 경우 이처럼 증가하는 보호무역주의로부터 많은 어려움을 겪을 수 있다. 이러한 보호무역주의를 효과적으로 회피하기 위해서는 해외 현지에 직접

생산기지를 설립하는 현지화 전략이 효과적인 대안이 될 수 있다.

현지화는 이문화 극복을 위해서도 효과적인 대안이 될 수 있다. 문화적 글로벌화(cultural globalization)의 영향으로 개별 국가의 다양한 문화가 하나로 수렴되는 현상이 나타나고 있다. 하지만 여전히 개별 국가의 독특한 현지 문화가 존재하고 있고 이러한 문화적 차이는 기업활동에도 많은 영향을 미치고 있다. 개별 국가의 현지 소비자 문화에 대한 정확한 이해 없이는 성공적인 해외시장 진출을 기대하기 어렵다. 따라서 현지화는 이러한 이문화 이해를 효과적으로 달성할 수 있는 전략적 수단이 될 수 있다.

이 밖에 현지화는 상이한 제도적 환경(institutional environments)에 대한 대비의 목적으로 활용될 수 있다. 최근 정치, 경제 분야에서 그 중요성이 크게 부각되고 있는 시장이 바로 이머징 시장(emerging markets)이다. 활발한 정치, 경제 활동과 함께 이머징 시장에서 강조되는 부분이 제도적 환경이다. 현지국 정부의 다양한 정책, 현지 업계의 기업양식 및 문화 등이 대표적인 제도적 환경이다. 예를 들어 중국(China)은 정치, 경제 측면에서 대표적인 이머징 시장이다. 중국 시장의 무한한 잠재력으로 인해 많은 다국적기업 및 중소기업이 현지 시장에 진출해 있다. 하지만 예측하기 어려운 중국 정부의 정책, 독특한 기업 및 소비자 문화 등은 중국 시장에서 극복해야 할 대표적인 제도적 환경이다. 이러한 제도적 환경에 대한 가장 적절한 대응으로 전략적인 순응(strategic conformity)이 강조되고 있다. 전략적 순응을 통해 기업은 제도적 환경을 오히려 시장 기회로 활용할 수 있지만, 그렇지 않은 경우 제도적 환경은 불확실한 시장 위협 요인이 될 수 있다. 이러한 전략적 순응을 위해서는 적절한 현지화 전략이 필수적이다.

2. 글로벌화(Globalization)와 현지화(Localization)의 융합

기업은 글로벌 시장에서 글로벌화와 현지화에 대해 적절하게 대응하여야 한다. 글로벌화와 현지화 중 완전한 양자택일은 현실적으로 어렵고 합리적인 대안이 될 수도 없다. 기업이 이러한 글로벌화와 현지화의 요구에 적절히 대응하기 위해서 가장 필요한 것이 상호 간 균형이다. 물론 진출하는 산업과 시장의 특성에 따라서 글로벌화와 현지화에 대한 전략적 비중을 차별화할 수 있다. 영화와 같은 엔터테이너 산업은 다른 분야에 비해서 상대적으로 글로벌화 수준이 높다. 이 경우 글로벌화를 보다 적극적으로 활용하는 전략수립이 요구되어진다. 하지만 유통 산업처럼 현지 시장 변수에 많은 영향을 받는 분야는 글로벌화와 함께 현지화를 강조하는 전략수립이 필요하다. 이와 같이 글로벌화 전략이냐, 현지화 전략이냐의 이분법적 구분보다는 전략 부문별로 어느 정도 글로벌화 혹은 현지화를 추진할건지에 대해 초점을 맞추는 것이 필요하다. 일반적으로 글로벌화 수준이 다른 분야에 비해 높은 패스트푸드(fast food) 산업의 경우에도 현지화는 여전히 중요한 전략 중 하나이다. 예를 들어 한국 맥도널드(Mcdonald)의 '불고기 버거', 독일 맥도널드의 'Triple Ratwurst Sandwich', 일본 맥도널드의 'Mega Big Mac', 네덜란드 버거킹(Burger King)의 'Burger King Nacho Burger' 등은 햄버거라는 글로벌 상품에 현지 소비자 기호를 반영시킨 경우이다. 따라서 해외 현지시장에 대한 효과적인 진출을 위해서는 글로벌화와 현지화를 융합할 수 있는 접근방식이 요구된다. 이러한 접근방식을 Glocalization으로 규정하기도 한다. Glocalization은 globalization과 localization의 합성어이다.

앞서 논의한 대로 기업의 입장에서 글로벌화와 현지화 압력에 적절하게 대응하기 위한 가장 효과적인 방법은 균형을 유지하는 것이다. 글로벌화가 많이 진행되고 있는 분야에서는 관련 기업이 보다 적극적으로 글로벌화 압력에 대응하여야 한다. 물론 그에 따른 불이익도 감수해야 한다. 기업전략에 있어서 지나친 글로벌화 강조는 해외 현지 시장에서의 소비자 욕구를 충분히 충족시키지 못함으로써 불이익을 유발할 수 있다. 하지만 이 경우에도 글로벌 시장에서의 제품 및 마케팅 표준화를 통한 이익을 누릴 수 있는 장점이 있다. 반면에 현지화 압력 수준이 높은 분야에서는 기업이 불가피하게 현지화를 통해 적극적으로 현지화를 추진하고 이를 통해 현지 욕구를 충족시킬 수 있지만 원가절감과 같은 이익을 충분히 누릴 수 없는 단점이 있다. 따라서 기업은 글로벌화와 현지화 압력에 적절한 균형을 유지할 필요가 있다.

Globalization 관련 연구 1

논문제목

Corporate Diversification : The Impact of Foreign Competition, Industry Globalization, and Product Diversification

저 자

Margarethe F. Wiersema(University of California, USA)
Harry P. Bowen(Queens University of Charlotte, USA)

간행논문집(발행연도)

Strategic Management Journal(2008)

영문요약

The globalization of markets and industries has fundamentally changed the competitive conditions facing firms. Yet, how globalization has influenced the international diversification strategies of firms is an issue largely overlooked in both the strategic management and international business literatures. This paper develops a theoretical framework to understand how industry globalization, foreign competition, and firm product diversification may influence a firm's choice of its degree and scope of international diversification.

국문요약

세계시장과 산업에 있어서 글로벌화는 기업 간 경쟁구조를 근본적으로 변화시켜 왔다. 그럼에도 불구하고 글로벌화가 기업의 국제적 다각화 전략에 어떻게 영향을 미치는지에 대해서는 경영전략이나 국제경영 분야에서 체계적인 연구가 진행되지 않았다. 이 논문은 산업의 글로벌화, 해외시장에서의 경쟁, 제품의 다각화가 해당 기업의 국제적 다각화 영역 및 정도에 어떤 영향을 미치는지에 대해 이론적 · 실증적 분석을 실시하고 있다.

Globalization 관련 연구 2

논문제목

Governing on the Edges: Globalization of Production and the Challenge to Public Administration in the Twenty-First Century

저 자

George Abonyi(Syracuse University, USA)

David M. Van Slyke(Syracuse University, USA)

간행논문집(발행연도)

Public Administration Review(2010)

영문요약

Globalization means many things for governments around the world in terms of governance. Questions that are left unexplored in the public administration literature are what changes in the globalization of production mean for governments and their relationships with business and civil society, and what the implications are for public administration. The authors develop a conceptual framework that governments can use to shape their interactions with business in more strategically and mutually beneficial ways. The data are derived from extensive fieldwork in the emerging economies of Southeast Asia. Key challenges to government include the importance of understanding global value chains, value chain-related trade facilitation, investment in logistics, the strengthening of enterprise clusters, effective education, skill development and training, and the governance risks inherent in value chains and networks.

국문요약

글로벌화는 지배 혹은 관리라는 차원에서 세계 각국 정부에 있어서 매우 중요한 개념이다. 행정적인 측면에서 생산의 글로벌화가 정부 등 공공부분과 기업 등 민간부분에 있어서 어떠한 역할을 하는지에 대한 관련 연구가 불충분하다. 이 연구는 상호이익에 기반을 둔 개별정부-기업과의 전략적인 관계에 대해 이론적 · 실증적으로 분석하고 있다. 이 연구는 동남아시아 이머징 국가로부터 수집된 자료를 활용해 실증분석을 실시하고 있다. 이 연구는 생산의 글로벌화와 관련해 글로벌 공급사슬, 공급사슬 관련 무역 기반 시설, 물류에 대한 투자, 산업 클러스터, 효과적인 교육 등에 대한 중요성을 핵심과제로 제시하고 있다.

Globalization 관련 연구 3

논문제목

Going Global with Innovations from Emerging Economies: Investment in Customer Support Capabilities Pays Off

저 자

Susanna Khavul(University of Texas at Arlington, USA)
Mark Peterson(University of Texas at Arlington, USA)
Drake Mullens(University of Texas at Arlington, USA)
Mark Peterson(University of Wyoming, USA)

간행논문집(발행연도)

Journal of International Marketing(2010)

영문요약

Globalization of innovation calls for entrepreneurial new ventures from emerging economies to develop customer focused dynamic capabilities. The authors argue that firms with proprietary technology and a strategic intent to internationalize invest in international customer support capabilities to satisfy the demands of their most important international customers. Using a unique sample of 173 international new ventures from China and India, the authors show that such investments are associated with improved organizational learning and performance.

국문요약

혁신(기술)의 글로벌화는 이머징 국가의 벤처기업에 고객에게 초점을 맞춘 역동적 역량 강화를 요구하고 있다. 이 연구에서 저자는 선도적인 기술을 보유하거나 국제화 역량을 가진 기업일수록 해외 고객의 만족도를 향상시키기 위해 국제적 고객 지원 부분에 투자해야 한다고 주장하고 있다. 인도와 중국의 173개 기업을 활용하여 해당 투자가 기업의 학습이나 성과에 어떠한 영향을 미치는지를 실증적으로 분석하고 있다.

Globalization 관련 연구 4

논문제목

Globalization and Investment in Human Capital

저 자

Daniel C. Hickman(Eastern Illinois University, USA)

William W. Olney(Williams College, USA)

간행논문집(발행연도)

Industrial and Labor Relations Review(2011)

영문요약

The authors examine the impact of globalization on the domestic labor market for low-skilled workers. Whereas existing research typically focuses on the effects on labor market outcomes such as wages and employment, the authors of this paper examine whether American workers respond to globalization by increasing their investment in human capital. Results indicate that both offshoring and immigration increase enrollment at community colleges but not other types of institutions. The authors conclude that U.S. workers are indeed responding to globalization by acquiring the skills necessary to compete in a global economy.

국문요약

이 연구는 비숙련 노동시장에 대한 글로벌화의 영향에 대해 이론적으로 분석하고 미국의 사례를 활용해 실증적으로 뒷받침하고 있다. 기존의 연구는 글로벌화의 영향에 대해 주로 노동시장 임금수준이나 고용률과 같은 지표에 초점을 맞추어 진행해 왔다. 이 연구는 미국 노동자가 인적자산 개발을 통해 어떻게 글로벌화에 대응하는지에 대해 실증적 분석을 실시하고 있다. 연구결과 최근 미국 노동자의 지역 대학이나 유사 교육 기관에 대한 등록률이 높아지는 것으로 나타나고 있으며, 특히 전통적으로 비교육 연령에 포함되는 노동자의 등록률 증가율이 두드러지고 있다. 저자는 미국 노동자가 세계 경제 환경에서 경쟁할 수 있는 새로운 기술의 습득을 통해 글로벌 시장환경에 대응하고 있다고 주장하고 있다.

Globalization 관련 연구 5

논문제목

An Empirical Study on International Human Organ Trafficking: Effects of Globalization

저 자

Hyuksoo Cho(Keimyung University, Korea)
Man Zhang(Bowling Green State University, USA)
Patriya Tansuhaj(Washington State University, USA)

간행논문집(발행연도)

Innovative Marketing(2009)

영문요약

This study investigates human organ trafficking, an emerging global phenomenon, as one dark side of globalization. We identify various factors associated with human organ trafficking and conduct an empirical test using secondary data from forty countries. The proposed factors include: economic globalization, cultural globalization, and political globalization. We found empirical support for the relationships between levels of economic and cultural globalization and number of human organ trafficking in a given country. Implications and suggestions for future research are also provided.

국문요약

이 연구는 글로벌화의 어두운 부분 중 하나인 국제적인 불법 장기 매매에 관해 이론적 · 실증적으로 분석하고 있다. 이 연구에서 저자는 세계 40여 국가에서 수집한 실증자료를 바탕으로 글로벌화가 어떻게 개별 국가의 불법 장기 매매에 영향을 미치는지에 대해 실증분석을 실시하고 있다. 연구결과에 의하면 다양한 글로벌화 특징 중 문화적 글로벌화와 경제적 글로벌화가 해당 국가의 불법 장기 매매에 영향을 직접적으로 미치는 것으로 나타나고 있다. 즉 특정 국가의 문화적 · 경제적 글로벌화 수준은 해당 국가의 국제적 불법 장기 매매 수준에 직접적인 관련이 있음이 실증적으로 뒷받침되고 있다.

참고연구 1-1

An Empirical Study on International Human Organ Trafficking: Effects of Globalization

By

Hyuksoo Cho (Keimyung University, Korea)

Man Zhang (Bowling Green State University, USA)

Patriya Tansuhaj (Washington State University, USA)

I. Introduction

Human organ transplantation was not a common medical procedure until late 1980s (Harrison, 1999). Due to many technological innovations, the demand for human organs has increased dramatically. Organs supplied only by donations have not been sufficient for the demand; therefore, the shortage of human organs has led to human organ trafficking (Bruckert and Parent, 2003). In this research, trafficking for organs is defined as the phenomenon when a third party recruits, transports, transfers, harbors, or receives a person, using threats (or use) of force, coercion, abduction, fraud, deception, or abuse of authority or a position of vulnerability for the purpose of removing that person's organs (GTZ, 2004). Human organ trafficking has become an industry, and it is growing rapidly under the force of globalization. Globalization makes this sector of the human trade industry much easier either via patients traveling to another country for a transplant, or transporting harvested organs rapidly by air to a recipient (Kyle and Koslowski, 2001).

Globalization is a term used to describe the changes in societies and the world economy that result from dramatically increased international trade and cultural exchange (Werner, 2003). The effects that globalization has had on human organ trafficking have been studied. Yet, because of the illegal nature of this phenomenon, most of the research is descriptive (i.e., Tansuhaj and McCullough, 2003). There is little empirical work on how globalization affects human organ trafficking. In this study, we view globalization as a trend that results in economic changes, political changes, and cultural changes. We argue that these changes have some direct influence on international human organ trafficking. We hope to contribute to the international business literature by providing an empirical investigation of these changes regarding trafficking, to raise awareness of such global activities, and to stimulate interest in International Business.

II. Globalization Factors with Human Organ Trafficking

According to Harrison (1999, p.22), "the human body part trade simply mirrors the normal system of unequal exchanges that mark other forms of trade between the developed and underdeveloped regions of the world, and between classes, ethnicities, genders, etc. within and across these same regions." Globalization facilitates the process of this exchange. George Soros (1998a, b) points out that globalization has not only changed the whole economies in the world, but it also has eroded social values and social cohesion. Soros (1998a,b) argues that markets are by nature indiscriminate and inclined to reduce everything—including human beings, their labor, and their reproductive capacity—to the status of commodities.

The reconstruction of world economy, imposed by the International Monetary Fund (IMF) and the World Bank, has added to the impoverishment of both underdeveloped and developing countries. This results in a desperate underclass whose members are willing to sell their own organs or steal organs from others (Harrison, 1999). At the same time, the unfavorable notion associated with the organ trade has been "laundered" through liberal notions of property rights that defend economic coercion as legitimate. Now, the wealthy need not steal the body parts of the poor, they can buy them under a contract law. As a result, the human organ trafficking business has been growing continuously from individual entrepreneurs to large international cooperation.

It is illegal to trade human organs in most of the countries in the world. Because of the lack of efficient regulations on human organ trade, the prohibition of organ sales, on the other hand, has not restricted the trade in human organ business but tended to foster the trade. This type of questionable trade stems from peoples' innate desire for longevity and a great pool of supply-and-demand organs. The inevitable result has been a boom in human organ trafficking that caters to rich recipients and destitute (sometimes-helpless) donors. Scheper-Hughes (2000) points out that in general, organs flow from South to North, from Third World to First World, from poor to rich, from black and brown to white, from female to male.

It is considered wrong to buy and sell human organs, such as kidneys, because it would be immoral to make a profit from the commercialization of such items. The rejection of organ trafficking occurs more in religious countries. Trafficking may flow from countries with more religious restrictions to countries that have less religious restrictions. Yet, the cultural notions about the dignity of the body and of sovereign states pose some barriers to the global market in body parts, but these ideas have proven fragile under global markets.

III. Hypotheses

Based on the aforementioned discussion of cultural, economic, and political changes, in this section we develop hypotheses with these changes as major influencing factors on human organ trafficking. Figure 1 is a conceptual model of three factors associated with international human organ trafficking. In specific, trade openness, Internet usage, and membership in the international organization are used to measure economic, cultural, and political factors. In the following sections, we investigate the associations between human organ trafficking and these three factors.

1. Economic globalization and human organ trafficking

There are several obstacles to international human organ trafficking, including economic, technical, and religious restrictions. These barriers are being reduced by the driving forces behind globalization. Economic globalization involves the establishment of a series of worldwide exchange in labor, trade, technology, and capital between countries (Stubbs and Underhill, 1994).

Benefits from economic globalization include world economic development, falling trade barriers, higher living standards, accelerated innovation, diffusion of technology and management skills, and new economic opportunities for countries (Wallach and Sforza, 1999; Larkin, 1999; Head, 1997). However, several costs result from economic globalization, such as increasing inequality and greater vulnerability for many individuals (i.e., higher rates of crime, unsafe working environments, and unemployment) (Wallach and Sforza, 1999; Larkin 1999).

Human organs provided only by donation have not been enough to satisfy the worlds' needs. As a consequence, the illegal trade of human organs takes place. According to the international business literature, human organ trafficking has been accelerated by economic globalization. Goble (2000) argues that human organ trafficking has become the fastest growing type of organized crime under economic globalization. Scheper-Hughes (1997) argues that economic globalization has stimulated the circulation of human organs across national boundaries. Scheper-Hughes (1997) also suggests the movement and flow of living donor or-

Figure 1. A conceptual model of human organ trafficking

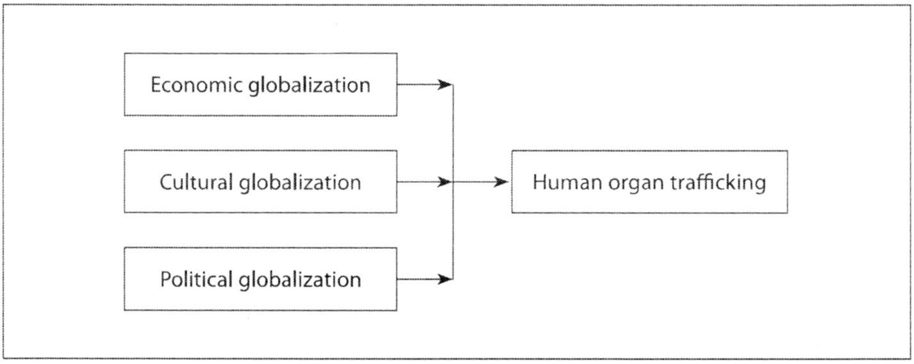

gans is from South to North, from poor to rich, from black and brown to white, and from female to male bodies. For example, Japanese kidney patients traveled to Taiwan and Singapore to purchase organs obtained from executed prisoners (Scheper-Hughes, 1997). Although this practice was condemned by the World Medical Association and prohibited in 1994, this illegal practice is still spreading (Scheper-Hughes, 1997). The movement of illegal human organ trafficking may be similar to the movement of legal donor organs. Economic globalization has facilitated the increased mobility of economic objects such as capital, commodities, information, and people in legal as well as illegal sectors. Economic objects in the illegal sector include human organs (SARRC People's Forum 1998). Traffickers treat human organs as nothing more than economic commodities in a globalized economy (Goble 2000). Regarding its role, economic globalization may exacerbate the illegal movement of human organs around the world. In sum, it is thus believed that economic globalization is closely associated with trafficking. In general, trade openness is used to measure economic globalization. The favorability to trade openness has a positive impact on economic liberalization, which drives economic globalization in a given country. Based on the arguments, the following hypothesis is made:

Hypothesis 1: There is a positive relationship between levels of economic globalization and human organ trafficking in a given country.

2. Cultural globalization and human organ trafficking

We discussed international human organ trafficking associated with economic globalization. Like the previous paragraph, the association between cultural globalization and trafficking can be addressed, which may drive international human organ trafficking. In general, culture includes diverse ethical and religious issues, which explain the ways by which people live in each culture. There are diverse types of cultures throughout the world, and each culture has a unique view about the dignity of the human body. Cultural values influence individuals' decisions pertaining to the human body. Some cultural notions about the dignity of the body pose barriers to organ transplantation (Scheper-Hughes, 2000). Thus, sales of organs seem to be prevented in some countries because of cultural beliefs (Joralemon, 1995). For example, in the Middle East, it is rare to obtain organs from cadavers. Islamic teachings emphasize the need to maintain the integrity of the body after death (Rothman, 2002). In Israel, Orthodox Jewish precepts define death exclusively as the failure of the heart to function, not the cessation of brain activity, a standard that makes it almost impossible to retrieve organs (Rothman, 2002). In much of Asia, cultural antipathy to the idea of brain death, and even more important, conceptions of the respect due to elders, have practically eliminated organ transplantation. For example, Chinese people, well known for conservativeness, value the preservation of the intact human body after death (Fang, 2002). Also, the Japanese culture has a high regard for the soul after death. Thus, many Japanese regard mutilating the body as taboo (Seewald, 2000). According to Confucian doctrine, one's body is considered as a noble gift from one's parents. Thus, people are culturally reluctant even to cremate the body of the deceased in South Korea in keeping with Confucian traditions.

However, these cultural notions are not always applicable today. India has become the biggest reservoir of human organs. China is considered one of the biggest suppliers of human organs. Even in South Korea and Japan, legal and illegal markets of human organs exist (TED Project, 2001). This astonishing phenomenon is argued to be one of the results of the dark side of cultural globalization. Akande (2002) argues that the most important far-reaching effect of cultural globalization is the commercialization of culture. What once was an element of a people's way of life becomes a product, rather than something unique they had made to suit their own specific needs and circumstances. Production and consumption of cultural goods and service have become commodities, along with the essentials of social life. Culture, whether it is found in music, food, clothes, art, masculinity or femininity and values or beliefs, becomes products, sold in the marketplace. The familiar and the old are to be discarded (Rothkop, 1997; Akande, 2002; Gerle, 2000). Dignity of human body, viewed as one kind of value, is also treated as product in market. In sum, as similar to the results of cultural globalization, many cultural barriers to trafficking are being reduced. The Internet has been considered an influential force that alters culture. The Internet may have direct influence on diverse cultural aspects. People who frequently use the Internet are exposed to diverse cultures. They may not adhere strictly to traditional values regarding the human body. They may show little cultural denial to organ transplantation or to organ trafficking. Internet usage is a key indicator that is used to measure cultural globalization (Dahlgren, 2000). Based on the above discussion, we hypothesize the following:

Hypothesis 2: There is a positive relationship between levels of cultural globalization and human organ trafficking in a given country.

3. Political globalization and human organ trafficking

With other two dimensions of globalization, political globalization may accelerate international human organ trafficking. Globalization has impact on the political arena. Some political scientists argue that globalization is weakening nation-states and that global institutions gradually will take over the functions and power of nation-states. Other social scientists believe that although increased global interconnectivity will result in dramatic changes in world politics, particularly in international relations (i.e., the way states relate to each other), the nation-state will remain at the center of international political activity (www.ssrc.org). On one hand, the processes of globalization accelerated as goods, ideas, and people have flowed more freely across borders in the post Cold War political environment. On the other hand, political globalization has allowed international criminals to operate virtually without regard to borders. This happens because unlike criminals, governments and law enforcement agencies must respect other nations' sovereignty and legal statutes in law enforcement operations. Paradoxically, the abandonment of many national controls in order to pursue open markets and free competition has opened up new opportunities for criminals to prosper (http://student.scw.vu.nl).

Criminal groups have taken advantage of the high volume of legitimate trade to smuggle drugs, arms, and other contraband across national boundaries. Moreover, illegal migration facilitated by organized alien smuggling networks is on the rise. The easing of national border controls worldwide, the growth of commercial travel options, the availability of technology that can be readily adapted to forge identification and travel documents, and the rising sophistication of global criminal networks are key factors contributing to this development. Human organ trafficking is always associated with serious crimes, such as stealing organs, purchasing organs from executed prisoners, killing for organs, and kidnapping people for organs. Thus, human organ trafficking is becoming a very serious social problem. Based on the above discussion, we argue that the political globalization may be associated with human organ trafficking. Political globalization can be embodied by membership in an international organization. This political engagement is assessed by taking stock of the number of international organizations and the number of members in the United Nations (U.N.). Thus:

Hypothesis 3: There is a positive relationship between levels of political globalization and human organ trafficking in a given country.

The aforementioned discussion is about the associations between changes in a country and human organ trafficking. There are diverse aspects to regarding changes in a country. Among them, globalization dimensions can explain concrete phenomena in economic, cultural, and political changes. Also, there used to be several barriers to international human organ trafficking. The barriers, then, are being reduced by the driving forces for globalization.

IV. Findings

Table 2 represents coefficients, standard errors, and variance inflation factors (VIFs) of six independent variables. Also, R2 and F-statistic are showed in the Table 2. Two coefficients are statistically significant, because p values of them are below than .05. However, the third coefficient is not statistically significant. p value of F-statistic is also below than .001. That is, OLS regression model is statistically significant. Also, R2 is quite high (.62), which represents 62 percent of fluctuation of variation, can be captured by OLS regression. Variance inflation factors (VIFs) are used to diagnose potential multicollinearity problems. As shown in the second parentheses of Table 2, the maximum VIF obtained is 1.48, which is below the rule-of-thumb cutoff of 10.0 for a multiple regression model (Neter et al., 1996).

Based on the above statistical results, two hypotheses are supported, but Hypothesis 3 is not supported. Hypothesis 1 predicts that level of economic change (specifically trade openness) in a country will be positively associated with number of human organ trafficking in the country. The coefficient for trade openness (b1 = 0.50, $p < 0.05$) is significant, which supports Hypothesis 1. For Hypothesis 2, as reported in Table 2, the coefficient for Internet usage is positive and significant (b2 = 0.56, $p < 0.001$). Therefore, Hypothesis 2 is also supported. Hypothesis 3 predicts a positive association between level of political change (specifically membership in international organizations) and number of human organ trafficking in a given country. Coefficient for membership in international organizations is positive (0.16), but it is not statistically significant. Thus, Hypothesis 3 is not supported. Two possible answers may justify the regression result. First, a close relationship with international organizations may reduce organ trafficking. A country involved in various international organizations should keep many international regulations and rules, and some of them must be related to human organ traffick-

Table 2. Results of OLS regression analysis

Hypothesis	Independent variable	Dependent variable: Number of human organ trafficking
1	Economic globalization	.50**
		(.20)
2	Cultural globalization	.56***
		(.14)
3	Political globalization	.16
		(.16)
	R-squared	.62
	F-statistic	13.01***

The coefficients are standardized. Standard errors are in the first parentheses; variance inflation factors (VIFs) are in the second parentheses.

* p < .10, ** p < .05, *** p < .001

ing. Therefore, membership in international organization may be a barrier to organ trafficking in a given country. Second, with regard to the positive coefficient, a sampling error may be involved, because it is not statistically significant.

V. Contributions and Directions for Future Research

Globalization can represent various country changes at present. Globalization is a double-edged sword. On one hand, globalization brings various benefits in economic, political, and cultural perspectives. For instance, the increased pace of globalization accelerates goods, ideas and people as they flowed more freely across borders. On the other hand, there are some costs driven by the development of globalization. For instance, international human organ trafficking has recently increased with the advent of globalization. The goal of this study is to pay an adequate attention to what variables are associated with human organ trafficking that make it internationally rampant. According to the findings, human organ trafficking has gone from bad to worse because of two globalization perspectives: economic and cultural globalization. Specifically, trade openness and Internet usage are positively associated with international human organ trafficking. This result is particularly significant for government policy makers who need a better understanding of this dark side of globalization, human organ trafficking. Policy makers should take these factors into consideration while making policies regarding the control of human organ trafficking.

Given the potential importance of these implications, future research is needed to refine and expand this study. In particular, primary data should be used to test the hypothesized relationships in the future study. In this paper, a single proxy is used to measure each variable; future studies should attempt to develop some reliable and valid measurement to measure the focal constructs. Finally, other factors may also have an influence on human organ trafficking, but s they were not included in this study. In the future, researchers should attempt to identify these factors.

VI. Conclusion

Scholars note that human organ trafficking is becoming an important phenomenon on a number of fronts, yet there is a scarcity of empirical research investigating the factors associated with this phenomenon. In general, previous literature has insisted that globalization might bring many benefits. The literature, however, has neglected the other side of globalization, that is, it is producing some negative results, and the increase in human organ trafficking is one of them. This study could introduce various factors associated with international human organ trafficking. We advance the emergent literature on human organ trafficking by showing that two globalization dimensions are very important factors behind this phenomenon. Nevertheless, this study is only the first step in empirically exploring international human organ trafficking. Finally, this study suggests that there are still many opportunities for scholars to examine more factors associated with organ trafficking as well as the effects that human organ trafficking can have on the global community.

References

Ahmed, R.Z. : 2002, 'India Might Be World's Leading Human Organ Market', Times News Network.

Antweiler, Werner : 2003, 'Economic Globalization and Its Consequences,' [available at http://pacific.commerce.ubc.ca/antweiler/apsc450/slides.pdf]

Akande, W. :2002, 'The Drawbacks of Cultrual Globalization,' Yellow Times, Novermber 10, 2002, available at http://www.globalpolicy.org/globaliz/cultural/2002/1110cult.htm.

Baker, Peter: 2002, 'In Struggling Moldova, Desperation Drives Decisions; Europe's Poorest Country Is Major Source of Human Organ Sellers and Women Lured to Sexual Slavery,' Washington Post. [available at ttp://www.washingtonpost.com]

Bansal A.K. and S. Sharma: 2003, 'A Model for Clustering of Longitudinal Data Sets of Infant Mortality Rates in India,' Med Sci Monit, 9 (4), 1-6.

Bruckert, Christine and Parent, Colette: 2002, 'Trafficking in Human Beings and Organized Crime: A Literature Review,' Available at: www.remp-grc.gc.ca

Canadian Association of Transplantation [available at http://www.transplant.ca]

Canadian Council for International Cooperation: 1999, Au Courant. 8 (4) Ottawa: CCIC.

CIFP (Country Indicators for Foreign policy) home page [available at http://www.carleton.ca/cifp/rank.htm#RANK]

CPIN Conference: 2001, Word Health [available at http://www.lib.uconn.edu/~mboyer/spr2001_scenario.html]

Elvin, J. :2001, 'World Trade and Blac-Market Body Parts in China,' Insight.

Enste, Dominik and Friedrich Schneider: 1998, 'Increasing Shadow Economies All over the World - Fiction or Reality?: A Survey of the Global Evidence of Their Size and of Their Impact from 1970 to 1995,' IZA Discussion Paper No. 26. [available at ftp://repec.iza.org/RePEc/Discussionpaper/dp26.pdf]

Eurotransplant [available at http://www.transplant.org]

Gerle, E. :2000, 'Contemporary Globalization and Its Ethical Challenges,' Ecumenical Review, April, 158-171.

Goble: 2000, 'World: Analysis from Washington - Globalization of Slavery,' [available at http://www.rferl.org/nca/features/2000/12/05122000205456.asp]

Goyal, Madhav, Ravindra L. Mehta, Lawrence J. Schneiderman and Ashwini R. Sehgal : 2000, 'Economic and Health Consequences of Selling a Kidney in India,' JAMA, 288 (13), 1589-1593.

GTZ: 2004, Coercion in the Kidney Trade? A Background Study on Traffickig in Human Organs Worldwide.

Hamilton, Lawrence C. :1992, Regression with Graphics. California: Duxbury Press.

Harris C.E. and S.P. Alcorn: 2001, 'To Solve a Deadly Shortage: Economic Incentives for Human Organ Donation,' Issues Law Med, 16 (3), 213-233.

Harrison,T. :1999, 'Globalization and the Trade in Human Body Parts,' CRSA, 36 (1), 132-151.

Head, Keith (1997), [available at http://pacific.commerce.ubc.ca/keith/lectures/mne2.html]

International Figures on Organ Donation and Transplantation [available at http://www.social.coe.int/en/qoflife/publi/steercom.htm]

International Monetary Fund: 2002, 'Globalization: Threats or Opportunity?' [available at http://www.imf.org/external/np/exr/ib/2000/041200.htm]

International Transplant Coordinators Society [available at http://www.med.kuleuven.ac.be/itcs/Home.html]

Ivakhnyuk, Irina: 2005, 'The Significance of the Informal Sector in Attracting Illegal Migration Including Trafficking in Human Beings: Exchange of Information, Experience and Best Practice,' Thirteenth OSCE Economic Forum. Prague, 23-27May 2005.

Johan, Backman :1996, 'Russian Organized Crime,' The National Research Institute of Legal Policy. [available at http:www.om.fi/optula/4637.htm]

Knight, G.:2000, 'Entrepreneurship and Marketing Strategy: The SME under Globalization,' Journal of International Marketing, 8 (2), 12-32.

Larkin, M. :1999, 'Globalization and Health,' Critical Public Health, (4), 335-345.

Mazrui, Ali A. :2002, 'Globalization between the Market and the Military: A Third World Perspective,' Journal of Third World Studies, XIX (1), 13-24.

Moldan, Bedrich: 2003, 'The UNDP Human Development Index,' [available at http://www.icsuscope.org/downloadpubs/scope58/box3n.html]

Moors, Cindy : 2001, 'The Body Brokers: Organized Crime and Organ Trafficking,' [available at http://www.asc41.com/www/2001/abste004.htm]

Oshagbemi, Titus: 2001, 'How Satisfied Are Academics with the Behaviour/Supervision of Their Line Managers?' The International Journal of Educational Management, 15 (6/7), 283-291.

Rodrigeuz, C and D. Rodrik: 2000, 'Trade Policy and Economics,' University of Maryland and Kennedy School of Government, Harvard University.

Rothman, D. :2002, 10th Annual Conference on "The Individual vs. the State" Central European university, Budapest.

Rothman, D. :2002, 'Ethical and Social Consequences of Selling a Kidney,' JAMA, 288, 13.

Neter, John, Michael H. Kutner, Christopher J. Nachtsheim andWilliamWasserman :1996, Applied Linear Statistical Models (4th ed.). Homewood, IL: Irwin.

Noll, A. Michael: 2001, 'Globalization,' [available at http://www.citi.columbia.edu/amnoll/Globalization.htm]

Robertson, Roland :1992, 'Globalization: Social Theory and Global Culture,' London: Sage.

Rothkop, D. :1997, 'In Praise of Cultural Imperialism? Effects of Globalization on Culture,' Foreign Policy, June 22.

SARRC People's Forum :1998, Memorandum to the Honourable Members of the Standing

Committee of the 10th SAARC Summit [available at http://www.hsph.harvard.edu/Organizations/healthnet/Sasia/repro2/SAARC.htm]

Schneider, Friedrich :2000, 'Dimensions of Shadow Economy,' The Independent Review, 5 (1), 81-91.

Schneider, Friedrich : 2002, 'Shadow Economy,' [available at http://www.economics.uni-linz.ac.at/Members/Schneider/encyclopedia.PDF]

Scheper-Hughes, Nancy :1997, 'The New Cannibalism,' [available at http://sunsite.berkeley.edu/biotech/organswatch/pages/cannibalism.html]

Scheper-Hughes, N. :2000, 'The Global Traffic in Human Organs,' Current Anthropology, 41 (2), 191-224.

Sehgal A.R., S.O. LeBeau and S.J. Youngner :1997, 'Dialysis Patient Attitudes toward Financial Incentives for Kidney Donation,' American Journal of Kidney Diseases, 29 (3), 410-418.

Stubbs, R. and G.R. Underhill: 1994, Political Economy and the Changing Global Order, ed. Toronto: McClelland and Stewart.

Tansuhaj, Patriya and Jim McCullough: 2004, 'International Human Trade: A Marketing Analysis,' Journal of Global Business Research , 1 (Spring), 94-101.

TED Case Studies: 2001, 'India Kidney Trade,' [available at http://www.american.edu/projects/mandala/TED/KIDNEY.HTM]

The Associated Press :1999, 'Organ Program Monitors Trafficking,' [available at http://archive.mail-list.com/hbv_research/msg00513.html]

Truong, Thanh-Dam: 2001, 'Organized Crime and Human Trafficking,' Asian Human Right News [available at http://www.ahrchk.net/news/mainfile.php/ahrnews_200106/1010/]

Wallach, L. and M. Sforza: 1998, Whose Trade Organization? Corporate Globalization and the Erosion of Democracy, Washington: Public Citizen Foundation.

__________ (1999), WTO homepage [available at http://www.wto.org]

참고문헌

박의범 · 권종욱 · 오대혁(2010), 세계화와 글로벌경영, 두남출판사.

박철순(2009), 글로벌시대의 국제경영, McGraw-Hill Korea.

Abony, G. and D.M.V. Slyke(2010), "Governing on the Edges: Globalization of Production and the Challenge to Public Administration in the Twenty-First Century," *Public Administration Review*, December, S33-S45.

Cho, H.S., M. Zhang, and P. Tansuhaj(2009), "An Empirical Study on International Human Organ Trafficking: Effects of Globalization," *Innovative Marketing*, 5(3), 66-74.

Hickman, D.C. and W.W. Olney(2011), "Globalization and Investment in Human Capital," *Industrial and Labor Relations Review*, 64(4), http://digitalcommons.ilr.cornell.edu/ilrreview/vol64/iss4/2

Hill, C.W.L.(2009), *Global Business Today*, McGraw-Hill.

Khavul, S., M. Peterson, D. Mullens, and A.A. Rasheed(2010), "Going Global with Innovations from Emerging Economies: Investment in Customer Support Capabilities Pays Off," *Journal of International Marketing*, 18(4), 22-42.

Wiersema, M.F. and H.P. Bowen(2008), "Corporate Diversification: The Impact of Foreign Competition, Industry Globalization, and Product Diversification," *Strategic Management Journal*, 29, 115-132.

Wild, J.J., K.L. Wild, and J.C.Y. Han(2010), *International Business*, Prentice Hall.

_____(2012), A.T. Kearney Homepage, http://www.atkearney.co.kr/

_____(2012), KOF Index of Globalization, http://globalization.kof.ethz.ch/

제 2 장

국제기구, 국제지역 경제통합

제 1 절 GATT

1. GATT 성립 배경

1930년대 이후 경제적 민족주의를 바탕으로 보호무역주의 및 지역적 블록주의가 팽배해졌다. 그 결과 전 세계 경제성장이 저해되었고 대공황이 발생하였다. 경제공황 후 모든 강대국이 참여한 전쟁인 제2차 세계대전도 당시 보호무역주의 및 지역적 블록주의와 관련이 높다고 할 수 있다. 이 후 전 세계적으로 자유무역에 대한 논의가 본격적으로 이루어지게 되었다. 또한 1930~1940년대는 사회주의 정치 체제가 급속히 성장하였다. 이에 대응하기 위해 자본주의 진영에서 자유무역 체제에 대한 논의가 본격화되었다. 이는 시장기능의 활성화를 통한 효율과 후생의 극대화를 추구하는 신자유주의 사상의 확산으로 이어지게 되었다. 이러한 시대적 배경하에 당시 세계 최강국이었던 미국의 주도로 국제연합(United Nations, UN) 내에 국제무역기구(International Trade Organization, ITO) 설립이 추진되었지만 정치적인 이유로 무산되었고 대안으로 GATT(General Agreement on Tariffs and Trade, 관세와 무역에 관한 일반협정) 체제가 출범하게 되었다. 사실 GATT는 ITO 설립에 있어서 관세인하 약속을 이행하기 위한 하나의 규정에 불가하였다. 따라서 GATT 체제는 국제기구로서의 제도적 · 행정적 기반을 충분히 갖추지 못한 채 출범하였다. 1947년 제네바에서 미국을 포함한 23개국이 관세철폐와 무역 증대를 위하여 조인한 GATT는 1995년 세계무역기구(WTO)로 대체되기 전까지 전 세계에서 120여 국가가 가입하였으며 한국은 1967년 4월 1일부터 정회원국이 되었다.

GATT 체제 출범 당시 미국의 무역정책 기조는 무차별주의 원칙에 입각한 자유무역 체제의 확립이었다. 이러한 자유무역주의는 비교생산비설에 의해 그 합리성이 주장되었다. 또한 자유무역주의는 자유무역을 방해하는 블록경제가 제2차 세계대전 원인의 하나였다는 주장을 통해 정당화되었다. 미국은 1945년에 '세계무역과 고용의 확대를 위한 제안'을 발표하고 국제무역기구(ITO)의 설립과 관세 등의 무역 장벽 제거를 위한 교섭을 제안하였다. 1946년에는 완전고용, 일반 통상정책, 제한적 상관행, 국제 상품거래 등에 관한 ITO 헌장 초안을 공포했다. GATT는 원래 ITO 헌장이 성립될 때까지 그 목적의 일부를 담당하기 위해 잠정적으로 체결되었다. ITO 헌장은 준비위원회의 초안에 근거, 국제연합 무역고용회의에서 완성되어 서명되었으나 미국 내에서 보호무역주의자뿐만 아니라 자유무역주의자로부터도 비판을 받았다. 이에 미국은 ITO 헌장에 비준하지 않기로 결정하였으며, 그 결과 1947년 GATT 체제가 ITO의 대안으로 출범하게 되었다.

2. GATT 기본 원칙

GATT의 기본원칙은 다음과 같다. 첫째, 관세 이외의 무역 장벽을 원칙적으로 금지한다. 무역 자유화를 위해서 원칙적으로 관세만 허용하되 수량제한 등의 무역 장벽을 금지한다. 즉 특별한 예외를 제외하고 비관세 장벽의 사용을 금지한다. 둘째, 관세를 상호주의의 원칙에 따라 인하한다. 관세를 인정하지만 관세율 인하를 통해 무역 자유화를 추진한다. 구체적으로 관세 양허규정(binding tariffs)을 통해 물목별 양허표의 세율보다 낮은 관세의 경우만 시행 가능하도록 허용한다. 셋째, 관세 등에 대해 체결국 상품에 최혜국 대우를 부여함으로써 체결국 상품을 상호 평등하게 취급한다. 하지만 이러한 GATT의 기본원칙은 각종 예외가 인정되고 있으며, GATT의 주요부분이 그러한 예외적 규정이라고도 볼 수 있다. 예를 들어 GATT 체제에서 비관세 장벽은 국가의 중요한 무역규제 수단이 되었으며, 국가의 각종 경제조치가 무역에 미치는 영향이 확대되었다. 또한 일반적 최혜국 대우 원칙도 그 예외가 인정되어 보다 유리한 대우(특혜대우)를 특정 국가에 부여할 수 있도록 하고 있다.

내국민 대우 원칙과 다자주의도 GATT의 핵심 기본원칙이다. 내국민 대우 원칙은 GATT 체결국이 국내 조세나 규제 등을 취할 때 외국 상품과 국내 상품을 동등하게 대우하여야 한다는 원칙이다. 즉 최혜국 대우 원칙은 국가와 국가 간의 차별을 배제하는 원칙이며, 내국민 대우 원칙은 자국과 외국인의 차별을 배제하는 원칙이다. 다자주의는 일반화된 행동원리에 기초해서 셋 이상의 국가 간의 관계 규율을 조정하는 제도이다. 관세율 인하 등 무역정책 협상에 있어서 다자간 무역협상을 추진하게 된다. 이를 통해 세계무역의 양적 확대와 자유화에 기여할 수 있다. 앞서 논의된 GATT 기본원칙을 정리해 보면 크게 무역 자유화와 무차별주의로 요약할 수 있다. 즉 첫 번째, 두 번째 원칙은 관세양허 규정을 통해 무역 자유화를 실현하기 위한 원칙이다. 그리고 최혜국 대우 원칙, 내국민 대우 원칙, 다자주의는 결국 무차별주의를 실현하기 위한 원칙이라 할 수 있다.

3. GATT 성과

GATT 체제의 구체적인 활동성과는 1947년 창설 이후 1994년까지 진행된 총 8차 다자간 무역협상으로 대변될 수 있다. GATT 체제에서는 체결국 모두가 참여해 새로운 무역협정을 의논하게 된다. 그러한 협정 과정을 '라운드(Round)'

라고 한다. 첫 번째, GATT 다자간 관세인하 협상은 1947년에 시작된 제네바 라운드(Geneva Round)이었다. 제네바 라운드에서는 23개국이 스위스 제네바에서 관세와 무역에 관한 일반 협정을 체결하고, 56개국 대표자가 쿠바의 하바나(Havana)에 모여 국제무역 기구의 헌장에 대한 협상에 착수하였다. 두 번째, 다자간 협상은 1949년에 시작된 앙시 라운드(Annecy Round)이었다. 앙시 라운드는 관세 및 무역에 관한 일반 협정 2차 무역 회담으로 프랑스 앙시에서 열렸고 13개국이 참가하였다. 세 번째, GATT 다자간 협상은 1951년에 시작된 토키 라운드(Torquay Round)이었다. 토키 라운드는 관세 및 무역에 관한 일반 협정 3차 라운드이며 영국 토키에서 열렸다. 1948년 관세 수준에서 25% 감축을 결정한 회의이며 38개국이 참가하였다. 네 번째, 다자간 협상은 1956년에 제네바에서 시작되었으며 26개국이 참가하였다. 관세인하와 함께 개발도상국을 협정 대상국으로 참가시키기 위한 GATT 미래 정책이 설정되었다. 5차 GATT 다자간 협상은 딜론 라운드(Dillon Round)에서 1960년에 시작되었으며 딜론 라운드에는 26개국이 참가하였다. 딜론 라운드의 주 의제는 관세인하였으며 협상 장소가 아닌 협상 제안자의 이름을 따서 명명되었다. 딜론 라운드에서 특히 유럽경제공동체 창설 관련 내용의 협상이 포함되었다.

6차 GATT 다자간 관세인하 협상인 케네디 라운드(Kennedy Round)는 1964년에서 1967년까지 진행되었다. 총 62개국이 참가하였으며 관세인하가 핵심 의제였다. 협상대상 품목에 공산품은 물론 농산품도 포함시켰으며 관세인하 방식은 종전의 국가별, 상품별 협상방식에서 일괄인하 방식으로 변경하였다. 그리고 비관세 장벽도 협상의 대상에 포함시켰다. 케네디 라운드에서 관세인하를 양허한 품목 수가 30,000여 개였으며 평균 관세인하율은 35%였다. 이는 GATT 다자간 협상 중에서 최대 규모의 관세인하에 성공한 협상이었다. 하지만 농산물 분야에서 소맥 가격 등 제한된 부분에서만 합의에 성공하였고, 비관세 장벽 분야에서는 반덤핑 코드의 제정 이외에는 별다른 결론을 얻지 못하였다.

7차 다자간 협상은 1979년에 개최된 도쿄 라운드(Tokyo Round)이다. 총 102개국이 참가하였으며 28,000여 개 품목에 대하여 평균 33%의 관세율인하에 성공하였다. 케네디 라운드에 이어 대폭적인 관세인하에 성공한 다자간 협상이었다. 케네디 라운드에서 채택했던 일괄인하 방식 대신에 관세율이 높은 품목은 많이 인하하고, 관세율이 낮은 품목은 적게 인하하는 조화인하 방식을 채택하였다. 비관세 장벽 부문에서도 보조금 및 상계 관세, 정부조달, 관세평가, 수입허가 절차, 기술 장벽, 반덤핑 등의 분야에서 협정을 체결하는 등 상당한 성과가 있었다.

GATT 체제의 마지막이자 8차 관세인하 다자간 협상은 우루과이 라운드(Uruguay Round)이다. 이 협상은 1994년에 시작되었으며 125개국이 참가하였다. 1970년 중반부터 미국 등 선진국의 보호무역이 강화되었으며, 비관세 장벽의 남용, 쌍무적 상호주의 강화 등으로 GATT 체제의 무역질서가 교란되었다. 또한 당시 서비스무역과 해외투자가 급증하였으며, 지적 재산권에 대한 국제적 마찰이 증대되었다. 하지만 공산품 무역을 중심으로 하는 GATT 체제는 새로운 무역환경에 대응하기가 어려웠다. 이에 따라 우루과이 라운드에서는 GATT를 대체하기 위한 세계무역기구(WTO)의 창설이 합의되었으며, 향후 20년 간 관세 및 수출 보조금 감소, 향후 20년 간 수입 제한 및 수입 상한의 감소 등의 성과가 있었다.

전체적으로 1947년에서 1994년까지 GATT 체제 기간 동안 세계 무역은 비약적으로 확대되었다. 세계 무역량은 연평균 8.2% 상승하였다. 회원국 수도 최초 23개국에서 120여 국가로 확대되었으며 무역에 있어 각종 수입규제와 차별적 요소를 개선하는 성과가 있었다. 하지만 ITO를 대신해 출범한 태생적 한계로 인해 법적 구속력이 미비하였으며 통일성과 체계성도 부족하였다. 특히 각국의 다양한 주장을 인정함으로써 너무 많은 예외 조항이 존재하였다. 국제협정으로써 조건이 부족하여 개별 국가가 협정문 비준을 거부하는 상황이 발생되었으며, 국제경제 기구로서의 성격도 미비하였다. 이러한 한계점으로 인해 결국 GATT 체제는 WTO로 대체되게 되었다. 세계무역기구(WTO)의 창립으로 1994년 12월 31일 GATT 체제는 공식적으로 종식되었다.

제2절 WTO

1. WTO 성립 배경

세계무역기구(World Trade Organization, WTO)는 기존의 GATT 체제의 한계점을 극복하기 위하여 새롭게 설립되었다. WTO는 기본적으로 GATT의 원칙과 협정을 수용하고 있으며, 나아가 이를 확대하는 것을 목적으로 삼고 있다. GATT 체제와는 달리 WTO는 실제로 기구(organization)의 형태로 존재한다. WTO의 전체적인 목표는 무역 장벽을 낮추고 무역 협상의 기반을 제공함으로써 원활하고 자유로운 무역을 지원하는 것이다. 또한 회원국 간 분쟁이 발생된 경우 이를 조정하는 역할도 수행한다. 따라서 이전 GATT 체제와 비교해 WTO는 행정기능과 사법기능이 강화되었다.

WTO에서는 다음의 무역 기본원리를 규정하고 있다. 첫째, 무역체계는 차별이 없어야 한다. 즉 국가는 다른 국가에 대해 우월적 권리를 행사하거나, 외국 상품이나 서비스를 차별해서는 안 된다. 이는 GATT 체제의 무차별주의, 최혜국 대우, 내국민 대우 원칙을 수용하고 확대한 원칙이다. GATT 체제에서는 이 원칙이 주로 상품 교역에만 적용되었지만 WTO에서는 서비스무역, 무역관련 투자에도 확대하여 적용되고 있다. 둘째, 보다 더 자유로운 무역추구이다. 즉 관세 혹은 비관세 등의 무역 장벽을 최소화해야 한다. 이는 GATT 체제의 무역 자유화 원칙을 계승하고 발전시킨 것이다. 셋째, 무역 체계는 예상할 수 있어야 한다. 즉 외국 기업이나 정부는 무역 장벽이 갑작스럽게 높아지지 않으리라는 것과 시장은 그대로 열려 있을 것을 보장받아야 한다. 이는 보다 더 투명하고 공정한 무역을 강조하는 원칙이다. 넷째, 무역 체계는 보다 경쟁적이어야 한다. 또한 무역 체계는 후진국 및 개발도상국을 고려해야 한다. 즉 유예기간, 유연성, 권리 등을 보장해 주어야 한다. 이를 통해 해당 국가의 경제개발과 경제개혁을 촉진할 수 있다.

WTO는 우루과이 라운드 협상결과인 WTO 설립협정에 의해 설립된 법인 성격의 공식적 국제기구이다. 따라서 기존 GATT 체제와 차별되게 행정기능, 법적 구속력, 감시기능이 강화되었다. 즉 WTO는 분쟁해결 기구와 무역정책 검토 기구를 설치하여 사법기능과 감시기능을 강화하였다. 분쟁해결 기구는 회원국 간 발생한 분쟁해결을 위한 집행기관이며, 무역정책 검토 기구는 회원국의 무역정책을 정기적으로 검토하고 평가를 담당하는 기관이다.

2. WTO 주요 내용

GATT 체제처럼 WTO의 핵심 내용은 관세양허에 관한 부분이다. WTO에서는 출범 후 5년 이내에 평균 관세율 1/3 이상 인하를 합의하였다. 개발도상국은 각국의 역량에 따라 관세인하 일정을 조정하기로 합의하였다. WTO 주요 내용 중 GATT 체제와 뚜렷이 다른 부분이 바로 농산물에 관한 내용이다. GATT 체제에서는 농산물에 대한 비관세 장벽을 허용하였다. 하지만 WTO에서는 농산물에 대해서도 관세화를 추진하고 있다. 구체적으로 2001년까지 평균 관세율을 1986년에서 1988년까지 기준으로 36% 수준의 감축을 합의하였으며, 식량안보 등 일정한 요건을 갖춘 특별품목에 대해서는 선진국에게 6년 간, 개발도상국에게 10년 간 관세화를 유보하였다. 또한 섬유류와 관련해 모든 회원국은 2005년 1월 1일까지 완전히 WTO 내의 규율로 복귀하도록 규정하였다. GATT 체제에서 활발히 논의하지 못했던 서비스 무역에 대해서도 최혜국 대우 원칙의 적용을 합의하였다. 이와 함께 GATT 마지막 다자간 협상이었던 우루과이 라운드에서 합의하지 못한 통신, 금융, 해운, 노동력의 이동 등의 분야에서도 논의가 진행되고 있다.

무역 관련 지적 재산권에 대해서도 내국민 대우 원칙, 최혜국 대우 원칙을 적용하기로 합의하였으며, 무역 관련 지적 재산권 이사회를 설치하였다. 특히 지적 재산권 관련 분쟁은 WTO 분쟁해결 기구를 통해 조정하고 있다. WTO에서는 원칙적으로 보조금을 금지한다. 수출 보조금과 수입대체 보조금이 여기에 포함된다. 소수 특정기업에 지급되는 특정성이 있는 보조금도 원칙적으로 금지 보조금으로 규정하고 있다. 물론 예외적으로 허용되는 보조금도 있다. 우선 특정성이 없는 보조금과, 특정성이 있더라도 연구개발, 낙후된 지역의 개발, 또는 환경보호를 위하여 지원하는 보조금은 허용되고 있다. 이와 함께 극빈국의 수출 보조금을 허용하고 있으며, 소득수준 $1,000이상 개발도상국에게는 8년의 유예기간을 허용하였다. 수입대체 보조금은 원칙적으로 금지하며 개발도상국은 5년, 극빈국은 8년의 유예기간을 허용하였다.

GATT 체제에서 반덤핑 관세(anti-dumping duty)와 상계 관세(countervailing duty)가 허용되었다. 물론 이러한 관세는 GATT 체제의 핵심 원칙인 무차별주의에 정면으로 위배되지만 덤핑과 보조금에 의한 산업 피해가 심각했기 때문에 예외적으로 허용하였다. 하지만 반덤핑 관세와 상계 관세의 절차 및 효력 등에 대한 구체적인 합의 내용이 부족하였다. 그 결과 반덤핑 관세와 상계 관세가 수입을 억제할 목적으로 악용되는 경우가 많았다. 즉 수입억제를 위한 비관세 장벽으로 이용되고 있었다. 이에 따라 WTO에서는 반덤핑 관세와 상계 관세에 대해 좀 더 구체적인 내용을 규정하였다. 우선 덤핑을 판단하는 정상가격의 정의를 보다 구체적으로 규정하였다. 덤핑마진이 수출가격의 2% 미만이거나 특정 국가로부터의 덤핑 수입량이 3% 미만의 점유율을 차지하는 경우 덤핑조사를 즉시 종결하도록 하는 등 조사요건을 엄격하게 규정하고 있다. 하지만 덤핑에 의한 피해의 정의가 명확하지 않고, 덤핑과 피해의 인과관계 입증 등 피해결정에 대해서도 정확한 개념 정립이 이루어지지 않고 있다. 상계 관세와 관련해 조사기간을 원칙적으로 1년 이내로 규정하며, 보조금이 상품가액의 1% 미만인 경우 조사를 즉각 종결하도록 규정하고 있다. 또한 확정된 상계 관세는 부과일로부터 5년 이내에 종결되어야 한다. 하지만 피해 판정절차에 대해서는 여전히 명확한 규정을 마련하지 못하고 있다. WTO와 관련한 연혁을 살펴보면 다음과 같다.

- 1986~1994년: GATT 우루과이 라운드에서 WTO를 설립하는 마라케시 선언(Marrakech Declaration)을 채택
- 1995년 1월 1일: WTO 창설
- 1995년 5월 1일: 레나토 루지에로(Renato Ruggiero) 전 이탈리아 통상장관이 WTO 초대 사무총장에 취임
- 1996년 12월 9일~12월 13일: 싱가포르에서 제1차 각료회의 개최

- 1998년 5월 18일~5월 20일: 스위스 제네바(Geneva)에서 제2차 각료회의 개최
- 1999년 9월 1일: 마이클 무어(Michael Kenneth Moore) 전 뉴질랜드 총리가 WTO 사무총장에 취임
- 1999년 11월 30일~12월 3일: 미국 워싱턴 주 시애틀(Seattle)에서 제3차 각료회의 개최
- 2001년 11월 9일~11월 13일: 카타르 도하(Doha)에서 제4차 각료회의 개최, 도하 라운드 시작 및 도하 선언 채택
- 2001년 12월 1일: 중국이 WTO에 가입
- 2002년 9월 1일: 수파차이 파닛차팍(Supachai Panitchpakdi)이 WTO 사무총장에 취임
- 2003년 9월 10일~9월 14일: 멕시코 칸쿤(Cancun)에서 제5차 각료회의 개최
- 2004년 8월: 제네바 회담 결과 도하 라운드의 기초 마련, 선진국은 농업 보조금을 낮추고 개발도상국은 공산품에 대한 관세를 낮춤
- 2005년 5월 13일: 파스칼 라미(Pascal Lamy)가 WTO 사무총장에 취임
- 2005년 12월 13일~12월 18일: 홍콩에서 제6차 각료회의 개최

읽기 1-2-1 한-미 FTA 체결과 무역기회

2012년 3월 15일에 한-미 FTA가 공식 발효되었다. 이에 따라 자동차 부품에 부과되던 관세는 발효와 동시에 없어졌고 자동차에 부과되던 관세는 2016년까지 완전 철폐된다. 당장 한-미 FTA 체결로 인해 미국산 자동차의 관세가 4% 낮아졌다. 2000CC 초과 차량에 부과되던 10%의 개별소비세도 2% 인하되었기 때문에 전체적인 차량 가격이 낮아지는 효과도 기대할 수 있다.

과연 그렇다면 한-미 FTA 발효로 인해 GM, Ford 등 미국 자동차 메이커의 국내 시장 점유율이 높아질 수 있을까? 이에 대해서는 의견이 다양하다. FTA 발효로 인하여 미국 자동차사가 절호의 기회를 잡은 것은 분명해 보인다. 하지만 문제는 국내 소비자의 브랜드 선호도이다. 한국 소비자들은 국산 브랜드와 Mercedes Benz, BMW 등 유럽 고급 자동차 브랜드에 대한 선호도가 아주 높다. 따라서 단기간에 미국 자동차 메이커들이 시장 점유율을 높이기에는 많은 어려움이 있을 것

으로 예상된다. 오히려 일본 자동차 메이커들이 기회를 잡을 것으로 예상된다. 미국에서 생산된 일본 자동차들을 한국에 직접 수출함으로써 낮아진 관세로 인해 가격 경쟁력 혜택을 누릴 수 있을 것으로 예상된다.

사실 완성차 업계보다는 자동차 부품업계가 더 많은 이익을 누릴 것으로 예상된다. 한-미 FTA가 발효되는 즉시 자동차 부품에 대한 관세가 없어지기 때문에 전세계 자동차 OEM 기업들이 품질과 가격 경쟁력 면에서 유리한 한국 자동차 부품 기업들로부터 보다 많은 부품을 조달할 것으로 예상된다. 따라서 단기적인 관점에서 한-미 FTA 자동차 산업 관련 최대 수혜자는 자동차 부품업계로 판단된다.

(재경일보, 2011년 11월 1일 기사 참고)

제3절 국제지역 경제통합

1. (국제)지역 경제통합의 개념과 특성

국제통상에 있어서 국가 간의 관계는 쌍무주의(양국 간의 관계를 규율), 다자주의(모든 국가의 관계를 규율), 지역주의(경제의존성이 높고 이해관계가 일치하는 지역 국가의 관계를 규율)로 대변될 수 있다. (국제)지역 경제통합(regional economic integration)은 바로 지역주의를 바탕으로 형성된다. 지역경제통합은 정치적으로는 독립되어 있지만 지리, 문화, 경제적으로 상호의존성이 높은 국가 간에 무역, 통화, 산업, 금융, 재정 등에 관한 통합협정을 체결하여 하나의 경제권을 형성하는 것을 의미한다. (국제)지역 경제통합의 운영원리는 역내우선주의이다. 즉 가입국 상호간에는 이익을 도모하지만 역외국가(비회원국)에게는 차별적 조치를 공동으로 취하게 된다.

지역경제통합은 통합수준에 따라 여러 단계로 구분된다. 가장 낮은 수준의 지역경제통합은 자유무역협정(Free Trade Agreement, FTA)이다. 자유무역협정(FTA)은 가장 초기단계의 경제통합으로 회원국(역내국가, 가맹국) 사이의 상품,

서비스 교역에 관세와 비관세 장벽을 폐지하여 무역을 자유롭게 함을 원칙으로 한다. 자유무역협정은 비회원국(역외국가, 비가맹국)에 대해서는 각 회원국이 독자적인 무역정책을 그대로 유지하게 된다. 우리나라가 칠레, 미국, 유럽연합 등과 체결한 경제통합이 바로 자유무역협정이다. 이와 함께 캐나다, 미국, 멕시코 3국이 체결한 북미자유무역협정(North American Free Trade Agreement, NAFTA)도 대표적인 자유무역협정이다. 자유무역협정보다 높은 수준의 지역경제통합이 관세동맹이다. 관세동맹(Customs Union, CU)은 자유무역협정과 같이 회원국에 대해서는 관세 및 기타 무역 장벽을 제거해서 자유무역을 실현한다. 또한 비회원국에 대해 대외 공동 관세를 공동으로 부과한다. 이 밖에 비회원국과의 무역협상에 공동으로 대처하는 등 공동 무역정책을 채택하는 특성을 보인다. 1947년에 설립되고 현재 유럽연합(European Union, EU)의 기초가 되는 베네룩스 관세동맹(Benelux Customs Union)이 대표적이다. 베네룩스 관세동맹의 회원국은 벨기에(Belgium), 네덜란드(Netherlands), 룩셈부르크(Luxembourg)였다.

다음 단계의 지역경제통합은 공동시장이다. 공동시장(Common Market, CM)에서는 자유무역협정, 관세동맹처럼 회원국 간 상품 및 서비스 무역이 자유화된다. 그리고 비회원국에 대해 공동의 무역정책을 추진한다. 이와 함께 회원국 간 노동, 자본 등 생산요소의 자유로운 이동을 보장한다. 현재 유럽연합의 전 단계인 유럽공동체(European Community, EC)가 대표적인 경우이다. 다음 단계인 경제동맹(Economic Union, EU)은 회원국 사이에 금융정책, 재정정책, 사회정책 등 모든 경제정책을 공동으로 추진하게 된다. 물론 경제동맹은 앞서 논의된 공동시장의 특성을 가지고 있다. 경제동맹에서 회원국은 각각 별도의 행정기구를 가지고 있지만 공동의 경제정책을 결정하고 집행하기 위한 초국가적인 경제기구도 설치하게 된다. 현재 유럽연합이 대표적이며, 유럽법원 등 EU의 초국가적 경제기구 및 정치기구는 벨기에 브뤼셀(Brussels)에 위치하고 있다. 만약 지역경제통합 회원국이 경제주권을 완전히 포기하고 경제 분야에서 통합이 이루어지면 완전한 경제동맹(Complete Economic Integration)이 형성된다.

지역경제통합은 회원국과 비회원국에 다양한 영향을 미칠 수 있다. 대표적인 영향이 무역창출 효과와 무역전환 효과이다. 지역경제통합 전 무역 장벽 때문에 국내생산자에 의해 비효율적으로 생산되는 제품이 경제통합 후 역내의 다른 회원국의 제품으로 대체되는 과정에서 새로운 무역이 창출될 수 있다. 이를 무역창출 효과라고 한다. 무역창출 효과를 통해 효율적인 자원배분, 소비증가, 무역확대, 역내국의 소득 및 후생 증진을 기대할 수 있다. 한편 경제통합 전 역외국가로부터 수입되는 제품이 경제통합 후 역내국가로 수입처가 대체될 수 있다. 이를 무역전환 효과라고 한다. 이 밖에 교역조건 개선, 규모의 경제, 자본 및 기술이전 촉진, 대외협상력 제고 등도 지역경제통합의 효과에 포함될 수 있다.

2. 주요 지역경제통합

지역경제통합의 대표적인 경우가 현재 유럽연합(EU)이다. 유럽에서 최초로 이루어진 지역경제통합은 벨기에, 네덜란드, 룩셈부르크를 회원국으로 공동대외관세를 채택한 베네룩스 관세동맹(Benelux Customs Union)이다. 이후 프랑스, 서독, 이탈리아, 베네룩스 3국에 의해 유럽석탄-철강공동체(European Coal and Steel Community, ECSC), 유럽경제공동체(European Economic Community, EEC), 유럽원자력공동체(European Atomic Energy Community, EURATOM)가 설립되었다. 이 기관을 통합하여 1967년 유럽공동체(European Community, EC)가 창설되었다. 유럽공동체는 1992년 통화통합과 정치통합을 목표로 유럽연합 조약(Treaty on European Union, TEU), 일명 마스트리히트 조약(Maastricht Treaty)을 체결하였다. 이 조약을 근거로 현재의 유럽연합이 탄생하게 되었다.

북미자유협정(North America Free Trade Agreement, NAFTA)은 미국, 캐나다, 멕시코 북미 3개국이 체결한 자유무역협정이며, 1994년 공식 발효되었다. 북미자유협정에서는 선진국과 개발도상국 간 이루어진 최초의 경제통합이다. 북미자유무역협정에서는 유럽연합과 같이 초국가적인 기구 없이 각 회원국이 독자적인 대외무역 정책을 유지하고 있다. 북미자유협정은 순수 자유무역협정으로써 상품 및 서비스의 교역자유화에 초점을 맞추고 있다. 북미자유협정은 역내에서 생산된 상품에 대한 모든 관세를 15년에 걸쳐 완전히 철폐할 것을 규정하였으며, 일정은 모든 상품을 국가별로 4개의 분야로 나누어 진행하여 왔다. 북미자유협정은 비관세 장벽과 관련해 수입허가제 등 수입제한 조치의 철폐를 원칙으로 하고 건강이나 환경 보호를 위한 경우에는 예외적으로 수입제한을 인정하고 있다. 그리고 농산물, 섬유, 의류, 자동차에 대한 특별 규정을 합의하였다. 또한 북미자유협정에서는 미국과 캐나다 기업이 멕시코 시장에 쉽게 진출할 수 있도록 금융, 통신, 직접투자 등의 분야에서 멕시코 시장 개방에 관한 규정에 합의하였다. 마지막으로 멕시코의 노동과 환경 문제와 관련해서 별도의 보완협정(side agreement)을 체결하였다.

동남아국가연합(The Association of Southeast Asian Nations, ASEAN)은 1967년에 설립된 동남아시아의 정치, 경제, 문화 공동체이다. 태국, 인도네시아, 말레이시아, 필리핀, 싱가포르 5개국으로 출범하였으며 초기의 동남아국가연합은 공산주의 팽창에 대응한 공동 안보정책 중심이었다. 1970년 이후 역내국 간 관세인하 등 경제통합의 형태로 발전되어 왔다. 매년 11월에 정상회의를 개최하며 2015년까지 유럽연합과 유사한 수준의 정치, 경제 통합체를 지향하고 있다.

아시아 태평양 경제협력체(Asia-Pacific Economic Cooperation, APEC)는 호주 총리에 의해 제안되었으며 1989년 11월 5일부터 7일까지 호주 캔버라(Canberra)에서 12개국이 모여 결성하였다. 환태평양 국가의 경제적 · 정치적 통합을 추구하는 국제기구이며 1993년부터 매년 각 나라의 정상이 모여 회담을 열고 있다. 처음에는 단순한 협의체로 출발하였지만 최근 들어 역내 교역의 자유화를 추진하는 등 지역경제통합의 성격으로 발전되고 있다. 하지만 회원국 간 경제적 · 역사적 · 인종적 · 문화적 · 정치적 이질성 때문에 유럽연합이나 북미자유무역협정처럼 실질적인 경제통합으로 발전되기에는 많은 어려움이 있을 것으로 예상된다.

국제기구, 국제지역 경제통합 관련 연구 1

논문제목

한국 FTA의 수출 집약도 및 수출 다양도에 대한 영향

저 자

김민정(서울대학교, 대한민국)
김종섭(서울대학교, 대한민국)

간행논문집(발행연도)

국제통상연구(2012)

영문요약

This paper estimated the impact of Koreas FTAs on its total exports growth and export market share expansion, specifically focusing on their changes in the intensive and extensive export margins. The analysis was based on the panel data of Korea's export to 98 partner countries over the last 10 years(2000~2009). The intensive export margin was calculated in terms of per product export value and Hummels and Klenow(2005) intensive margin while the extensive export margins was calculated in terms of number of products and Hummels and Klenow(2005) extensive margin. The OLS estimator with period fixed effect was applied to estimate the FTA effects on Korea's intensive and extensive export margins. The statistically significant findings of this paper include that Korea's FTAs increased its total export and export market shares both in terms of intensive and extensive margins in general. However, the intensive export growth played more important role whereas the extensive export growth was confirmed only in terms of product number. Korea-Chile FTA and Korea-ASEAN FTA increased both intensive and extensive margins whereas Korea-EFTA FTA and Korea-Singapore FTA expanded only the intensive export margins.

국문요약

본 연구는 FTA의 효과를 수출 집약도에 대한 효과와 수출 다양도에 대한 효과로 구분하여 분석하는 새로운 접근방법을 한국 사례에 적용하여, 한국 FTA의 효과를 세부적으로 분석하였다. 이를 위하여 지난 10년 간 2,900여 개의 제조업 품목을 대상으로 98개 교역상대국에 대한 수출 집약도와 수출 다양도 수준을 계산하였으며 이를 바탕으로 패널데이터를 구성하여 실증분석을 실시하였다. 또한 각 FTA별로 FTA 체결 전후의 수출 집약도와 수출 다양도를 파악하는 사례분석을 실시하여 분석의 정확성을 제고하였다. 실증분석 결과 한국이 체결한 FTA로 한국의 수출 집약도가 증가한 반면 수출 다양도는 수출품목 개수가 늘어나 일면 다양해지긴 하였으나 늘어난 상품들이 수입시장에서 비중이 적은 상품들로 구성되었다. 개별 FTA 분석 결과 한-칠레 FTA와 한-ASEAN FTA는 수출 집약도와 수출 다양도를 모두 확대시켰으나, 한-EFTA FTA와 한-싱가포르 FTA는 수출 집약도만 확대시키는 효과를 가졌다. 항목별로는 차량/운용기기 항목에 대하여 FTA의 수출 집약도 및 수출 다양도 확대 효과가 가장 두드러지게 나타났다.

국제기구, 국제지역 경제통합 관련 연구 2

논문제목

WTO 규범협상의 현황과 향후 과제

저 자

박노형(대외경제정책연구원, 대한민국)
박성훈(대외경제정책연구원, 대한민국)

간행논문집(발행연도)

대외경제정책연구원 연구보고서(2010)

영문요약

Trade and industrial remedies became more frequently employed as the world economy suffered from the recent worldwide financial crisis. The multilateral rules of the WTO applicable to such trade remedies should be improved so that an unfair application of those measures is prohibited. In fact, the Doha Development Agenda(DDA) initiated in 2001 has been dealing with the WTO provisions on trade remedies as one of its core negotiation items. The paper examined the process of the rules negotiation and the diverse positions of major WTO Members. For this purpose it analyzed the comprehensive set of proposals submitted by the WTO Members, two Chair's drafts and other documents prepared by the WTO Secretariat. Based on this examination and analysis, the paper suggested strategic considerations the Korean government can draw when participating in the rules negotiation under the DDA.

국문요약

본 연구는 DDA 규범협상과 관련하여 첫째, 반덤핑규범 협상에서 지금까지 성공적으로 활용해 온 Friends Group과의 공조체제를 일관되게 유지할 필요가 있으며, 둘째, 우리나라가 수세에 몰려 있는 수산보조금 협상에서는 비슷한 처지에 있는 다른 개도국들과 보다 강한 공조체제를 구축하여 적극적으로 대처할 필요가 있다는 두 가지의 정책 시사점을 제시하였다.

국제기구, 국제지역 경제통합 관련 연구 3

논문제목

Regionalism within Multilateralism: WTO Review Mechanisms for RTAs

저 자

Sherzod Shadikhodjaev(대외경제정책연구원, 대한민국)

간행논문집(발행연도)

대외경제정책연구원 연구보고서(2010)

영문요약

Given different legal regimes which govern the global and regional trading systems, the WTO as such cannot stop the proliferation of RTAs. Notably, Article XXIV of the GATT, Article V of the GATS and the Enabling Clause contain certain procedural requirements for notification and multilateral review of RTAs concluded by WTO members(political track). This paper examines legal provisions and practice of the WTO review mechanisms, explores possible remedies for WTO-inconsistent RTAs, analyzes the transparency mechanism for RTAs, and in particular specific issues of linkage with the WTO judicial review procedures and the possibility of extending the scope of the transparency mechanism to the post-formation period of notified RTAs.

국문요약

세계무역기구(WTO)와 지역무역협정(RTA)은 별도의 법적 제도이나, WTO는 GATT 제24조, GATS 제5조, 권능부여조항(Enabling Clause)에 따른 정치적 · 사법적 검토 메커니즘을 통해 RTA를 감독할 수 있다. WTO의 정치적 검토 메커니즘은 WTO 회원국이 체결한 RTA에 대한 통보절차와 다자적 검토를 포함하며, 사법적 검토 메커니즘은 RTA가 WTO 규범과 합치하느냐의 여부를 판정하는 WTO의 분쟁해결 제도를 의미한다. 본 연구에서는 이러한 WTO 검토 메커니즘에 관한 규정과 관행을 살펴보고, WTO 규범에 위배되는 RTA에 대한 가능한 구제조치를 검토하며, 2006년 창립된 RTA 투명성 메커니즘 및 그와 관련된 각종 쟁점을 분석한다.

국제기구, 국제지역 경제통합 관련 연구 4

논문제목

한-중 FTA 체결이 한국의 해운물류산업에 미치는 영향

저 자

구종순(충남대학교, 대한민국)

간행논문집(발행연도)

해운물류연구(2007)

영문요약

This research aims to analyze the rationale for a Korea-China FTA and future impacts on Korean Shipping and Logistics Industry. First of all, the rationale for Korea-China FTA are follows: i) two countries are increasingly dependant upon each economies, ii) two countries try to make response to the worldwide rise of economic regionalism, iii) two countries anticipate the economic benefits coming from an FTA, iv) two countries anticipate to reduce political tensions in the region. According to the previous studies on the economic impact of a Korea-China FTA, the Korean economy will benefit better than the Chinese economy in terms of GDP growth and welfare. Under these economic effects, the following impacts on Korean shipping and logistics industry will be resulted: i) the shipping quantity between Korea and China will be increased, and so the shipping space will be needed, ii) the transshipment quantity at Busan Port and Gwangyang Port with the port alliance with the Chinese medium and small ports located in the Yangzi River will be increased, iii) the opportunity to provide advanced services of Korean 3 PL will be much increased, and iv) the high value added shipping industry such as cruise shipping will be growing.

국문요약

이 연구는 한-중 FTA 체결이 우리나라의 해운물류산업에 미치는 영향을 조사한 것이다. 양국 간의 FTA가 체결될 경우 많은 기존의 연구에서 양국의 GDP 추가 성장과 교역량의 추가 증가가 있을 것으로 예측하고 있다. 해운물류산업은 관세 철폐 등을 주요 쟁점으로 하는 FTA의 주요 협정사항이 아니며 또한 서비스 산업인 관계로 경제적 효과를 계량적으로 추정하는 것이 어려운 실정이다. 이에 따라 본 연구에서는 기존 연구결과를 토대로 해운물류산업의 효과를 추정해 본 결과 해상물동량의 증가로 인해 선복량이 추가로 필요하며, 부산항 및 광양항의 환적화물이 증가하며, 우리나라 기업의 중국 물류 시장 진출이 활발해지며, 마지막으로 해운산업에서 부가가치가 높은 크루즈 산업이 활성화될 것으로 조사되었다.

국제기구, 국제지역 경제통합 관련 연구 5

논문제목

러시아의 WTO 가입과 한국의 무역투자 증진방안

저 자

이재영(대외경제정책연구원, 대한민국)
채 욱(대외경제정책연구원, 대한민국)
한홍렬(대외경제정책연구원, 대한민국)
신현준(대외경제정책연구원, 대한민국)

간행논문집(발행연도)

대외경제정책연구원 연구보고서(2007)

영문요약

The Russian government is trying to enter the WTO by enhancing its international competitiveness and gaining pace in participating in the superpower circle. Russia applied for membership in the General Agreement on Tariff and Trade(GATT) in 1993, and since then it has undertaken various institutional reforms. Russia's WTO accession is expected to provide many economic benefits in mid- and long-term perspectives: trade facilitation, enhancement of industrial competitiveness, industrial diversification, growth in consumers' welfare, and so on. By signing the bilateral agreement with the United States in 2006, Russia became close to joining the WTO. As of October 2007, Russia now has to complete bilateral talks with Georgia and Saudi Arabia, and is expected to enter the WTO officially in 2008. Russia's accession to the WTO will lead to the changes of the trade and investment climate in Russia. Thus, this study analyzes how the changes of the trade and investment climate in Russia after Russia's accession to the WTO will influence Korea-Russia economic relations, and suggests appropriate Korea's trade and investment policies.

국문요약

WTO 미가입국 가운데 최대 경제규모를 자랑하고 있는 러시아는 시장경제체제를 정착시켜 지속가능한 경제성장의 기반을 마련하고, 세계 무역대국들과 동등한 자격으로 국제무역에 참여하기 위해 WTO 가입을 추진하고 있다. 1993년 6월 WTO의 전신인 GATT에 가입신청서를 제출한 이래 지금까지 러시아는 WTO 가입을 대외경제정책의 주요 목표로 삼고, 다양한 제도개혁을 추진해 왔다. 러시아는 WTO 가입을 통해 중장기적으로 무역활성화, 산업경쟁력 제고, 산업다각화, 소비자 후생증대 등의 다양한 경제적 효과를 얻을 수 있을 것으로 기대하고 있다. 러시아의 WTO 가입은 2006년 11월 미국과 양자협상을 타결하면서 가시화되기 시작하였으며, 2007년 10월 현재 그루지아, 사우디아라비아와의 양자협상을 남겨두고 있어, 이르면 2008년 내에 이루어질 것으로 예상된다. 러시아의 WTO 가입은 한국의 대러시아 무역투자환경에 적지 않은 변화를 가져다 줄 것으로 전망된다. 따라서 본 연구의 목적은 WTO 가입 이후 가시화될 러시아의 무역투자환경 변화가 한국과 러시아 경제협력에 미치게 될 영향을 분석하고, 한국의 대러시아 무역투자 증진을 위한 정책방안을 제시하는 데 있다.

참고문헌

김민정 · 김종섭(2012), "한국 FTA의 수출 집약도 및 수출 다양도에 대한 영향," 국제통상연구, 17(1), 51–74.

구종순(2007), "한-중 FTA 체결이 한국의 해운물류산업에 미치는 영향," 해운물류연구, 52(1), 175–200.

노택환 · 김진삼 · 조현정 · 서민교(2011), 국제통상의 이해, 박영사.

박노형 · 박성훈(2010), WTO 규범협상의 현황과 향후과제, 대외경제정책연구원 보고서.

박의범 · 권종욱 · 오대혁(2010), 세계화와 글로벌경영, 두남출판사.

송용종(2007), 국제통상개론, 두남출판사.

이재영 · 채욱 · 한홍렬 · 신현준(2007), 러시아의 WTO 가입과 한국의 무역투자 증진방안, 대외경제정책연구원 보고서.

Shadikhodjaev, S.(2010), Regionalism within Multilateralism: WTO Review Mechanisms for RTAs, 대외경제정책연구원 보고서.

Hill, C. W.L.(2009), *Global Business Today*, McGraw-Hill.

Wild, J.J., K.L. Wild, and J.C.Y. Han(2010), *International Business*, Prentice Hall.

PART 02

글로벌 국제통상 실무

제 1 장

무역의 기초

제 1 절 무역의 개념

1. 무역의 정의

무역(trade)은 국내거래와 상대적인 개념으로 국제 간 재화 및 서비스의 거래로 정의할 수 있다. 또한 서로 다른 국가의 당사자 간 이루어지는 거래의 의미에서 국제무역(international trade)이라고도 한다. 넓은 의미의 무역은 국제물품 거래를 기본으로 기술 및 서비스 거래, 해외투자와 같은 자본의 이동을 포함하는 국제 간 모든 경제거래를 의미한다. 좁은 의미의 무역은 모든 경제거래 중 유형재 및 무형재의 국제 간 수출입을 의미한다. 세계무역기구(WTO) 출범 이후 무역거래의 대상이 서비스나 지적 재산권(intellectual property)까지 확대되었지만 여전히 무역거래의 핵심은 물품거래이다. 최근에는 정보통신 기술의 발달로 전자적 형태의 무체물까지 수출입 대상에 포함되고 있다. 즉 기존의 오프라인(offline) 범위에 한정되었던 무역이 온라인(online) 거래까지 범위가 확대되고 있음을 알 수 있다. 우리나라 대외무역법에 의하면 '물품 등'의 범위에 전통적 의미의 물품과 전자적 형태의 무체물을 포함시키고 있다.

무역의 기본적 개념은 국가 간 물품매매이고 이 물품매매는 두 가지 측면에서 접근할 수 있다. 첫째, 물품매매는 물품과 화폐와의 유상교환이다. 물품매매(sale of goods)는 판매행위(selling)와 구매행위(buying)를 포함하며 매도인의 영리목적과 매수인의 수요욕구가 매도인과 매수인 사이의 물품매매라는 법적 형식으로 실현되고 있다. 따라서 반대급부가 없는 무상계약이나 유상계약이지만 일방의 물품제공에 대해 상대방도 물품을 제공하는 물물교환(barter of goods)은 화폐와의 유상교환이 아니기 때문에 기본적으로 물품매매는 아니다. 둘째, 물품매매는 대금지급에 대한 물품 소유권의 이전이다. 물품매매를 법적으로 볼 때 매수인의 대금지급에 대해 매도인으로부터 물품에 대한 소유권이 이전되는 것이다. 우리나라 민법에서는 당사자 일방이 재산권을 상대방에게 이전할 것을 약정하고 상대방은 대금을 지불하는 것을 약정한 때 물품매매의 효력이 발생됨을 규정하고 있다. 일반적으로 소유권(재산권) 이전과 관련해서는 개별 국가의 법률 내용이 상이하기 때문에 해당국가의 국내법을 준거법으로 활용하는 경우가 많다.

물품매매와 함께 무역은 국제 상거래의 개념을 내포하고 있다. 상거래의 본질은 초기에는 단순한 물물교환이었다. 하지만 화폐가 사용되면서 상거래는 무역업자의 영리추구를 위한 국제 간 물품매매로 확대되고 있다. 또한 생산물품의 국가 간 유통을 통해 가치를 증대시키는 국제 간 행위를 무역의 본질로 파악하고 있다. 정리하면 초기의 무역은 물품매매의 개념으로 인식되었지만 국제 간 운송수단의 발달과 자본 및 노동 등의 거래대상의 확대를 통해 무역은 점차 국제 상거래의 개념으로 발전되어 왔다.

2. 무역의 범위

무역과 관련해 다양한 용어가 사용되고 있다. 가장 많이 이용되는 단어는 국제무역(international trade)이다. 원칙적으로 매매거래인 무역은 국제거래와 국내거래를 함께 포함한다. 하지만 무역이란 일반적으로 국제 간 거래를 지칭하는 경우가 많기 때문에 무역 혹은 국제무역의 표현은 문제가 없다고 할 수 있다. 두 번째 단어는 대외무역(foreign trade, oversea trade)이다. 대외무역은 어느 한 나라의 입장을 기준으로 자국과 다른 국가의 무역을 의미한다. 해외무역도 이와 유사한 개념이지만 우리나라의 무역 관련 법률에서는 대외무역이라는 용어를 사용하고 있다. 이와 함께 어느 한 국가의 입장이나 개별 국가 간 관계를 벗어나서 세계 전체의 관점에서 무역을 규정할 때 세계무역(world trade)이라는 표현을 쓰기도 한다. '국제통상'도 무역과 관련해 많이 표현되는 단어이다.

국제통상(international commerce)은 대상과 범위에 따라서 다양한 정의가 있다. 관련 문헌에 따르면 협의의 국제통상, 광의의 국제통상, 최광의의 국제통상으로 나눌 수 있다. 가장 좁은 의미의 국제통상은 국가와 국가 간에 일어나는 물품거래인 국제무역(international trade)을 의미한다. 광의의 국제통상은 국제무역에 국가 간 생산요소(노동, 자본 등)의 이동인 국제투자(international investment) 개념을 포함하고 있다. 특히 생산활동과 관련한 기업의 해외 직접 투자(Foreign Direct Investment, FDI)가 여기에 포함된다. 최광의의 국제통상은 국가 간 일어나는 모든 국제적 경제거래(all international economic transaction among countries)를 의미한다. 여기에는 국제무역, 국제투자, 국제금융(international finance)의 개념이 함께 포함된다. 생산활동과 직접적인 관련이 없는 해외 채권 투자 및 주식 투자가 국제금융 영역에 포함된다. 사실 사전적 의미의 '무역(trade)'과 '통상(commerce)'은 차이가 없다. 그럼에도 불구하고 우리나라에서는 양자 개념에 대한 논의가 활발하게 진행되고 있다. 그 배경에는 우리나라 대학에서 '무역학과'와 '통상학과'가 함께 존립함으로써 이 양자 관계에 대한 학문적 정립의 필요성이 제기되었기 때문이다.

무역은 기본적으로 개별 기업 중심이지만 개별 국가의 정책에 영향을 받으며 동시에 국가 정책에도 영향을 미칠 수 있다. 따라서 무역은 국민 경제적 성격을 가지고 있다. 구체적으로 국민소득증대, 물가안정, 고용증대, 공정한 소득분배, 국제수지균형 등은 대부분 국가에 있어서 거시경제 목표가 되고 있다. 이러한 경제목표 달성을 위해 무역이 중요한 역할을 하고 있다. 특히 우리나라와 같이 대외 의존도가 높은 국가에서는 무역이 국민경제에 미치는 영향이 크다. 개별 기업 및 국민 경제적 측면과 함께 무역은 세계 경제적 측면의 특성도 가지고 있다. 기본적으로 무역의 핵심 당사자인 개별 기업은 이익창출과 함께 국민경제 발전 및 번영에도 이바지하며 세계 경제에도 기여할 수 있어야 한다. 글로벌화의 급속한 진행에 의해 개별 국가의 경제는 다른 국가의 국민 경제와 밀접한 연관성이 있다. 이러한 환경에서 무역은 세계 경제를 유기적으로 결합시키는 데 중요한 역할을 하고 있다. 요약하면 무역은 단순한 개별 기업 차원을 떠나 국민 경제적 그리고 세계 경제적 특성을 반영하는 복합적인 개념이라 할 수 있다. 따라서 개별 국가는 다양한 수단을 활용해 직접적 · 간접적으로 무역을 지원하기도 하고 때로는 규제하기도 한다. 우리나라의 무역 관련 3대 법률은 대외무역법, 관세법, 외환관리법이다. 우리나라는 이러한 법률과 함께 여러 통상정책을 통해 무역에 대한 지원 및 관리를 실시하고 있다.

무역은 전통적으로 해상운송을 통해 발전되어 왔다. 최근 항공운송 수단이 발달되고 활성화되면서 해상운송에 대한 의존도가 감소하고 있지만 여전히 대량화물의 경우 해상운송이 핵심적인 역할을 하고 있다. 이러한 배경으로 무역항은 해상운송 거점을 중심으로 발전되어 왔다. 또한 세관, 보험업, 창고업, 해운업, 금융업, 통신업 등도 무역항을 중심으로 성장해 왔다. 무역은 국가 간 거래이므로 외환이라는 결제수단이 필요하다. 무역은 해상운송과 함께 외환거래와 관련해 다양한 위험을 수반한다. 해상운송 물품의 전손 혹은 분손, 대금결제 위험, 환율변동 위험 등이 여기에 포함된다. 이러한 위험을 줄이거나 대비하기 위하여 해상보험, 신용장, 환변동 보험, 선물환 거래 등이 활용되고 있다.

3. 무역의 효과

규모와 범위의 차이는 있지만 세계 모든 국가는 무역을 하고 있다. 지구상에서 가장 폐쇄적인 북한도 무역을 하고 있다. 왜냐하면 개별 국가는 무역을 통해 다양한 이익을 창출할 수 있기 때문이다. 무역이익은 크게 수출이익과 수입이익으로 구분할 수 있다. 수출이익의 핵심은 필요한 외환의 조달이다. 국가의 산업을 발전시키고 자국민의 삶의 질을 향상시키기 위해서는 재화나 용역을 수입해야 한다. 해당 수입의 대금결제를 위해서는 외환이 필요하다. 수출은 외환을 확보할 수 있는 가장 기본적이고 확실한 수단이다. 두 번째로 수출은 자국 산업구조 고도화 달성에 중요한 역할을 할 수 있다. 수출은 대량생산에 의한 규모의 경제(economics of scale)를 실현시켜 산업구조 확대를 촉진시킨다. 이를 통해 해당 산업은 경쟁력이 강화되고 지속적인 수출증대로 연결될 수 있다. 특정 산업의 규모의 경제는 관련 산업에도 긍정적인 효과를 미친다. 우리나라 조선업의 성장은, 즉 선박수출의 증대는 선박생산의 증대와 함께 강판, 페인트, 기계류 산업 등에도 긍정적인 파급효과를 미친다. 또한 철광석, 목재와 같은 관련 1차 산업에도 생산증대를 유발할 수 있다. 세 번째로 수출은 국내 경기조절에도 중요한 역할을 한다. 국내시장 경기가 침체된 경우 수출이 효과적인 해결책이다. 이러한 효과를 '내수와 수출의 경합관계'라고 한다. 마지막으로 수출은 관련 산업의 생산활동을 확대시켜 고용증대에 기여할 수 있다. 이러한 효과는 특히 노동집약 산업에서 극대화될 수 있다.

수출과 함께 수입도 다양한 긍정적인 효과를 초래할 수 있다. 첫째, 수입은 개별 국가의 필요한 물자를 조달하는 중요한 역할을 한다. 이는 해당국의 국민생활 향상 및 공업화와 직접적인 관련이 있다. 국내에서 조달이 어려운 물품이나 조달이 가능하지만 가격 경쟁력이 없는 물품의 경우 수입을 통해 조달하고, 이를 통해 소비자 후생을 증진할 수 있다. 예를 들어 개발도상국이나 후진국의 경우 공업화를 위해 필연적으로 원자재, 생산설비 등을 수입하여야 한다. 둘째, 수입은 국가 산업 경쟁력 향상에도 기여할 수 있다. 수입을 통해 특정 산업의 규모를 확대하고 경쟁을 유발시켜 해당 산업의 체질을 강화할 수 있다. 많은 국가가 수입을 억제하는 보호정책을 추진하고 있지만 이는 소비자의 희생을 바탕으로 국내 생산자를 보호하는 결과를 초래한다. 하지만 수입이 허용되면 단기적으로 국내시장의 가격구조가 국제화되어 물품의 가격인하 효과를 기대할 수 있으며, 장기적으로 국내 생산자로 하여금 외국기업과 경쟁하도록 함으로써 기업경영의 합리화도 기대할 수 있다. 물론 이러한 과정을 통해 소비자 후생수준이 증대되는 효과도 기대할 수 있다. 마지막으로, 수입관세의 확보를 통해 국가재정에 기여할 수 있다. 대부분 국가에서 수입품에 대해 관세를 부과하고 있다. 관세를 통해 국내 산업이 보호되는 측면도 있지만 관세를 통해 기본적으로 재정수입이 증대된다. 다른 사용료나 수수료와는 달리 어떠한 반대급부의 제공 없이 관세는 강제적으로 부과되기 때문에, 수입관세는 국가의 효과적인 재정 수입원이다.

읽기 2-1-1 무역의 역사

정확한 역사적 고증을 바탕으로 무역의 시초를 파악하는 것은 현실적으로 불가능하다. 하지만 인류 역사적 관점에서 보면 4대 문명이 발원한 큰 강을 중심으로 교역이 발생되었을 것으로 짐작할 수 있다. 하지만 당시에는 바다를 통한 넓은 시장 개척은 하지 않았을 것으로 판단된다. 오늘날과 같은 무역은 서양문화권의 중심이었던 지중해 연안에서 본격적으로 이루어진 것으로 판단되고 있다.

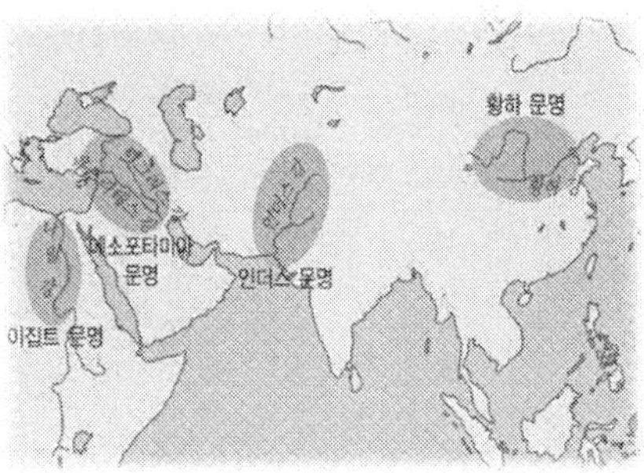

12~13세기 유럽에서는 독일의 라인 강변을 따라 상인들이 정착하면서 독립된 무역도시가 형성되기 시작하였다. 당시 도시들 간 동맹이 형성되면서 교역도 활발하게 진행되었다. 이러한 동맹 중 대표적인 것이 독일의 한자동맹(Hanseatic League)이었다. 이후 17~18세기 대형 무역회사가 유럽에서 출현하면서 무역거래뿐만 아니라 함대를 활용한 독점권까지 부여받게 된다.

이 중 대표적인 경우가 네덜란드의 서인도 회사와 동인도 회사였다. 서인도 회사는 네덜란드가 아메리카와 아프리카의 무역을 목적으로 1621년 설립한 회사이며 동인도 회사는 인도, 동남아시아 지역으로의 경제적 진출을 위해 1602년에 설립한 회사이다. 우리나라 역사에서 조선을 방문한 서양인으로 널리 알려진 헨드리크 하멜(Hendrick Hamel)은 바로 동인도 회사에 고용되어 일한 선원이었다. 아래의 그림은 네덜란드 서인도 회사 및 동인도 회사의 영역을 보여주고 있다. 흰색 부분은 동인도 회사의 영역이며 진한 부분은 서인도 회사의 영역이다.

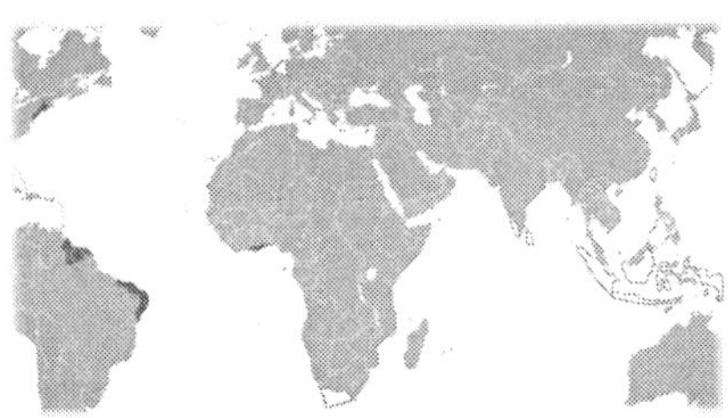

제2절 무역의 종류

1. 상품무역과 서비스무역

상품무역(goods trade, tangible product trade)은 일반적인 유형재에 대한 무역을 의미한다. 서비스무역(service trade)은 용역(service)에 대한 무역을 의미한다. 서비스는 교육, 의료, 관광 등을 포함하며 형체가 없기 때문에 무형무역(intangible product trade)이라고도 한다. 상품무역 혹은 유형무역은 통관절차를 거치게 되고 무역통계(경상수지 중 상품수지)에 포함된다. 서비스무역 혹은 무형무역은 국제수지표상에서 경상수지 중 서비스수지 혹은 자본수지에 일반적으로 포함된다. 상품무역이 여전히 중요한 것이 사실이지만 최근에 서비스무역의 상대적 중요성이 급격히 증대되고 있다. 이에 세계무역기구(WTO)에서도 국제적 서비스무역에 대한 무역 자유화 규범을 제정하고 이를 강화하기 위한 노력을 기울이고 있다.

2. 직접무역과 간접무역

직접무역(direct trade)은 매도인과 매수인이 직접 거래하는 무역을 의미한다. 간접무역(indirect trade)은 매도인과 매수인 사이에 제3자가 개입하는 무역이다. 간접무역에서는 소규모의 무역업체나 대규모의 종합상사가 매도인과 매수인을 대신해 수출과 수입을 하게 된다. 최근에는 인터넷 발달과 함께 e무역상사(electronic intermediary)가 활성화되고 있다. 중국 업체인 알리바바(www.alibaba.com)와 우리나라 업체인 EC21(www.ec21.com)이 대표적인 e무역상사이다. e무역상사는 전자무역상사, 전자무역업체, 전자무역알선사이트 등의 다양한 용어로 지칭되고 있다. 과거 간접무역을 통해 글로벌 시장에 진출하던 중소기업이 e무역상사를 통해 직접무역에 활발히 참여하고 있다.

3. 남북무역과 동서무역

남북무역(north-south trade)은 일반적으로 선진국과 개발도상국 혹은 후진국 간 무역을 의미한다. 지리적으로 보면 적도를 기준으로 남반구의 아프리카, 남아메리카 등에 후진국과 개발도상국이 많이 위치한다. 반면에 적도를 기준으로 북반구의 유럽, 북아메리카 등 선진공업국이 많이 위치한다. 이러한 지리적 위치를 고려하여 선진국과 후진국 간 정치적 · 경제적 관계 일반을 남북문제(north-south problem)라고 한다. 동서무역(east-west trade)은 정치체제와 많은 관련이 있다. 유럽대륙을 중심으로 보면 과거 사회주의 국가는 주로 동유럽에, 자본주의 국가는 서유럽에 위치하고 있었다. 이러한 배경으로 자본주의 국가와 사회주의 국가 간 무역을 동서무역으로 지칭하고 있다. 오늘날 사회주의 국가의 시장경제화로 인해 동서무역은 더 이상 주목을 받지 못하고 있다.

4. 수평적 무역과 수직적 무역

수평적 무역(horizontal trade)은 생산 단계가 같거나 유사한 상품 간 무역을 의미한다. 반면에 수직적 무역(vertical trade)은 생산 단계가 서로 상이한 상품 간 무역을 의미한다. 예를 들어 첨단제품과 농산물 간 교역이 수직적 무역에 해당된다. 수직적 무역의 가장 전형적인 형태는 2차 세계대전 이전 식민지와 종주국 사이의 무역이다. 최근의 경향을 보면 물론 수직적 무역이 널리 이용되고 있지만 수평적 무역의 비중이 많이 확대되는 추세이다. 이 같은 현상은 개발도상국의 경제수준이 향상되어 세계 경제 구조의 동질화가 가속화되기 때문이다.

5. 산업간 무역과 산업내 무역

산업간 무역(inter-industry trade)은 서로 상이한 산업제품 간 무역거래를 의미한다. 예를 들어 중국이 미국시장에 섬유 제품을 수출하고 미국으로부터 자동차를 수입하는 경우 산업간 무역에 포함된다. 반대로 산업내 무역(intra-industry trade)은 미국의 자동차가 한국으로 수출되고 한국의 자동차가 미국으로 수출되는 경우처럼 동일한 산업 내 제품이 상호 거래되는 무역형태를 의미한다. 하지만 산업내 무역이 동일산업 내 최종재와 중간재 간의 교역까지 포함하는지, 아니면 최종재 간의 무역에 국한되는지에 대해서는 여전히 논란의 여지가 많다. 최근에는 산업간 무역보다는 산업내 무역이 급증하고 있는 추세이고 이를 설명하기 위한 다양한 무역이론이 등장하고 있다.

6. 중개무역과 중계무역

중개무역은(merchandising trade)은 매도인과 매수인 사이에서 제3자의 중개에 의해 이루어지는 무역이다. 물품은 매도인에서 매수인으로 바로 발송되며 중개인의 국가에 거래되는 물품이 양륙되지는 않는다. 중개업자는 해당거래의 중개를 통해 수수료 수익을 거둘 수 있다. 중계무역(intermediary trade)은 물품을 외국에서 수입 후 이를 다시 해외로 재수출하는 무역을 의미한다. 중계무역의 경우 해당 물품은 중계인의 국가에 수입 후(양륙 후) 다시 해외로 재수출된다. 중계무역은 싱가포르와 같은 중계무역항에서 많이 이루어지고 있다. 중개무역과 비교하면 중계업자는 해당 물품의 수출입 가격 차이에 의한 이익을 기대할 수 있지만 동시에 해당 물품의 수출입 관련 위험을 부담해야 한다.

7. 통과무역

통과무역(transit trade)은 매매물품이 수출국에서 수입국으로 운송되는 과정에 부득이하게 제3국을 통과하는 경우 해당 국가의 입장에서 본 무역의 형태이다. 제3국의 영토에 물품이 통과되는 관점에서 보면 중계무역과 유사한 점이 있지만, 제3국의 어떠한 자주적 개입이 없다는 점에서 중계무역과 구별된다.

8. 스위치무역

스위치무역(switch trade)은 수출입 계약이나 수출입 물품의 이동은 거래 당사자 간 직접 이루어지지만 대금결제는 제3국의 당사자를 개입시켜 진행하는 무역을 의미한다. 이러한 형태의 무역은 수입국이 특정 외환을 보유하지 못하거나 지급할 수 없는 경우 제3국을 개입시켜 무역대금을 결제하는 방법이다. 즉 스위치무역은 정치적 혹은 다른 이유로 대금결제가 불가능한 국가 간 거래에 활용될 수 있는 무역이다.

9. 연계무역

국가 간 거래에서 수출입 균형을 유지하기 위해 수출과 수입을 연계시키는 것을 연계무역(counter trade)이라고 한다. 연계무역은 물물교환(barter)을 바탕으로 하는 구상무역(barter trade, compensation trade)과 한 국가에서 수출하는 경우 일정한 기간 안에 그에 상응하는 금액을 상대국으로부터 반드시 수입해야 하는 대응구매(counter purchase)로 나눌 수 있다. 구상무역의 경우 수출입 물품의 대금을 그에 상응하는 수입 또는 수출로 상계하는 방식의 수출입 거래로써 실질적인 외환의 흐름이 없게 되어 무역대금 결제를 용이하게 하는 동시에 양국 간 수출입 균형도 도모하게 되는 방식이다. 이와 함께 수출입을 연계하는 일종의 무역통제 수단인 링크제 무역(link system trade)이 있다. 링크제 무역은 일국의 수출을 증진하거나 무역균형을 유지하기 위하여 수출과 연계시켜 일정액의 수입을 인정해 주는 무역통제 수단의 하나이다. 삼각무역(triangular trade)도 또 다른 형태의 연계무역이다. 무역거래를 행하는 당사국 중 어느 일방이 수입초과가 되어 해당 수입 초과국과 반대관계 또는 어떤 특수한 관계에 있는 제3국을 개입시켜 3국 간 국제수지 균형을 추구하는 계획적인 무역방식이 삼각무역이다.

10. 위탁가공무역과 수탁가공무역

위탁가공무역은 가공할 원자재의 전부 또는 일부를 외국 수탁 가공자에게 수출하여 가공한 후 이를 다시 수입하는 거래이다. 위탁자는 외국의 수탁 가공자에게 가공비용을 지급하게 된다. 반대로 외국의 가공 수탁자로부터 위탁을 받아 원자재의 전부 또는 일부를 외국으로부터 수입하여 이를 가공한 후 수출하는 무역거래가 수탁가공무역이다.

11. 기타 형태의 무역

우선 주문자상표부착방식(original equipment manufacturing)인 OEM 수출무역이 있다. OEM 수출무역은 외국 수입업자로부터 제품생산을 위탁받아 생산된 제품에 수입자의 상표를 부착하여 인도하는 형식이다. OEM 수출무역에서 위탁받은 수출업자는 작은 위험과 비용으로 수출을 증대시킬 수 있고 이를 통하여 기술축적도 가능하다. 하지만 자신의 고유 브랜드를 개발하지 못하고 해외시장에 대한 정보 축적도 어렵게 되어 장기적으로 보면 독자적인 수출시장 개척이 어려워질 수 있다. 일반적으로 개발도상국 기업이 초기에 OEM 수출무역을 많이 하는 경향을 보인다. OEM 수출무역과 유사하지만 위탁받은 수출기업이 제품 디자인 및 개발까지 책임지는 ODM(original development manufacturing) 수출무역이 있다. OEM 수출무역에 비해서는 ODM 수출무역이 위탁받은 수출기업 입장에서 수익창출과 안정적인 거래선 확보에 효과적인 방식이다.

녹다운 수출방식(knockdown export)은 부품이나 반제품을 수출하여 현지에서 조립하여 판매하는 방식이다. 완제품에 대한 수입 장벽 회피를 목적으로 많이 활용된다. 경우에 따라서는 수입국에서 관련 산업의 개발이나 신규직업 창출 효과를 위해 녹다운 수출방식을 요구하는 경우도 있다. 녹다운 수출방식은 공정 간 분업을 통하여 생산원가를 절약할 수 있고 수송비나 관세를 절약할 수도 있다. 또한 상대국의 완제품에 대한 무역장벽이 높은 경우 이를 우회하는 수단으로 활용될 수 있다. 하지만 최근에는 녹다운 수출방식과 관련해 선진국을 중심으로 원산지 규정이나 현지부품 조달의무 등을 엄격히 적용하고 있다. 플랜트 수출(plant export)은 공장이나 기타 산업시설을 설치하기 위해 기계 등의 하드웨어와 엔지니어링, 노하우, 건설시공, 운영체계 등의 소프트웨어를 결합시켜 종합적으로 수출하는 형태이다. 일반적인 플랜트 수출에 설계, 건설, 기자재공급, 기술제공, 기술지도, 시운전까지 포함하게 되면 턴키(turn-key) 수출방식이 된다. 턴키방식의 수출은 현지인이 직접 운영할 수 있도록 모든 준비를 마치고 때로는 사후 기술지도까지 제공하는 형태로 이루어진다. 턴키 수출방식은 단위당 수출금액이 크고 부가가치도 높아 기술수준이 높고 산업구조가 고도화된 선진국 기업이 후진국 혹은 개발도상국에 제공하는 형태로 많이 이루어진다.

이와 함께 무역거래 주체에 따라서 민간무역, 공무역, 국영무역이 있다. 민간무역(private trade)은 무역의 주체가 민간기업이며 공공기관이 주체가 되는 무역을 공무역이라 한다. 국영무역(state trade)은 국가의 계획과 협정에 의하여 정부 또는 정부의 대행기관에 의해 이루어지는 무역이다. 정부무역(government trade)은 정부가 직접 매매의 당사자가 되는 무역으로써 정부조달 물품의 수입 등이 여기에 해당된다. 국가간섭 정도에 따라서 자유무역, 보호무역, 관리무역, 협정무역이 있다. 자유무역(free trade)은 국가가 민간 부분의 수출입에 일체의 간섭을 하지 않는 무역정책에 기반을 둔 무역이다. 보호무역(protective trade)은 자국 산업의 보호, 국제수지의 개선, 기타 군사 및 외교 등의 이유로 국가가 무역에 대해 간섭하는 형태이다. 관리무역(management trade)은 수출입 허가제, 수입 할당제 등의 방법을 이용하여 자국의 무역을 관리하는 형태이며, 협정무역(trade by agreement)은 두 나라 상호 간 무역을 증진시키고 혹은 균형을 유지하기 위해 협정이나 조약을 체결하고 이에 의해서 이루어지는 무역을 의미한다.

마지막으로 최근에 강조되는 공정무역(fair trade)은 상품의 인위적인 경쟁력이 아닌 자연적인 경쟁력에 의해 이루어지는 무역을 의미한다. 즉 덤핑을 하지 않고 생산 및 수출 보조금을 받지 않으면서 자유롭게 이루어지는 무역을 의미한다.

읽기 2-1-2 우리나라 무역의 역사

우리나라의 무역의 시작은 예전 고조선 시기의 중국과의 조공무역에서 시작되었다고 할 수 있다. 조공무역은 전형적인 공무역이자 정부무역이다. 삼국시대에는 백제와 일본과의 조공무역이 활발히 진행되었으며 통일신라시대에는 당나라와 왜국에 사신을 보내 조공 및 예물을 교환함으로써 무역이 활발하게 진행되었다. 특히 중국 해안지역에 설치된 신라방은 당시 활발했던 무역활동을 잘 반영하고 있다.

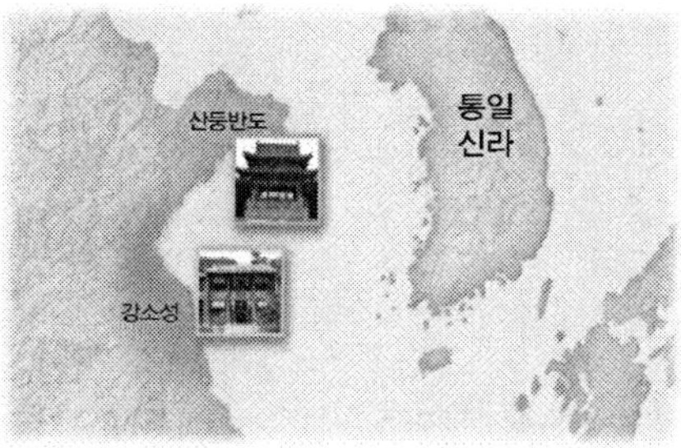

우리나라에 최초로 설립된 근대적 무역회사는 세창양행(世昌洋行, Meyer Co)이다. 조선 말 개항 후 1883년에 독일인 에두아르 마이어(E. Meyer)에 의해 설립된 무역회사이다. 당시 이 상사에서 취급하던 상품 중 바늘과 물감, 그리고 해열제인 금계랍은 한국 부인네들에게 큰 인기를 끌었다.

(세창양행, INCHAM Business News(2005), 인천상공회의소 자료 참고)

제 3 절 무역관리 제도

1. 무역관리의 의의

개별 국가의 정부가 제도, 법률, 기구 등을 활용하여 수출입 거래를 규제하고 지원하는 것을 무역관리라고 한다. 대부분 국가에서 정도의 차이는 있지만 다양한 수단을 통해 무역관리를 실시하고 있다. 특히 대외무역에 대한 의존도가 상당히 높은 우리나라는 수출입이 개별 기업 차원을 떠나서 국민경제에 엄청난 영향을 미치고 있기 때문에 정부주도의 질서 있고 체계적인 무역관리가 필요하다. 이러한 무역관리를 통해 다음의 효과를 기대할 수 있다. 우선 수출촉진 및 수입 조정을 통해 국제수지 개선을 기대할 수 있다. 이를 통해 적정한 외환보유 수준도 유지할 수 있다. 또한 국내산업 특히 유치산업의 보호와 주력산업의 국제 경쟁력 강화를 지원할 수 있다. 이와 함께 각종 무역 관련 국제기구(IMF, World Bank, WTO 등)와 공동보조를 통해 국제 무역질서와 흐름에 동참할 수도 있다.

2. 무역관리의 방법

무역관리는 일반적으로 관세적 수단과 비관세적 수단으로 나눌 수 있다. 관세(tariffs, customs)는 한 나라의 관세선(customs line)을 통과하는 물품에 대해서 국가가 부과하는 조세를 의미한다. 우리나라의 관세법은 1967년 제정된 후 수 차례 개정을 거쳐 오늘에 이르고 있다. 우리나라 관세법 제1조에는 "관세법은 관세의 부과, 징수 및 수출입 물품의 통관을 적정하게 하여 국민경제의 발전에 기여하고 관세수입의 확보를 목적으로 한다"라고 관세법의 취지와 목적을 명시하고 있다. 따라서 관세의 부과는 단순히 재정수입 증대를 목적으로 하는 것이 아니라 수출입 물량 조절 부분도 관세부과의 중요한 목적이라 할 수 있다.

관세적 수단에 의한 무역관리는 관세율 차등적용, 관세환급 제도의 운용 등을 통해 수출을 촉진하거나 수입을 억제하는 방법을 의미한다. 비관세적 수단에 의한 무역관리는 수량제한, 수출입 링크제, 수출입 허가제, 수출 보조금 등을 포함한다. 비관세적 수단 중 수량제한(quantitative control)이란 직접적으로 수출입 물품의 수량을 제한하는 방법으로써 수출입 금지, 수량할당 제도(quota) 등을 포함한다. 이는 강력한 무역관리 수단이다. 수출입 링크제(export-import link system)란 수출입 및 국제수지 균형을 목적으로 수출과 수입을 연계해서 수출입을 허용하는 제도이다. 수출입허가 및 승인제(export-import license system)란 무역업무를 할 수 있는 자격을 부여하는 무역업의 허가제도와 개별 상품의 수출입을 허가하는 수출입 승인제도를 의미한다. 수출 보조금(export subsidy)은 국가가 수출업자에게 금융지원이나 조세감면 혜택을 부여하여 수출상품의 가격인하 및 경쟁력 확보를 통한 수출확대를 도모하는 정책이다.

이와 함께 무역관리의 방법은 수출입 주체에 의한 관리, 수출입 지역의 관리, 외국환(외환)의 관리라는 관점에서도 접근할 수 있다. 우리나라에서 무역업자의 신고는 2000년 이후 완전 자유화되어 무역업 고유번호를 한국무역협회장으로부터 부여받을 수 있으며 변동이 발생된 경우 이 사실을 한국무역협회장에게 통보할 의무를 가진다. 수출입 지역의 관리도 무역관리의 중요한 부분이다. 수출입은 세계 어느 국가와도 할 수 있지만 교역 대상국이 국제협정에서 정한 우리나라 및 우리나라 기업의 권익을 부인하거가 무역 관련 부당한 대우를 하는 경우 특별조치를 통해 수출입을 제한 또는 금지할 수도 있다. 이러한 내용은 우리나라 대외무역법 제5조에 상세히 기술되어 있다. 외국환(외환)의 관리도 무역관리와 밀접한 관련이 있다. 우리나라는 1998년 국제수지의 균형과 통화가치의 안정 및 외화자금의 효율적인 운용을 위해 외국환거래법을 제정하였다. 외국환거래법은 외국환 업무, 환전상 등록제, 대외지급에 있어서 신고제 폐지와 제한적인 허가제를 통해 외국환 거래 편의 제공 및 은행업무 경감을 유도하였고, 외국환 거래 자료를 중계, 교환하는 기관을 지정 및 운영할 수 있는 기초도 마련하였다.

외국환거래법, 관세법과 함께 우리나라에서 무역관리 관련 핵심 법률은 대외무역법이다. 대외무역법은 무역관리의 기본법으로 대외무역법, 대외무역법시행령, 수출입공고 등으로 구성되어 있다. 대외무역법은 이전의 무역거래법, 수출조합법, 산업설비수출촉진법 등을 통합하고 미비한 부분은 보완하여 1986년 12월 30일에 제정되었다. 이후 수 차례 개정과정을 거쳐 오늘에 이르고 있다. 대외무역법은 대외무역을 증진하고 공정한 거래질서를 확립하여 국제수지의 균형과 통상의 확대를 도모함으로써 국민경제의 발전에 이바지함을 목적으로 하고 있다.

마지막으로 필요한 경우 특별법에 의해서도 무역관리가 가능하다. 예를 들어 우리나라에서 무역관리 관련 3대 법률은 대외무역법, 외국환거래법, 관세법이지만 이외에도 공산품품질관리법, 수출보험법, 수출산업공업단지 개발조성법, 농수산물 수출진흥법, 수출자유지역 설치법, 무역금융규정 등 수많은 무역거래 관련 법률이 있다. 이러한 법률을 활용해 필요한 경우 해당 분야의 무역을 효과적으로 지원하거나 관리할 수 있다.

제 4 절 국제무역 상관습

1. 국제무역 상관습의 의의

무역은 기본적으로 언어나 상관습이 상이한 국가에 있는 당사자 간 거래이다. 따라서 무역계약을 체결하거나 체결된 무역계약 이행에 있어서 많은 갈등과 분쟁이 발생될 수 있다. 이러한 갈등과 분쟁을 방지하기 위해서 국제적으로 표준화된 상관습의 제정이 필요하다. 국제상업회의소(International Chamber of Commerce, ICC), 국제법협회(International Law Association, ILA)에서 정형화된 거래조건을 마련하기 위해 노력해 왔다. 물론 무역계약 관련 분쟁이 발생했을 때에는 매도인과 매수인 간 타협을 통해 해결하는 것이 가장 합리적이다. 하지만 타협이 어려운 분쟁 발생의 경우 국제 상관습에 의하여 상사분쟁을 해결하여 왔다.

국제 상관습이란 특정지역, 특정집단에 속하는 상인에 의해 오랜 기간 동안 형성된 관행이나 전통적 행동양식이다. 이러한 상관습이 무역거래에서 관용되는 경우 이를 국제 상관습 또는 무역관습이라고 한다. 국제 상관습으로 인정되려면 일반적으로 무역거래에서 관행 또는 관례상의 행위가 계약당사자 간 관습적으로 혹은 관례대로 국제매매에서 당연히 적용되는 수준까지 일반화가 되거나 보편화가 되어야 한다.

2. 국제 상관습과 통일규칙

무역계약에 국제 상관습을 적용함으로써 규칙적이고 합리적인 계약을 체결할 수 있다. 또한 보다 단순화된 무역계약을 체결할 수 있다. 일반적으로 상관습이 계약 당사자에게 효력을 발생시키는 경우는 당사자가 그 관습의 효력발생에 대해 상호 동의한 경우이다. 이와 함께 계약의 일방이 그 관습을 적용할 의사가 있고 상대방이 이러한 의사를 알고 있거나 당연히 알았어야 하는 경우, 그리고 계약 당사자가 이러한 관습을 알고 있거나 동일한 상황에 놓여 있는 자가 이러한 관습을 알고 있는 경우 해당 상관습이 무역계약에 적용된다. 상관습은 고정된 것처럼 보이지만 오랜 세월이 지나는 동안 변하게 된다. 이렇게 되면 당사자가 상관습에 대해 올바른 이해를 하지 못하거나 당사자 간 관습의 내용에 대해 의견이 일치하지 않을 수 있다. 이러한 이유로 계약 후 상사분쟁이 발생될 수 있다.

국제상업회의소(ICC)를 중심으로 국제 상관습 해석에 관한 통일규칙(uniform rules on interpretation) 및 표준계약서(standard contract form)가 1차 세계대전 이후 재정되기 시작하였다. 이와 같은 통일규칙 및 통일계약서는 계속적이고 반복적인 사용에 따라서 합리적이고, 안전하고, 간결한 형태로 변화되고 있다. 또한 상관습의 변화에 따라 지속적으로 수정, 추가, 보완, 삭제 등의 과정을 통해 변화되어 왔다. 예를 들어 오늘날 무역거래에 많이 활용되는 FOB(Free on Board), CIF(Cost, Insurance and Freight) 조건이 영국의 판례에 나타난 최초의 시기는 각각 1812년, 1862년이었다. 따라서 실제는 이 보다 훨씬 이전부터 해당 조건이 상관습에 의해 이용된 것으로 추정된다.

이러한 조건은 오랫동안 상관습에 의해 간결화되고 해석에 관한 부분도 보완되어 왔다. FOB, CIF 두 조건은 모두 영국을 발상지로 하고 있다. CIF조건은 순수한 해상 매매계약으로써 발전되었지만, FOB조건은 대륙국인 미국에서 연계적으로 분화되어 해상 및 육상 매매에 병행할 수 있도록 발전되어 왔다.

3. 정형거래조건

무역계약은 계약상의 원칙에 따라 매도인과 매수인이 자기의 의사대로 계약을 체결하고 이행할 수 있다. 하지만 계약체결시 많은 조항과 계약내용을 문서로 표시하는 것은 실제로 많은 시간을 요구하고 어렵기 때문에, 오랜 세월 동안 상거래 관습에 의해 합리적이고 보편적인 정형화된 상거래 조건이 형성되어 왔다. 대표적인 경우가 바로 FOB, CIF조건이다. 그러나 FOB, CIF조건이 계약 전체로 보면 계약조건의 일부이지 계약 전체를 규율할 수는 없다. 그럼에도 불구하고 실제 무역에서 표준적 거래조건으로 이용되고 있기 때문에 이를 정형거래조건이라 지칭하고 있으며, 이러한 정형화된 거래조건도 지역과 국가에 따라 해석이 달라질 수 있다. 이로 인해 상사분쟁이 유발될 수도 있다. 따라서 정형거래조건 해석에 있어서도 국제적 통일이 필요하다. Incoterms(International Rules for the Interpretation of Trade Terms)가 바로 1936년 국제상업회의소(ICC)에서 제정된 무역거래조건 해석에 관한 국제적 통일규칙이다.

이러한 규칙도 상관습의 변화에 따라 지속적으로 개정되어야 한다. Incoterms는 1936년 제정 이후 1953년, 1967년, 1976년, 1980년, 1990년, 2000년, 2010년에 각각 개정되었다. 대략 10년을 주기로 상관습의 변화에 따라 Incoterms는 개정되어 왔다.

제5절 무역계약

1. 무역계약의 의의

무역계약은 당사자 간 의사합의에 의하여 성립되는 법률행위이다. 또한 계약이란 일정한 권리 관계의 발생을 목적으로 하는 법률행위이다. 기본적으로 계약은 단일 혹은 복수의 약속을 의미한다. 즉 계약의 가장 본질적인 개념은 약속임을 알 수 있다. 약속은 약속자(promisor)가 특정한 방법으로 수약자(promise)에게 어떤 행위를 하거나 하지 않을 것을 서약(commitment)하는 것이다. 계약상의 약속은 무조건적 혹은 조건적으로 이루어지며 약속의 성립을 위해서는 약속자와 수약자 사이에 의사합의가 있어야 한다. 즉 무역계약이 성립되기 위해서는 가장 기본적으로 매도인과 매수인 사이의 약속과 합의가 있어야 한다.

또한 무역계약은 계약의 성질을 바탕으로 이루어진다. 계약(contract)이란 당사자(매도인과 매수인)의 의사에 합치하는 법률상의 권리와 의무를 규정한 것이다. 미국의 계약법에서는 계약의 위반에 대해서 법적 구제가 있고 이행을 의무화하는 단일 약속 혹은 복수의 약속이라고 정의하고 있다. 구체적으로 다음과 같이 정의하고 있다.

> "A contract is a promise or set of promises, for which the law gives a remedy, or the performance of which the law in some way recognizes as a duty."

이와 함께 일반적인 물품매매 계약은 대금이라고 하는 금전적 대가에 대해 매도인이 매수인에게 물품의 소유권을 이전하는 것이다. 미국 통일상법(UCC)에서는 다음과 같이 규정하고 있다.

> "A contract of sale of good is a contract by which the seller transfers or agrees to transfer the property in goods to the buyer for a money consideration, called the price."

앞서 언급된 내용을 요약하면 무역계약은 국제적 물품매매 거래를 목적으로 하는 계약으로써 매도인이 매수인에게 물품의 재산권을 양도하여 물품을 인도할 것을 약속하고, 매수인은 이를 수령하고 그 대금을 지급할 것을 약정하는 것으로 정의할 수 있다.

일반적으로 계약은 명시계약(expressed contract)과 묵시계약(implied contract)으로 나눌 수 있다. 서면(written), 구두(oral)를 통해 체결되는 계약이 명시계약이며, 묵시계약은 행동(conduct)으로 이루어지는 계약을 의미한다. 즉 즉흥적인 계약이 묵시계약에 포함될 수 있다. 무역계약은 일반적으로 서면에 의한 명시계약을 의미한다. 서면에 의한 명시계약이 계약 관련 분쟁에 대비할 수 있는 가장 합리적인 계약의 형태이다. 하지만 원칙적으로 명시계약과 함께 묵시계약도 무역계약으로 인정될 수 있다. 구두 혹은 행동에 의해서도 무역계약 성립이 가능하다. 하지만 묵시계약의 경우는 개별 국가에 따라서 정식계약으로 인정되지 않는 경우도 있기 때문에 이에 대한 주의가 필요하다. 이와 함께 무역계약은 거래 상대방과의 지속성에 따른 개별계약(case by case contract)과 포괄계약(master contract)으로 나눌 수 있다. 개별계약은 일회성 계약을 의미하는 것으로 매약서(sales note), 구매서(purchase order) 등을 활용해 계약이 체결된다. 특정 거래 당사자와 지속적인 거래관계가 있을 때에는 매번 새로운 계약을 작성하는 대신 일반거래조건협정서(agreement on general terms and conditions of business)가 포함되는 포괄계약(master contract)을 작성하고 일반적인 계약조건은 미리 합의를 하게 된다. 이후 개별계약 체결시 별도의 상이한 계약조건에 대해서만 합의를 하면 된다. 마지막으로 독점계약(executive contract)은 특정 거래 당사자와 체결하는 계약을 의미한다.

2. 무역계약의 성격

무역계약은 일반적으로 다음과 같은 성격을 내포하고 있다. 첫째, 무역계약은 합의계약(consensual contract)의 성격을 가지고 있다. 무역계약은 일반적으로 청약자의 청약에 대해 피청약자가 이를 승낙함으로써 계약이 성립된다. 다시 말해서 매매 당사자 간 계약을 통해서 특정한 매매조건에 대해 합의를 하면 그 자체로써 계약이 성립된다. 무역계약은 소유권이 이행되지 않은 상태에서 성립되는 미이행 계약이므로, 분쟁에 대비하기 위하여 문서상으로 계약조건을 명시하는 것이 국제적인 관례이다. 하지만 무역계약이 계약서 작성을 조건으로 성립하는 것은 아니다. 당사자 간 합의만 있으면 계약은 성립된다. 합의계약의 반대개념은 요물계약이다. 요물계약은 청약에 대한 승낙 후 특정행위(물품의 인도 혹은 대금지급)를 해야만 계약이 성립된다. 우리나라 민법에서는 요물계약에 의한 무역계약을 인정하지 않는다.

무역계약의 두 번째 성격은, 쌍무계약(bilateral contract)이다. 무역계약이 성립되면 양 당사자는 상대방에게 서로 일정한 의무를 부담하게 된다. 즉 매도인은 계약물품 인도(delivery) 의무를 부담하고 매수인은 계약물품 인도에 대한 대금지급 의무(payment)를 부담하게 된다. 즉 양 당사자가 쌍무의 성격을 갖게 된다. 쌍무계약의 반대의 개념은 편무계약이다. 예를 들어 편무계약에서는 A사가 B사에게 물품지급을 약속하고 C사가 A사에게 대금지급을 약속하게 된다. 즉 A, B, C 사이에는 편무계약이 존재하게 된다. 실무에서 편무계약이 성립되는 경우는 매우 드물다.

무역계약의 세 번째 성격은, 유상계약(remunerative, compensatory contract)이다. 무역계약에서 계약당사자는 서로 대가적 채무를 부담하게 된다. 즉 물품인도와 같은 급부행위에 대금지급과 같은 반대급부가 있어야 계약이 성립하게 된다. 다시 말해서 약인과 같은 금전적 대가가 존재해야만 계약이 성립되는 것이다. 유상계약의 반대 개념은 무상계약이다. 무상계약은 무역계약으로써 인정되지 않는다. 이전 쌍무계약과 편무계약의 차이는 양 당사자가 서로 채무를 부담하느냐 아니면 한쪽만 부담하느냐 하는 문제이고, 유상계약과 무상계약의 차이는 양 당사자가 서로 대가를 지급하는가 아니면 한쪽만 지급하는가 하는 문제라고 생각하면 된다. 즉 쌍무계약과 편무계약은 의무부과와 관련이 있고 유상계약과 무상계약은 실제 의무이행과 관련이 있다고 할 수 있다.

무역계약의 네 번째 성격은, 불요식계약(informal contract)이다. 무역계약은 단순계약으로써 계약의 성립은 특별한 형식에 구애받지 않는다. 또한 서면 혹은 구두에 의한 명시계약이나 행동에 의한 묵시계약으로 성립이 가능하다.

불요식계약의 반대 개념은 요식계약이다. 요식계약은 서약과 같이 법원에 의해 정식으로 판결되고 서약된 계약만을 의미한다. 요식계약은 무역계약으로 인정되지 않는다. 마지막으로, 무역계약은 미이행계약(executory contract)의 성격이 있다. 무역계약은 그 조건의 전부가 계약당사에 의해 아직 완전히 이행되지 않았을 때 계약이 성립되는 경우로써 계약체결시 당사자는 미래의 의무를 부담하게 되는 것이다. 이러한 무역계약의 성격을 미이행계약이라고 한다. 미이행계약의 반대 개념은 기이행계약이다.

3. 무역계약의 성립 조건

무역계약이 법적 구속력을 갖기 위해서는 일반적으로 세 가지 요건을 충족해야 한다. 우선 계약당사자 간 상호 의사합의가 필요하다. 계약내용에 대한 상호 간 합의가 있어야 하고 협상을 통하여 동일한 매매 조건에 서로 동의해야 한다. 그리고 강제에 의한 계약은 무효이다. 이러한 상호 간 합의는 매도인 혹은 매수인의 청약과 이에 대한 승낙으로 구체화된다. 두 번째 성립 조건은 약인이다. 법적으로 유효한 무역계약이 되기 위해서는 계약에 약인이 존재하여야 한다. 일반적으로 약인은 경제적인 반대급부로 정의되고 있다. 즉 한쪽의 금전적 이익과 다른 한쪽의 금전적 손해가 동시에 존재하여야 한다. 약인에 대한 이러한 접근방식이 '손익설'이다. 무역계약에서 매도인이 물품을 인도하고 이에 대해 물품대금이라는 금전적인 이익을 수령하면 매수인의 입장에서는 물품대금을 지급해서 불이익을 얻는 경우로써 금전적 대가를 서로 다른 입장에서 접근하는 것이 바로 손익설에 의한 약인의 개념이다. 한편 약인을 약속에 대한 대가로 정의하기도 한다. 이러한 약인에 대한 접근방식이 '거래설'이다. 합법성도 무역계약 성립을 위한 핵심적인 요건이다. 합법성은 계약목적이 합법적이고 계약이행 당사자가 합법적인 당사자임을 의미한다. 즉 불법적인 대상에 대한 거래나 미성년자, 금치산자, 한정치산자, 알코올 중독자 등에 의한 계약은 무역계약으로 인정하지 않는다. 무역계약의 세 가지 성립 조건 중 핵심은 청약과 승낙을 통한 상호 간 합의이다.

4. 해외시장조사

서로 다른 국가 당사자 간 거래인 무역계약에서 거래 당사자는 국내거래보다 높은 수준의 다양한 거래 위험에 노출될 수 있다. 무역계약 관련 다양한 위험 중 가장 대표적인 것이 신용위험(credit risk)이다. 신용위험은 매도인, 즉 수출업자가 수출대금을 확실하게 회수할 수 없는 위험을 의미한다. 상업위험(mercantile risk)은 매수인, 즉 수입업자의 계약물품 인수 여부와 관련된 위험이다. 또한 환율변동으로 인한 환위험(exchange risk)과 시간적인 차이로 상품의 국제시세가 급변할 수 있는 가격변동위험(market risk)도 무역계약 관련 위험에 포함된다. 이러한 위험을 관리하는 방법은 직접적인 방법인 위험통제(risk control)와 간접적인 방법인 위험재무(risk financing)로 나눌 수 있다. 위험통제는 손해 심도나 손해 빈도를 직접적으로 축소하고 조절하는 방법이며 위험회피와 위험조절이 위험통제에 포함된다. 위험재무는 손해발생 후 필요한 자금을 미리 준비하는 것으로 보험이 대표적인 경우이다. 이러한 무역계약 관련 위험을 감소시키기 위해서는 무엇보다도 철저한 사전 해외시장조사가 선행되어야 한다.

해외시장조사는 무역계약 체결시 중요한 사전 단계이다. 이 단계는 매도인 혹은 매수인이 실제 수출 혹은 수입계약을 체결함에 앞서 가능성을 타진하는 단계이다. 무역계약을 성공적으로 체결하기 위해서는 정확한 정보 확보가 필요하다. 기업이 해외시장에 진출하기 위해서는 지리적인 격리성, 상이한 문화, 상이한 생활관습, 상이한 종교, 상이한 상관습, 상이한 언어 등의 차이로 인한 어려움을 반드시 극복하여야 한다. 바로 철저한 해외시장조사가 이러한 문제점을 감소시킬 수 있다. 구체적으로 기업은 해외시장조사를 통해 목표 시장의 진입 기회, 목표 시장의 진출 방법, 목표 시장의 소비자 특성이나 생활관습, 그리고 목표 시장의 유통구조에 대해 다양한 정보를 확보할 수 있다. 일반적으로 해외시장조사의 내용은 크게 3가지로 구분된다. 우선 시장조사(market research)와 관련 해당제품에 대한 전반적인 수요와 전망, 유통과정 등을 조사하게 된다. 예를 들어 해당 상품의 수출입 물량, 수출입 공급, 생산량, 수출입 관련 규제, 그리고 판매전망 등이 시장조사에 포함된다. 제품조사(product research)와 관련 해당제품의 품질조건, 규격, 생산가능성, 가격과 비용 등의 채산성을 고려해야 한다. 또한 해당제품의 거래조건, 사후 관리문제, 광고방법이나 특허권에 대해서도 세심한 조사가 필요하다. 마지막으로, 고객조사(customer research)와 관련 목표 시장 소비자의 소득수준, 기호, 잠재구매력 등을 고려하여야 한다. 이 밖에도 기후, 지리적 요소, 그리고 상관습 등도 해외시장조사에 포함될 수 있는 내용이다.

5. 무역거래선의 발굴

무역계약 체결과 관련 해외시장조사 다음 단계는 효과적인 무역거래선의 발굴이다. 무역거래선 발굴 및 관리는 해외시장조사를 구체화시키는 중요한 단계이다. 무역거래선 발굴 방법은 크게 온라인을 이용하는 방법과 오프라인을 이용하는 방법이 있다. 온라인을 이용하는 방법은 오프라인 방식보다 더욱 신중한 접근방식을 필요로 한다. 기본적으로 오프라인에서 보다 온라인에서 정보 신뢰도가 더 낮아질 수 있기 때문에 무역거래선 발굴과 관련해 각별한 주의가 요구된다. 온라인을 통한 대표적인 방법으로는 수출입 물품을 홍보할 수 있는 자체 웹 사이트를 구축하는 것이다. 또한 인터넷 수출입 거래 알선 사이트를 이용하여 무역거래선을 발굴할 수도 있다. 이러한 무역거래 알선 사이트를 무역거래 알선 사이트, e무역상사, electronic intermediary, global B2B e-Marketplace 등으로 지칭하고 있다.

무역거래 알선 사이트는 거래 알선 및 바이어 정보제공과 함께 시장조사, 신용조사, 계약체결, 무역거래 성사 및 사후관리까지 종합적인 지원을 제공할 수 있다. 우리나라에서는 EC21(www.EC21.om), EC Plaza(www.ECPlaza.net) 등이 대표적인 무역거래 알선 사이트이다. 이러한 온라인을 통한 무역거래선 발굴은 특정 제품의 다양한 매수인 혹은 매도인에 대한 정보를 효과적으로 제공할 수 있다. 또한 중개 수수료와 같은 비용 및 시간을 절감할 수 있는 장점이 있다. 또한 온라인을 통한 거래선 발굴은 공간적인 제약이 없고 지속적인 정보 획득이 가능하다. 기업 이미지를 제고할 수 있다는 장점도 있다. 하지만 제공되는 정보의 신뢰성과 관련해 많은 위험 부담이 있다. 또한 온라인에서 거래 상대방의 특정화가 어렵고 사용자 간 보안문제가 나타날 수도 있다. 무엇보다도 신뢰성 문제가 온라인 무역거래선 발굴의 가장 중요한 극복과제이다.

최근 우리나라에서는 정부차원에서 무역거래 알선 사이트(e무역상사) 이용 활성화를 위해 노력하고 있다. 중소기업 관련 기관에서는 세계 최대 무역거래 알선 사이트인 알리바바(www.alibaba.com)와 협정 체결을 통해 전 세계 바이어를 발굴하고 수출할 수 있는 온라인 수출 활성화를 추진하고 있다. 우리나라는 글로벌 시장에서 선도적인 무역 국가이지만 우리나라 기업의 99%를 차지하는 중소기업의 수출은 여전히 부족한 수준이다. 우리나라 수출의 30% 정도가 중소기업을 통해 이루어지고 있다. 전 세계 바이어가 거래선 발굴, 제품 소싱 방법으로 이용하는 무역거래 알선 사이트의 적극적인 활용이 이러한 문제를 해결하기 위한 효과적인 대안이다. 하지만 여전히 국내 중소기업의 상당수는 글로벌 전자무역에 대해 적극적이지 않다. 따라서 우리나라 정부차원에서 전자무역 관련 적극적인 활동과 지원이 필요하다고 할 수 있다.

온라인과 함께 오프라인을 통해서도 다양한 무역거래선 발굴이 가능하다. 우선 한국무역투자진흥공사(KOTRA), 대한상공회의소, 한국무역협회 등의 무역 관련 기관을 활용할 수 있다. 해당 기관으로부터 직접 정보 획득도 가능하며 관련 기관에 거래알선 의뢰서한을 보내는 것도 하나의 방법이 될 수 있다. 이 경우 해당 기관이 발행하는 기관지를 통한 홍보활동이 가능하다. 또한 해외의 기존 거래처를 활용해 무역거래선 발굴도 가능하다. 이와 함께 국내에 있는 외국 유통업체를 통해 해외에 있는 관련 기업에 대한 정보 획득도 가능하다. 오프라인 방식에서는 국제 전시회 혹은 박람회 참가가 최근에 많이 강조되고 있다. 국제 전시회 참가는 현지에서 다양한 관련 바이어와 직접 상담을 할 수 있기 때문에 가장 효과적인 방법이라 할 수 있다. 물론 시간과 비용 측면에서 부담이 되는 것이 사실이다. 전시회장의 부스(booth) 임차료와 함께 현지에서 많은 비용이 지출된다. 부스 임차료의 경우는 전시회와 지역에 따라 차이가 많지만 일반적으로 가장 기본 크기의 부스(3m×3m) 임차료가 $4,000 이상이다. 전시회 참가는 사전에 철저한 준비와 접촉할 바이어의 명단을 갖고 상담일정을 수립하여 참가하는 것이 보다 효율적이다. 관련 정보에 의하면 바이어(buyer) 중 90% 이상이 전시회 참가를 통해 구입제품에 대한 정보수집을 하고 있는 것으로 알려져 있다. 그만큼 무역거래선 발굴과 관련해 국제 전시회 참가가 중요해지고 있다. 이와 함께 무역 디렉터리(trade directory)를 활용하는 것도 효과적인 오프라인 방법 중 하나이다.

무역 디렉터리는 다양한 무역업체를 여러 분류 기준을 통해 주소와 연락처를 정리한 책자를 의미한다. 실무에서는 국가별 · 아이템별 · 거래 유형별로 다양한 무역 디렉터리가 활용되고 있다. 하지만 무역 디렉터리를 활용할 때는 우선 디렉터리 발행 일자를 확인해야 한다. 디렉터리가 오래된 경우 내용이 실제와 상이한 경우도 있기 때문에 주의가 필요하다. 또한 다양한 관련 문헌정보에서 무작위로 추출한 업체 정보이기 때문에 신중히 거래 조회서(inquiry)를 작성할 필요가 있다. 무역 디렉터리 중에서는 해외 유명 전시회 주관회사가 간행하는 바이어 디렉터리가 가장 효과적이다. 연락처가 비교적 정확하며 해당 품목을 취급하는 바이어를 정확히 파악할 수 있는 장점이 있다. 마지막으로 현지 직접 방문을 통한 무역거래선 발굴이 있다. 현지 직접 방문은 비용문제를 감안하지 않는다면 가장 정확한 방법이 될 수 있다. 해당국을 처음 방문하는 경우 해당 지역 혹은 국가의 yellow page라는 무역업체 총람을 근거로 가능한 거래 상대방에 대한 정보를 발췌한 후 전화로 시간약속을 하고 방문하면 된다. 하지만 이 경우 우선 비용이 많이 들고 현지 사정에 능통하지 않은 기업의 경우 오히려 왜곡된 정보를 바탕으로 성공적인 무역거래선 발굴이 불가능해질 수도 있다. 현지 직접 방문은 전반적으로 효율성이 낮은 방법이라 할 수 있다. 하지만 국가에 따라서는 이 방법이 꼭 필요한 경우도 있다. 중동(Middle East) 국가 혹은 아프리카(Africa) 지역의 경우 현지 시장의 특성으로 직접 방문을 통해서만 무역거래선 발굴이 가능한 경우도 있다.

6. 구매를 권유하는 조회서의 발송

무역계약 체결에서 해외시장조사를 통해 신규 거래처가 정해지면 다음

업무는 거래처에게 구매를 권유하는 조회서를 발송하는 것이다. 일반적으로 email 혹은 fax를 이용해서 조회서를 발송할 수 있다. 오늘날 기업 담당자 대부분이 email을 이용하기 때문에 email을 통해 조회서를 발송한다면 빠른 답장을 기대할 수 있다. 또한 이러한 현실을 감안해서 거래 상대기업이 자사 조회를 원활히 할 수 있도록 조회서를 보낼 때도 자사의 웹 주소 및 email을 기재하는 것이 바람직하다. 이런 과정을 통해 구매상담 후 확정청약을 교환하면 무역계약이 체결된다. 인터넷을 통한 무역거래에서 신뢰도는 계약을 성사시키는 핵심요소이다. 일반적으로 다음의 내용이 조회서에 포함된다면 매도인, 매수인 간 신뢰도를 향상시킬 수 있다.

우선 상대방이 자신의 의도를 쉽게 이해하도록 간단하고 명료하게 거래 목표를 표현해야 한다. 상대방을 알게 된 경위, 거래관계의 제의, 자사 및 자사 취급 물품도 소개하여야 한다. 또한 자사의 신용 조회처를 제시하는 것도 중요하다. 무역계약을 체결하기 전에 해당 기업의 웹 사이트를 방문하여 관련 자료를 수집, 분석하고 신용기관 등을 통하여 해당 기업의 신용조사를 하는 것도 필요하다. 특히 국제 무역거래에서는 상대방의 신용상태 파악이 어렵고 신용사고가 발생하면 큰 어려움에 직면할 수 있기 때문에 신용조사가 매우 중요하다. 기업의 신용조사는 일반적으로 character, capital, capacity, condition을 중심으로 평가된다. Character는 회사의 연혁, 사업성격, 경영자의 성실성, 계약 이행 자세, 평판 등을 포함한다. Capital은 자산, 부채 등의 재정상태를 의미한다. Capacity는 거래량, 영업영역, 시장점유율 등을 의미하며 condition은 상대국의 정치 · 경제적 상황 등을 포함한다. 신용조사 방법은 자신의 해외지사나 대리점 등 기존의 해외영업망을 이용하거나, 내부적 정보망이 없는 경우 상대기업과 거래하는 은행이나 회사를 통해서도 할 수 있다. 일반적으로 은행을 통한 조회를 은행조회(bank reference)라 하고 회사를 통한 조회를 동업자 조회(trade reference)라고 한다. 또한 신용평가 전문기관에 의뢰할 수도 있다. 우리나라 기업은 신용보증기금, 수출보험공사, 대한무역투자진흥공사(KOTRA) 등을 이용해 관련 해당 기업의 신용정보를 조회할 수 있다.

7. 청약(Offer)과 승낙(Acceptance)을 통한 계약 성립

매수인 혹은 매도인의 신용조사 후 조회에 대한 청약이 발송된다. 일반적으로 청약에 대한 상담이 email을 통해 이루어지고, 확정청약(firm offer)에 대한 승낙(acceptance)을 통해 정식 계약이 체결된다. 최근 계약은 email에 의한 청약 및 승낙을 통해 이루어지는 경우가 많지만 법적 효력과 관련해 문제의 소지가 있다. 이와 함께 거래 상대방에 대한 신뢰성 결여도 email을 통한 계약성립의 문제점이다. 따라서 email과 같은 인터넷에 의하여 무역계약을 체결하기 위해서는 매도인과 매수인이 서로 신뢰할 수 있어야 하며, 일반적으로 많은 거래가 이루어진 후 가능하다. 인터넷의 법적 효력 및 신뢰성과 관련해 글로벌 무역거래 알선 사이트가 중요한 역할을 하고 있다. 무역거래 알선 사이트는 관련 매도인, 매수인에게 검증된 신용정보, 영업정보 등을 제공하며 이를 통해 앞서 언급된 문제점을 어느 정도 해결할 수 있다. 하지만 여전히 전자적 의사표시를 통한 청약과 승낙은 법적인 효력 외에도 발신 도달시점의 기준, 전자인증과 계약내용의 정보보안, 전자계약에 있어서의 준거법과 같은 다른 문제점을 유발할 수도 있다. 따라서 이에 대한 신중한 접근이 필요하다.

청약과 승낙에 관련된 무역서한은 크게 3가지로 나눌 수 있다. 물품매도확약서(offer sheet)는 조회에 대한 감사표시 및 청약에 대한 서한이다. 일반적으로 거래가 바로 성립될 수 있을 정도의 구체적인 조건(상품명세, 수량, 선적일, 포장, 대금방법, 원산지 등), 승낙 유효기간, 승낙을 유도하기 위한 제품의 장점 소개와 승낙을 권유하는 내용, 승낙 또는 회신을 기대한다는 취지의 맺음말 등이 물품매도확약서에 포함된다. 두 번째 서한은 대응청약(counter offer)이다. 대응청약에는 청약을 받았다는 내용과 청약의 조건 중 특정조건은 승낙할 수 없음을 나타내고 이에 대한 이유도 대응청약에 명시한다. 마지막으로 승낙(acceptance)이 있다. 승낙에서는 "I accept your offer"란 간단한 문장으로 의사표시를 하기도 하며, 청약에서 명시한 조건을 활용해 의사표시를 할 수도 있다.

8. 무역계약서의 작성

매수인이 물품을 구입한다는 확정청약을 보내오면 매도인은 무역계약서(sale note) 2부를 작성하여 한 부는 매도인이 보관하고 다른 한 부는 매수인에게 송부하게 된다. 무역계약서를 작성할 때에는 분쟁 및 사기를 예방하기 위하여 상사중재 조항을 삽입하는 것이 필요하다. 매도인은 수출대금이 입금되어 거래가 완전히 종료될 때까지 해당 계약서를 보관하여야 한다.

9. 물품선적 준비와 수출보험의 가입

무역계약서가 작성되면 매도인은 계약서 내용대로 물품을 제조하거나 구입하여 선적해야 한다. 매도인의 상당수는 중소기업이다. 중소기업은 해외시장과 거래 상대방에 대한 정보가 충분하지 않기 때문에 물품을 선적하기 전에 한국수출보험공사의 수출보험 등을 활용하는 것이 바람직하다. 물품을 수출한 뒤 매수인의 귀책사유로 물품대금을 받지 못하는 경우에도 한국수출보험공사는 매수인 대신 물품대금을 보상해 준다. 즉 매도인은 수출제품 선적 후 전쟁과 같은 예상하지 못한 외부적 환경 변화나 수입업자의 파산과 같은 신용위험으로 수출대금 회수가 어려운 경우에도 한국수출보험공사로부터 대금을 지급받을 수 있다.

10. 물품선적과 선적서류의 발급

매도인은 계약에 따라 물품을 선적하고 선박회사로부터 선하증권(Bill of Loading, B/L)을 수령하여야 한다. 권리증권이고 유가증권인 선하증권은 화물의 소유권과 관련해 중요한 서류이다. 또한 선하증권상의 발급일자나 내용은 신용장거래 방식일 때에는 신용장 내용과 엄밀히 일치하여야 한다. 이러한 선하증권을 비롯한 선적서류는 계약 이행에 있어서 중요한 역할을 한다. 신용장에 의한 무역거래의 경우 매도인은 신용장에서 요구하는 모든 서류를 준비하여 은행에 제출 후 수출대금을 수령할 수 있다. 이때 은행은 선적서류에 문제가 없는지 확인해야 한다. 모든 서류는 신용장상의 내용과 엄밀히 일치해야 한다. 마지막으로 거래 당사자는 무역계약서에 명기된 무역조건, 거래방식, 대금결제 방식에 따라 후속조치를 취해야 한다.

제 6 절 청약과 승낙

1. 청약(Offer)

청약(offer)은 청약자가(offeror) 피청약자(offeree)에게 일정한 조건으로 계약을 체결하겠다는 의사표시이다. 원칙적으로 별도의 양식이 필요하지 않기 때문에 서면, 구두로도 청약의 의사표시를 할 수 있다. 청약에는 실질적인 청약에 대한 약속과 확실하고 명료한 청약조건이 필요하다. 청약에는 약속(promise), 보증(undertaking), 서약(commitment)에 대한 의사표시가 포함되어 있어야 한다. 이와 함께 청약에는 당사자의 표시, 물품의 명세(품명, 규격, 소재, 용도 등), 매매조건(수량, 가격표시, 선적기일, 선적항, 대금결제, 포장, 보험약관 등), 발행일자, 유효기간 등이 명시되어야 한다. 무역계약 관련 UN협약인 CISG(United Nations Convention on Contracts for the International Sale of Goods, the Vienna Convention)에서는 계약을 체결하고자 하는 의사표시, 승낙이 있으면 그에 구속되는 의사표시, 명확한 물품의 지정, 수량 및 가격 등을 청약의 성립조건으로 명시하고 있다. 구체적으로 CISG는 다음과 같이 청약을 정의하고 있다.

> "A proposal for concluding a contract addressed to one or more specific persons constitutes an offer if it is sufficiently definite and indicates the intention of the offeror to be bound in

case of acceptance. A proposal is sufficiently definite if it indicates the goods and expressly or implicitly fixes or makes provision for determining the quantity and the price."

청약과 유사한 개념으로 청약의 유인(invitation to make offer)이 있다. 청약은 계약을 성립시키는 의사표시이지만 청약의 유인은 상대방으로 하여금 청약을 하도록 유도하는 단순한 의사표시이다. 일반적으로 청약의 유인은 불특정 다수에게 발송되는 특징이 있다. CISG에서도 불특정 다수에 대한 청약은 원칙적으로 청약이 아니라 청약의 유인에 해당된다고 규정하고 있다. CISG의 구체적인 규정은 다음과 같다.

"A proposal other than one addressed to one or more specific persons is to be considered merely as an invitation to make offers, unless the contrary is clearly indicated by the person making the proposal."

청약은 분류기준에 따라서 다양한 형태가 있다. 우선 발행주체에 따라서 매도인에 의한 판매청약(selling offer)과 매수인에 의한 구매청약(buying offer)이 있다. 구매청약은 주문(order)으로 표현되기도 한다. 청약은 내용 구속력을 기준으로 확정청약(firm offer)과 불확정청약(free offer)으로 나눌 수 있다. 확정청약은 발행과 함께 법률상 효력이 발생되며 유효기간 내에는 청약자가 그 내용을 변경하거나 취소할 수 없다. 불확정청약은 청약자 임의로 언제든지 청약의 내용을 취소하거나 변경할 수 있는 청약이다. 확정청약은 승낙에 대한 유효기간이 일반적으로 명시된다. 확정청약은 거래 상대방이 해당 청약에 대해 승낙을 하면 바로 계약이 성립된다. 불확정청약은 거래 상대방의 승낙에 대해 청약자의 최종 확인(final confirmation)이 있어야 계약의 효력이 발생된다. 즉 불확정청약에서 계약체결의 최종 결정권은 최초 청약자가 가지고 있다. 수정 여부에 따라 청약은 원래 청약(original offer)과 반대청약 혹은 대응청약(counter offer)으로 나눌 수 있다. 청약자가 최초 발송한 청약이 원래 청약이며 청약에 대해 무조건적인 승낙이 아니라 조건을 두는 경우, 부분적인 승낙, 조건을 변경한 승낙 등이 대응(반대)청약에 해당된다. 대응청약은 CISG에 의하면 승낙에 포함되지 않는다. 또한 CISG는 대응청약에 대해서 최초 청약자의 최종 확인(final confirmation)이 있어야만 계약의 효력이 발생됨을 명시하고 있다.

이와 함께 다양한 형태의 특수 청약이 있다. 우선 가변적 유동조항이 포함된 청약인 무확약청약(offer without engagement)이 있다. 무확약청약은 불확정청약의 성질을 가지고 있지만, 거래 상대방이 이를 승낙하면 일반적인 불확정청약과는 달리 바로 계약성립이 이루어진다. 예를 들어 가격변동이 심한 물품의 경우 가격이 시세변동에 따라 변경될 수 있음을 명시한 청약이 활용될 수 있다. 해당 청약은 가변적 유동조항이 포함되어 있는 일종의 불확정청약지만 상대방이 승낙을 하면 바로 계약이 성립된다. 재고잔류조건청약(offer subject to being unsold)은 청약에 대해 승낙이 있어도 남은 물품 재고가 있어야만 계약이 성립되는 청약이다. 주로 추가생산 계획이 없이 현재 남아 있는 물품을 모두 판매해야 하는 경우에 이용될 수 있는 청약이다. 재고잔류조건청약과 유사한 선착순청약(offer subject to prior sale)도 있다. 점검 후 구매조건청약(offer on approval)은 청약과 함께 청약자가 물품을 송부하고 이에 피청약자가 구매할 의사가 있으면 대금지급을 하고 그렇지 않으면 물품을 반송하는 내용이 포함된 청약을 의미한다. 점검 후 구매조건청약은 신규개발 물품이나 판매부진을 위해 소비자에게 직접 청약을 하는 물품계약에 활용될 수 있다. 따라서 매도인의 입장에서는 상당히 불리한 청약이다.

청약의 효력발생 원칙은 국가와 지역에 따라 다를 수 있다. 우리나라를 포함해 영미법계 국가, 대륙법계 국가에서 일반적으로 채택하는 원칙은 도달주의이다. 즉 송부한 청약이 거래 상대방에게 도달을 해야만 효력이 발생된다. CISG에서는 다음과 같이 청약 효력발생 원칙을 명시하고 있다.

"An offer becomes effective when it reaches the offeree."

CISG는 청약의 철회와 관련해서 확정청약(firm offer)의 경우에도 상대방에게 도달하기 전 혹은 도달과 동시에 철회의사가 피청약자에게 도달한다면 청약의 내용은 철회될 수 있음을 규정하고 있다. 청약의 취소는 다양한 경우에 따라 결과가 달라진다. 우선 유효기간이 없는 청약, 즉 불확정청약의 경우는 CISG에 의하면 상대방이 승낙을 발신하기 전에 청약자의 취소의사가 먼저 도착한 경우는 청약의 취소가 가능하다. 하지만 유효기간이 있는 경우, 즉 확정청약의 경우는 유효기간 내에는 청약취소가 불가능하다. 청약자의 청약에 대해 피청약자의 거절의사표시가 도착한 경우는 청약의 효력이 상실되며, 이때 주로 반대청약 혹은 대응청약(counter offer)이 이루어진다. 이 밖에 청약의 유효기간이 경과되었거나 당사자가 사망한 경우도 자동적으로 최초 청약은 취소가 된다. CISG의 청약의 철회 및 취소와 관련한 규정은 다음과 같다.

> "An offer, even if it is irrevocable, may be withdrawn if the withdrawal reaches the offeree before or at the same time of the offer. Until a contract is concluded an offer may be revoked if the revocation reaches the offeree before he has dispatched an acceptance. An offer, even if it is irrevocable, is terminated when a rejection reaches the offeror."

2. 승낙(Acceptance)

무역계약 성립을 위한 당사자 간 의사합의는 청약(offer)에 대한 승낙(acceptance)으로 이루어진다. 승낙은 청약자의 청약에 대해 피청약자가 청약조건에 동의한다는 의사표시이다. 승낙의 내용이 청약의 내용과 일치하는 객관적 일치와, 승낙에 대한 의사표시인 주관적 일치가 포함되어야만 법적 효력이 있는 승낙으로 인정된다. 즉 청약자의 침묵과 함께 애매모호한 의사표현에 의한 승낙은 인정되지 않는다. 이와 관련해 CISG는 다음과 같이 규정하고 있다.

> "A statement made by or other conduct of the offeree indicating assent to an offer is an acceptance. Silence or inactivity does not in itself amount to acceptance."

승낙의 효력발생 시기는 국가마다 차이가 있지만 일반적인 원칙은 청약의 효력발생 원칙과 동일한 도달주의이다. 하지만 동시적 통신수단에 의한 승낙(대화자 간 승낙)이 아닌 우편 및 전보와 같은 비동시적 통신수단에 의한 승낙

(격지자 간 승낙)의 경우 발신주의를 채택하는 국가도 있다. 승낙의 효력발생과 관련한 CISG 규정은 다음과 같다.

> "An acceptance of an offer becomes effective at the moment the indication of assent reaches the offeror. An acceptance is not effective if the indication of assent does not reach the offeror within the time he has fixed or, if no time is fixed, within a reasonable time, due account being taken of the circumstances of the transaction, including the rapidity of the means of communication employed by the offeror. An oral offer must be accepted immediately unless the circumstances indicate otherwise."

구체적인 청약과 승낙에 관한 효력발생 원칙은 〈표 1-1〉에서 잘 보여주고 있다. 영미법계 국가에서는 우편이나 전보에 의한 승낙에 있어서 발신주의를 적용하기 때문에 미국이나 영국의 기업과 거래할 때에는 이에 대한 주의가 필요하다.

승낙의 철회는 도달주의를 채택하는 국가에서만 가능하며 발신주의를 채택하는 국가에서는 승낙의 발송과 동시에 무역계약이 성립되기 때문에 승낙의 철회는 불가능하다. 승낙의 철회와 관련한 CISG의 규정은 다음과 같다.

> "An acceptance may be withdrawn if the withdrawal reaches the offeror before or at the same time as the acceptance would have become effective."

■ 표 1-1 ■ 청약 및 승낙 관련 효력발생 원칙

	CISG	한국법	영국법	미국법	독일법
일반원칙	도달주의	도달주의	도달주의	도달주의	도달주의
청약	도달주의	도달주의	도달주의	도달주의	도달주의
승낙					
대화자 간	도달주의	도달주의	도달주의	도달주의	도달주의
격지자 간	도달주의	발신주의	발신주의	발신주의/ 도달주의	도달주의

승낙은 일반적으로 무조건적인 승낙을 의미하며 수정승낙은 원래의 청약 조건을 거절한 것으로 간주되기 때문에 승낙으로 인정하지 않고 대응청약으로 간주된다. 하지만 청약의 내용을 실질적으로 변경하지 않고 추가적인 내용을 표시하는 경우는 승낙으로 간주할 수 있다. 수정승낙에 대한 CISG 규정은 다음과 같다.

> "A reply to an offer which purports to be an acceptance but contains additions, limitations or other modification is a rejection of the offer and constitute a counter-offer. However, a reply to an offer which purports to be an acceptance but contains additional or different terms which do not materially alter the terms of the offer constitutes an acceptance, unless the offeror, without undue delay, objects orally to the discrepancy or dispatches a notice to that effect."

수정승낙과 함께 계약이 성립될 수 없는 승낙으로 청약에 대한 변경승낙, 조건부승낙(conditional acceptance), 지연된 승낙(delayed acceptance), 일부(부분) 승낙(partial acceptance) 등이 있다. 조건부승낙은 청약에 대한 회신으로 피청약자가 조건부로 승낙하는 경우이며 승낙이 아닌 대응청약으로 인정된다. 하지만 피청약자가 청약자에게 청약의 내용을 변경하지 않고 단순히 문의하는 경우는 최초 청약의 효력에는 영향을 미치지 않으므로 승낙으로 인정되며 계약이 성립된다. 이러한 승낙을 의뢰부승낙(acceptance accompanied by request)이라고 한다. 청약에 대한 변경승낙은 승낙을 의도하고 있지만 내용을 추가, 제한, 기타 변경을 한 경우로써 청약의 거절이자 대응청약에 포함시킨다. 하지만 승낙을 의도하고 있으며 실질적인 조건을 변경하지 않고 추가적 조건을 명시한 경우 승낙으로 인정된다. 실질적인 조건에는 대금결제, 물품의 품질 · 수량, 인도의 장소 및 시기, 책임범위, 분쟁해결방법 등이 포함된다. 지연된 승낙은 원칙적으로 효력이 없지만 청약자가 지체 없이 유효하다는 취지로 구두 혹은 서면 통지를 발송하는 경우 효력이 인정될 수 있다. 일부(부분)승낙도 대응청약으로 간주되며 계약성립으로는 이어지지 않는다.

일반적으로 계약성립은 청약에 대한 피청약자의 승낙을 통해서 이루어지지만 다른 수단에 의해서도 계약이 성립될 수 있다. 예를 들어 청약자의 청약에 대해 피청약자의 행위(의사실현)에 의해서도 계약이 성립된다. 즉 승낙의 과정을 생략하고 바로 물품인도나 대금지급 등의 계약내용을 이행함으로써 계약이 성립되는 경우를 의미한다. 이와 함께 교차청약(cross offer)에 의해서도 계약이 성립된다. 매도인과 매수인이 우연히 서로에게 청약을 하고 청약의 내용이 완전하게 일치하는 경우를 교차청약이라고 한다. 교차청약의 경우 두 개의 청약만 존재하고 승낙은 존재하지 않는다. 하지만 영미법계 국가에서는 교차청약에 의한 계약성립을 인정하지 않는 경우가 있기 때문에 주의가 필요하다. 대륙법계 국가와 우리나라에서는 교차청약에 의한 계약성립을 인정하고 있다.

무역의 기초 관련 연구 1

논문제목

Export Promotion Strategy and Performance: The Role of International Experience

저 자

Magnus Hultman(Leeds University Business School, UK)
Constantine S. Katsikeas(Leeds University Business School, UK)
Matthew J. Robson(Leeds University Business School, UK)

간행논문집(발행연도)

Journal of International Marketing(2009)

영문요약

This study examines how international experience shapes managerial judgment in the formation of effective export promotion strategies. Drawing from contingency theory and the organizational learning perspective, the authors develop and test a model of the effects of different forms of international experience-duration, scope, and intensity-on the performance outcomes of promotion adaptation. Using data from 336 export ventures, the authors find that promotion adaptation relates positively to performance when duration is short and intensity is low, but there is a non significant moderating effect for scope. However, the subsequent analysis suggests that scope, together with sociocultural distance and promotion adaptation, exerts a complex three-way effect on export performance, highlighting the need for more research attention in this area.

국문요약

이 연구는 효과적인 수출전략수립에 있어서 국제적인 경험수준의 역할에 대해 이론적 · 실증적인 분석을 실시하고 있다. 특히 지속기간(duration), 범위(scope), 집중도(intensity)로 대변되는 국제경험(international experience) 수준이 광고전략과 수출 성과의 관계에 어떤 영향을 미치는지에 대해 실증적으로 분석하고 있다. 이 연구는 contingency이론과 organizational learning이론을 바탕으로 광고전략 채택과 수출

성과에 대한 국제경험 수준의 다양한 효과를 측정할 수 있도록 이론적인 모델을 제시하고 있다. 336개사의 수출 벤처기업으로부터 수집된 자료분석을 통하여, 지속기간(duration)이 짧고 집중도(intensity)가 낮은 경우에 수출 광고전략의 채택이 성과에 긍정적인 영향을 미치는 것으로 보여주고 있다. 마지막으로 본 연구는 향후 사회문화적(sociocultural) 측면을 고려한 수출 광고전략의 채택과 성과에 관한 연구가 필요한 것으로 제시하고 있다.

무역의 기초 관련 연구 2

논문제목

Research on Export Pricing : Still Moving Toward Maturity

저 자

Qun Tan(Business School, University College Dublin, UK)

Carlos M.P. Sousa(Business School, University College Dublin, UK)

간행논문집(발행연도)

Journal of International Marketing(2011)

영문요약

Over the past four decades, there has been a considerable number of studies that have examined the determinants and outcomes of export pricing. However, despite this large volume of studies, the knowledge of the determinants and consequences of export pricing is characterized by a fragmented, diverse, and inconsistent collection of findings that hinders scholarship and practical advancement in the field. A major reason for this absence of clear insights is the lack of synthesis and assimilation of the fragmented knowledge. To address this gap in the literature, the authors review and evaluate 98 articles published between 1971 and 2010. The results indicate that although significant progress has been made in recent years, research on export pricing is still characterized by the lack of a strong theoretical basis, the failure to agree on the relevant determinants of export pricing, and some weakness in research designs and analytical techniques, which may explain the many contradictory and confusing findings in the literature. On the basis of these findings, the authors discuss several implications, and consider directions for further research.

국문요약

지난 수십 년 동안 수출가격 결정 요인 및 결과에 대한 다양한 연구가 진행되어 왔다. 하지만 이러한 선행연구에도 불구하고 수출가격 결정과 관련된 연구는 아직 충분하지 않다. 또한 선행연구 결과는 다양하고 심지어 서로 일치하지 않는 결과도 보여주고 있다. 이는 수출가격 결정 연구 분야의 학문적 · 실제적 진보가 저해되는 이유이기도 하다. 기존의 단편적인 연구 성과에 대한 종합적인 분석이 이루어지지 못한 점도 이와 관련이 있다. 본 연구는 1971년부터 2010년까지 수출가격 결정 관련 연구 결과에 대한 종합적 분석을 실시하고 있다. 그 결과 해당 분야에서 강력한 이론적 바탕의 부재와 연구 방법에 대한 문제점이 발견되고 있다. 저자는 이러한 이유가 수출가격 결정 분야 연구의 모순되고 혼란한 결과를 초래했다고 주장하고 있다.

무역의 기초 관련 연구 3

논문제목

Opportunism as the Inhibiting Trigger for Developing Long-Term-Oriented Western Exporter. Hong Kong Importer Relationships

저 자

Bradley R. Barnes(University of Sheffield, UK)

Leonidas C. Leonidou(University of Cyprus, Cyprus)

Noel Y.M. Siu(Hong Kong Baptist University, Hong Kong)

Constantinos N. Leonidou(University of Leeds, UK)

간행논문집(발행연도)

Journal of International Marketing(2010)

영문요약

Notwithstanding the extensive literature on opportunism in buyer-seller relationships, scant empirical attention has been given to this issue in both international and Chinese contexts. Using a sample of 202 Hong Kong Chinese importers, this article highlights the harmful effect of Western exporters' opportunism on importers' long-term orientation through the intervening role of key behavioral constructs. The study confirms almost all hypothesized associations between the constructs examined, indicating that an exporter's opportunistic behavior reduces trust and generates conflict. In turn, low trust reduces commitment, and conflict impedes communication. Low levels of both commitment and communication reduce importers' satisfaction, which inhibits their long-term orientation. The importer's proactive initiation of the relationship moderates the link between opportunism and trust but not that of opportunism with conflict. The study also confirms the moderating role of importer dependence and exporters' marketing adaptation on the association of satisfaction with long-term orientation.

국문요약

국제무역에서 매도인과 매수인 간 기회주의적 행동에 대한 중요성에도 불구하고 이 분야에 대한 선행연구가 충분히 진행되지 못했다. 특히 중국을 중심으로 아시아 지역에서 매도인-매수인 간 기회주의적 행동에 대한 실증적 · 이론적 선행연구가 충분하지 않다. 이 연구는 202개 홍콩 수입업체로부터 수집한 자료를 바탕으로 서구 수출업자의 기회주의적 행동이 홍콩 수입업자와의 장기적 거래 관계에 어떤 부정적인 영향을 미치는지에 대해 실증적으로 분석하고 있다. 실증분석 결과에 의하면 서구 수출업자의 기회주의적 행동은 홍콩 수입업자와의 관계에 있어서 신뢰도를 하락시키고 동시에 갈등도 유발하고 있다. 또한 이 연구는 매도인-매수인 간 낮아진 신뢰도는 상호 책임감을 약화시키며, 매도인-매수인 간 높아진 갈등수준은 상호 효과적인 의사소통을 방해할 수 있음을 보여주고 있다. 약화된 상호 책임감과 의사소통은 수입업자의 만족도를 하락시키며 이는 매도인-매수인 간 장기적 관계 지향성에도 부정적인 영향을 미칠 수 있다.

무역의 기초 관련 연구 4

논문제목

무역 e-Marketplace의 무역정보와 신뢰성에 관한 실증연구

저 자

정재승(단국대학교, 대한민국)
박근식(중앙대학교, 대한민국)

간행논문집(발행연도)

전자무역연구(2012)

영문요약

World trade is fast going through a conversion from the traditional format into an electronic one. Buyers all around the world have already used online search service such as trade e-Marketplace to find new clients first. Connecting traders, trade e-Marketplace through its broker functions provides real-time trade information of diverse kinds(trade leads, product catalogs and company profiles) as well as the professional area of electronic trade information service. This study sets out to empirically analyze relations between the seller's new product registration and old product revision and the buyer's inquiry(offer sheet) at Alibaba.com as trade e-Marketplace. The analysis results show that the seller received more inquiries from buyers in case of revising old products and the seller's new product registration did not affect inquiries from purchasers.

국문요약

세계무역은 전통적인 방식에서 전자적인 방식으로 빠르게 전환중이다. 이미 각국의 바이어들은 거래선 발굴방법으로 무역 e-Marketplace 등 온라인 검색을 우선적으로 활용하고 있다. 또한 무역업자들을 서로 연결해 주는 무역 e-Marketplace의 매개기능은 전자무역 정보서비스의 전문적인 영역과 더불어 다양한 무역정보(거래정보, 상품정보, 기업정보)를 실시간으로 제공하고 있다. 본 연구의 목적은 무역 e-Marketplace인 Alibaba.com의 판매자의 무역정보인 신규상품 등록과 기존상품 수정이 구매자의 신뢰성을 나타내는 인콰이어리(견적요청서)와의 관계를 한국 판매자를 대상으로 실증 분석하고자 한다. 분석결과, 판매자가 무역정보인 기존의 상품을 수정할 경우 구매자로부터 더 많은 인콰이어리를 받는 것으로 분석되었으며, 판매자가 상품을 신규로 등록하는 경우에는 구매자로부터 인콰이어리를 받는 것에 영향을 주지 않는 것으로 나타났다.

무역의 기초 관련 연구 5

논문제목

Antecedents and Consequences of Oversea Buyer Attentiveness to B2B e-Marketplace: Does Oversea Buyer Attentiveness to B2B e-Marketplace Really Matter to Improve Export Volume?

저 자

Hyuksoo Cho(Keimyung University, Korea)
Kunwoo Yang(Keimyung University, Korea)

간행논문집(발행연도)

Korean Business Education Review(2011)

영문요약

Economic development is cited as macro-economic goal of most developing countries. Exporting can be an important means to realize the goal. By tradition, MNEs have played an important role in the global exporting market. Most home countries of MNEs are developed countries. However, countries that need exporting to develop economy and participating in the global market are developing countries. MNEs may not be a realistic alternative for developing countries to increase exporting and develop economy. Developing countries can pay attention on home SMEs instead. SMEs were away from a direct participation in the global exporting market due to their limited market resources, experiences, and knowledge. With the development of B2B e-Marketplaces, however, SMEs could overcome barriers to participate in the global exporting market. In other words, SMEs can play an important role to develop home economy via home B2B e-Marketplaces. Main users of B2B e-Marketplaces are local SMEs and oversea buyers. It is necessary for developing countries to support active participation of home SMEs and oversea buyers in home B2B e-Marketplaces. Based on theoretical and empirical findings, this study is designed to analyze resonable antecedents and consequences of oversea buyer attentiveness to B2B e-Marketplaces.

국문요약

경제성장은 대부분의 개발도상국의 거시적 경제목표이다. 수출향상은 그러한 목표를 달성하기 위한 핵심과제이다. 전통적으로 글로벌 수출시장은 다국적기업을 중심으로 형성되어 왔다. 대부분 다국적기업들은 선진국 기업들이다. 하지만 수출을 통한 글로벌 시장 참여와 경제성장이 필요한 국가는 선진국이 아니라 개발도상국이다. 현실적으로 개발도상국은 경제성장을 위해 다국적기업 이외의 다른 성장 동력원이 필요하다. 중소기업의 활용이 효과적인 대안이 될 수 있다. 과거 중소기업은 관련 역량의 부족으로 글로벌 시장에 대한 직접참여가 현실적으로 어려웠다. 하지만 B2B 이마켓플레이스의 발전과 함께 중소기업의 글로벌 시장 진입과 관련한 다양한 어려움들이 해결되었다. 일반적으로 특정국가 B2B 이마켓플레이스의 주요 이용자는 해당국 중소수출기업과 해외바이어이다. 따라서 개발도상국은 자국 B2B 이마켓플레이스 활성화를 위해 해당 B2B 이마켓플레이스에 대한 해외바이어의 관심향상을 이끌 수 있는 다양한 전략수립에 노력해야 한다. 본 연구는 관련이론 및 실증적 분석을 바탕으로 특정국가 B2B 이마켓플레이스에 대한 해외바이어의 관심향상을 가져오는 요인들과 결과들에 대한 체계적인 분석을 하고자 한다.

참고연구 2-1

Antecedents and Consequences of Oversea Buyer Attentiveness to B2B e-Marketplace: Does Oversea Buyer Attentiveness to B2B e-Marketplace Really Matter to Improve Export Volume?

By

Hyuksoo Cho (Keimyung University, Korea)

Kunwoo Yang (Keimyung University, Korea)

I. Introduction

We have witnessed the evolution of the Internet in various territories. With the development of the Internet, buyers and sellers in different geographical places can conduct real-time market transactions. Furthermore, the Internet could contribute to the advent of new exporting channels like B2B e-Marketplaces (Business to Business Electronic-Marketplaces). B2B e-Marketplace can be an adequate channel for SMEs (small and medium-sized enterprises) to penetrate actively into the global market. In general, SMEs were away from a direct participation in the global market due to their limited market resources, experiences, and knowledge. However, B2B e-Marketplaces have motivated SMEs to participate, because they can reduce costs and risk in market transactions. Many e-commerce researchers insisted that a direct exchange via the Internet might lower transaction costs incurred (Narayandas et al., 2002; Sarkar et al., 1995). An exporter in one country can trade directly with customers in other countries via its online catalogs or Internet exchange at a much lower transaction cost than incumbent distributors could match (Narayandas et al., 2002). If this were the case, market intermediaries who connect between buyers and sellers would have disappeared. However, there are still various types of market intermediaries like B2B e-Marketplaces.

It is very hard for SMEs to find an ideal trading partner in the global market. It takes much time as well as cost. Finding relevant sources in the web is especially a hard challenge for SMEs. B2B e-Marketplace can be an effective solution for SMEs to overcome the barriers. According to Alexa.com (a global index website regarding e-business), Alibaba.com, Ec21.com, Ecplaza.net, Diytrade.com, Busytrade.com, Tradeindia.com are major B2B e-Marketplaces in the global market. The B2B e-Marketplaces are sharing common characteristics regarding their home countries. Alibab.com's home country is China. Ec21.com and Ecplaza.net are from Korea. Many home countries of B2B e-Marketplaces are developing countries. Economic development is usually cited as macro-economic goal of most developing countries. Exporting has been an important means to realize the goal. Many governments of developing countries thus have used various policies to drive exporting. Some governments have adopted legislations to spur the development of indigenous exporting firms and intermediaries (Peng and Ilinitch, 1998; Amine, 1987; Cho, 1987).

This study suggests that B2B e-Marketplace has been a new alternative for developing countries to increase exports. B2B e-Marketplace has become a significant integral part of the global business. Yet, little empirical and theoretical research in international business has paid attention to the phenomenon. This study aims at making a new contribution to the field of international business to explain B2B e-Marketplaces. A link between B2B e-Marketplace and export performance of developing countries is an participation of home exporters and oversea buyers in home B2B e-Marketplaces. What factors can lead oversea buyer attentiveness to home B2B e-Marketplaces. How oversea buyer attentiveness to home B2B e-Marketplaces can contribute to increase export performance. This study is designed to analyze antecedents and consequences of oversea buyer attentiveness to home B2B e-Marketplaces of individual countries. Based on theoretical and empirical analysis, this study will find the answer to "does oversea buyer attentiveness to B2B e-Marketplace really matter to improve export volume and how come?"

II. Literature Reviews

1. B2B e-Marketplace

1.1 Concepts of B2B e-Marketplace

The Internet and its graphical interface, the World Wide Web, are being adopted by marketers at an exponential rate (Prasad et al., 2001). The Internet's provision of low-cost and efficient interconnectivity has had a dramatic influence on the way in which business conducted. Literature argues that the Internet will accelerate the internationalization of firms, especially SMEs. The Internet provides SMEs a level playing field in relation to their larger competitors (Prasad et al., 2001). It was almost impossible for SMEs to compete with MNEs (multinational enterprises) due to their limited capabilities. However, the Internet could reduce the traditional importance of scale economies, make global advertising more affordable, and extend SMEs' market reach globally (Prasad et al., 2001; Kotler, 2000; Quelch and Klein, 1996). Also, the Internet allows SMEs to communicate as widely with individuals or trading partners as any large competitors can (Poon and Swatman, 1997). Effective use of the Internet thus would provide even the smallest company with a low cost "gateway" to the global market (Stevenson and Hamill, 2002). With the development of the Internet, B2B e-Marketplaces have played an important role in the global exporting market.

B2B e-commerce market size was over $2.7 trillion in 2004, and half of that was conducted through e-Marketplaces, the remaining under bilateral arrangements such as Electronic Data Interchange (EDI) and procurement extranets (Le, 2002). In general, B2B e-Marketplace is a virtual space in which qualified members post requests to buy or sell; its sales representative then intermediate between them to supply or purchase the posted products, matching exporters and foreign customers (Le, 2002; Clark and Lee, 1999). It is not easy for SMEs to find and match ideal business partners in electronic international marketplaces. It is usually extremely time consuming and costly. Moreover, SMEs may face significant uncertainty in the market. B2B e-Marketplace may allow buyers and sellers to connect, exchange information, and transact business. B2B e-Marketplaces may provide online trading community handling buyer-seller matching and facilitating transactions (Segev et al., 1999; Bakos, 1998). According to the index of e-business provided by Alexa.com, there are various B2B e-Marketplaces around the world. Alibaba.com, Ec21.com, Ecplaza.net, Busytrade.com, Tradeindia.com are major B2B e-Marketplaces.

1.2 Benefits of B2B e-Marketplace

Compared to traditional exporting channels, B2B e-Marketplaces have various benefits. First, many-to-many transactions and fixed pricing through multi-item catalogues or dynamic pricing through trading could be possible on B2B e-Marketplaces (Cho, 2009). Creating exchange opportunities and facilitating economic and social exchange are another benefit of B2B e-Marketplaces (Gosain and Palmer, 2004). In the past, many scholars and practitioners focused on the ability of B2B e-Marketplaces to lower transaction costs of doing businesses. By lowering searching costs, B2B e-Marketplaces could allow buyers and sellers to conduct large volume of their B2B transactions using dynamic channels such as auctions and exchange. Later attention to B2B e-Marketplaces focused on offering services to facilitate collaboration and information-sharing rather than just online commerce (Grey et al., 2005). B2B e-Marketplaces can support the coordination of buyers and sellers around the world. Because of the characteristics, B2B e-Marketplace can be regarded as a hybrid trade channel for exporters, combining a traditional export intermediary and a direct Internet-based exchange. In general, a direct internet exchange has been regarded as the most efficient trading channel. However, at the same time, there are some costs. The direct Internet-based exchange involves high risk. In particular, SMEs cannot inspect products easily, which may lead to the risk of uncertain product qualities (Clark and Lee, 1999). Also, SMEs may be exposed to opportunistic behaviors and unfair trade practices of market participants (Chrusciel, 2000; Clark and Lee, 1999). Nevertheless, SMEs cannot monitor the opportunistic behaviors due to limited resources and experiences. B2B e-Marketplace can be an effective alternative for SMEs to balance costs and benefits of the direct Internet-based exchange.

By tradition, MNEs have played an important role in the global exporting market. However, many SMEs are trying to participate actively in the market. In general, home countries of MNEs are a small number of developed countries including USA, Japan, and Western European countries. Countries that need participating actively in the global exporting market are, however, developing countries. Developing countries do not have many means to develop home economies. Exporting can the best alternative for developing countries to raise home firms as well as develop economies. In developing countries, there are many SMEs instead of MNEs. With B2B e-Marketplace use, it can be possible for SMEs to compete with MNEs in the global exporting market. Individual countries, especially developing countries, thus keep in mind the importance of B2B e-Marketplace use. It is also necessary for developing countries to raise home B2B e-Marketplaces for home SMEs. The benefits of B2B e-Marketplaces can be theoretically explained. In specific, the transaction costs analysis (TCA), the resource-based view (RBV), and the institutional theory can justify theoretically the benefits of B2B e-Marketplaces. In following sections, the theoretical backgrounds of B2B e-Marketplaces are discussed in more detail.

2. Theoretical Backgrounds of B2B e-Marketplace

2.1 The Transaction Cost Analysis

The transaction cost analysis belongs to the new institutional economics paradigm, which has replaced traditional neoclassical economics that emphasized profit maximization. While neoclassical economics views a firm strictly as a production function, the transaction cost analysis views the firm as a governance structure, focusing on efficiency (Rindfleisch and Heide, 1997). The initial movement of the transaction cost analysis is attributed to Coase (1937), who focused on macro aspects, stating that firms and markets are alternative governance structures that differ in their transaction costs. Since then, the transaction cost theorists have focused on micro aspects within firm boundaries more than within the market. Williamson (1991) suggests that transaction costs include both the direct costs of managing relationships and the possible opportunity costs of making inferior governance decisions. This study aims to investigate consequences and antecedents of oversea buyer attentiveness to B2B e-Marketplaces. Williamson's approach may be applied to explain the consequences of oversea buyer attentiveness to B2B e-Marketplaces. Williamson's framework rests on the interplay between two main assumptions of human behavior (bounded rationality and opportunism) and two key dimensions of transaction (asset specificity and uncertainty) (Williamson, 1991). Bounded rationality means that decision makers have constraints on their cognitive capabilities and limits on their rationality (Rindfleisch and Heide, 1997). These constraints become problematic in an uncertain environment (Williamson, 1991). Opportunism represents that decision makers may seek to serve their self-interest, and that it is difficult to know who is trustworthy and who is not. Many transaction cost theorists argue that lower transaction costs are incurred via a direct Internet-based exchange in e-commerce (Bailey and Bakos, 1997; Sarkar et al., 1995). This study, then, suggests that an indirect trading channel, B2B e-Marketplace also plays an important role to decrease transaction costs.

2.2 The Resource-Based View

Internal analysis regarding strengths and weaknesses are fundamental to the resource-based view. This perspective is based on two assumptions. First, firms within an industry may be heterogeneous depending on their own resources. Second, the resources may not be perfectly mobile across firms (Barney, 1991). Resources are usually classified into three categories: physical capital, human capital, and organizational capital resources (Barney and Hesterly, 1996). Also, resources may be classified into tangible and intangible resources (Barney, 1991). Resource-based theorists argue that firms enable themselves to improve their efficiency and effectiveness by using the resources (Peteraf, 1993; Barney, 1991). A firm is said to have a sustainable competitive advantage when it is implementing a value creating strategy not simultaneously being implemented by any current or potential competitor and when other firms are unable to duplicate the benefits of this strategy (Peteraf, 1993). Resource-based theorists argue that a firm's strategy is chosen regarding its internal resources (Barney, 1991). Furthermore, firm resources are strengths that firms can use to conceive of and implement their strategies (Barney, 1991). Many resource-based theorists thus recommend that firms discover their own valuable, rare, and costly-to-imitate resources and utilize them in the market where the resources can be best exploited.

Concepts of the resource-based view may apply in explaining B2B e-Marketplaces. B2B e-Marketplace is a channel for buyers to import products. It is also an effective means for sellers, especially SMEs, to export products. B2B e-Marketplace has been developed by the advent of the World Wide Web (Clark and Lee, 1999). Knowledge and experience about ICT (information and communication technology) are thus required to exploit B2B e-Marketplaces. Oversea buyers may prefer B2B e-Marketplaces where ICT infrastructures are well developed. ICT capability may be regarded as an idiosyncratic resource for individual countries to attract oversea buyers, assist home exporters, and develop home B2B e-Marketplaces. With ICT capability, there are some other valuable resources regarding B2B e-Marketplaces. A certain level of knowledge and experience regarding the global market may be necessary resources for home exporters to exploit home B2B e-Marketplaces. In a country level, globalization may be associated with exploiting home B2B e-Marketplaces. In sum, the resource-based theory can provide another theoretical background to explain some antecedents of B2B e-Marketplace adoption in individual countries.

2.3 The Institutional Theory

Market environments are various in individual countries including developed and developing countries. Developing countries are characterized as a rapid pace of economic development and policies favoring economic liberalization, as well as the adoption of a free-market system (Arnold and Quelch, 1998). Also, government and societal influences called institutional environments are relatively strong (Hoskisson et al., 2000). Institutional environments, which make up a large part of a firm's environment, include regulatory institutions (i.e., laws), normative institutions (i.e., professions), and cognitive institutions (i.e., habitual actions) (Grewal & Dharwadkar, 2002). The institutional environments can be academically explained by the institutional theory. The theory suggests that institutionalized activities are interrelated among three levels: individual, firm, and interorganization. At the individual level, conforming to managers' norms and habits is regarded as institutionalized activities (Berger and Luckmann, 1967). At the firm level, corporation culture, shared belief systems, and political process supporting given ways of managing perpetuate institutionalized structures and behaviors (Oliver, 1997). At the interorganizational level, conforming to pressures emerging from government, industry alliances, and social expectations is regarded as institutionalized activities (rules, norms, and standards about product quality) (Oliver, 1997). A growing body of research emphasizes interaction between firms and institutions resulting from market imperfection.

Interestingly, developing countries have some legislations to accelerate export, such as tax advantages to spur the development of indigenous export intermediaries (Cho, 1987; Amine, 1987). Some governments have enthusiastically supported the export business with its "export drive policy" (Raymond et al., 2001). Government policy is a representative regulatory institution. Drawing on the theory, B2B e-Marketplace use can be a normative institution among local exporters of developing countries. Many exporters, especially SMEs, believe that B2B e-Marketplaces can bring about significant changes in the economics of marketing channels and the structure of distribution in international commerce (Clark and Lee, 1999). They feel the need to use B2B e-Marketplaces so they are not left behind (Goldsby and Eckert, 2003). However, the institutional environments can have influence negatively on trading parties, especially oversea buyers. Main users of B2B e-Marketplaces are local SMEs and oversea buyers. Most home countries of leading B2B e-Marketplaces are developing countries like China and Korea characterized as strong institutional environments. Oversea buyers may face environmental uncertainty to use B2B e-Marketplaces from developing countries. Therefore, the institutional theory can provide a theoretical background to explain oversea buyer attentiveness to B2B e-Marketplaces.

3. Consequences of Oversea Buyer Attentiveness to B2B e-Marketplace

SMEs do not have enough resources and experiences regarding foreign markets; it is a challenge for them to find the ideal foreign customer (Ancel, 1999; Peng and Ilinitch, 1998). Therefore, they may face high coordination costs in electronic international commerce (Sarkar et al., 1995). Participating parties may then exchange product or price information efficiently via B2B e-Marketplaces. Furthermore, SMEs can continuously conduct ongoing online search as for new potential customers via B2B e-Marketplaces (Chrusciel, 2000). As a consequence, B2B e-Marketplace use may help SMEs decrease coordination costs in electronic international commerce. SMEs seldom talk to foreign customers face to face. From SMEs' point of view, it may be quite challenging to monitor or safeguard against opportunistic behaviors of foreign trade parties. B2B e-Marketplaces provide the assurance of maintaining honesty, integrity, reliability, and legitimacy in the economic transaction (Chrusciel, 2000). B2B e-Marketplaces may prevent opportunistic behaviors and unfair trade practices by establishing policies and rules to build trust among market participants (Chrusciel, 2000; Clark and Lee, 1999). SMEs can thus decrease costs for monitoring or safeguarding against opportunistic behaviors, which corresponds to the transaction cost analysis' concept. Therefore, assumptions and key concepts of the transaction cost analysis give a systematic explanation for B2B e-Marketplace use in electronic international commerce.

Theoretically, B2B e-Marketplaces can be used by all buyers and sellers around the world. However, main users of B2B e-Marketplaces are local exporters and oversea buyers. According to Alibaba.com, a leading B2B e-Marketplace of China, most selling information are provided by Chinese SMEs and oversea buyers can access the information to purchase products made in China. Ec21.com, a leading Korean B2B e-Marketplace usually provides product information of Korean SMEs to oversea buyers. It is thus necessary for individual countries, especially developing countries, must raise home B2B e-Marketplaces for local SMEs and national economies. B2B e-Marketplaces can meet various demands of oversea buyers. In the past, buyers could acquire product information via offline channels. Buyers can access the information via B2B e-Marketplaces in real time and 24 hours. The success is based on oversea buyers' attentiveness to home B2B e-Marketplaces.

In general, buyer attentiveness can be conceptualized as the degree of attention directed towards a manufacturer in these activities in the buyer's organization relative to other manufacturers (Bonner and Calantone, 2005). In this study, oversea buyer attentiveness is based on an underlying attractiveness to a specific B2B e-Marketplace relative to other B2B e-Marketplaces. Without attentiveness to specific B2B e-Marketplaces, overseas buyers cannot use them actively. The more overseas buyers are attentive to B2B e-Marketplaces of a country, the more buyers use B2B e-Marketplaces of the country. Attentiveness can encourage buyers to undertake favorable purchase behaviors. According to Bonner and Calantone (2005), it is necessary for sellers in particular a small startup company to create excitement and "buzz" among its customers in the market. An oversea buyer who visits a B2B e-Marketplace of a country is likely to purchase or import products from the B2B e-Marketplace of the country. In country-level, B2B e-Marketplaces play an important role to improve economies of scale regarding exports. According to Alexa.com, most home countries of leading global B2B e-Marketplaces are developing countries. In the countries, there are many SMEs that are not ready to participate in the global market due to their limited resources, experiences, and knowledge. B2B e-Marketplace can be an alternative for SMEs. As a consequence, B2B e-Marketplace can improve economies of scale regarding SMEs' exports in individual countries. In sum, oversea buyer attentiveness can contribute the success of local B2B e-Marketplaces and accelerate the internationalization of local SMEs in a given country. As the result, the country can increase export volume. These arguments lead to the following hypothesis:

Hypothesis 1: Oversea buyer attentiveness to home B2B e-Marketplaces is positively associated with export volume of home country.

4. Antecedents of Oversea Buyer Attentiveness to B2B e-Marketplace

We discussed how oversea buyer attentiveness to home B2B e-Marketplaces affect export volume of home country. The next step is to analyze how individual countries can increase oversea buyer attentiveness to home B2B e-Marketplaces. Individual countries must endeavor to raise home B2B e-Marketplaces that can bring various managerial and economic benefits. Oversea buyer attentiveness is the first step to develop home B2B e-Marketplaces. There are various factors associated with oversea buyer attentiveness to B2B e-Marketplaces.

4.1 Information and Communication Technology Capability

The development of the Internet has enabled an effective coordination between suppliers of goods and their buyers. According to Roy and Sivakumar (2007), the greater adoption of information and communication technology (ICT), the greater the globalization of buying behavior that is open to suppliers of goods from outside the local country. In other words, oversea buyer behavior to purchase products from a country can be influenced by advanced ICT capability of the country. B2B e-Marketplace is a specific type of ICT, which is more efficient tool for firms to penetrate into the global market arena. The development of ICT has offered various opportunities for firms, especially SMEs, including a simple Internet-based information search / email to customers and integrated product development processes / service systems. ICT capability is thus closely associated with information exchange between sellers and buyers. In general, ICT capability is not of one piece; rather, it may manifest itself in several spheres. Even though there is no consensus in the definition. There is one thing in common. All the researchers seem to agree that ICT capability is a profound concept covering tangible aspects (ICT infrastructures) and intangible aspects (ICT knowledge and managerial skills).

Individual countries must endeavor to improve ICT capability. Advanced ICT capability may encourage to develop home B2B e-Marketplaces as exporting channels for home SMEs. According to Alibaba.com and Ec21.com, most of the information provided by home B2B e-Marketplaces are selling inquiries of home SMEs. Therefore, ICT capability can accelerate the internationalization of home SMEs. According to the resource-based view, ICT capability of a country can be considered a competitive resource of the country. In a firm level, ICT capability is a unique corporate resource that is valuable, rare, difficult to imitate and non-substitutable by other competitors. In particular, no one doubts that ICT capability is emerging as a key resource in the supply chain management. Concurrently, the introducing and usage of ICT capability in supply chains change the relationship between buyers and suppliers. In a country level, B2B e-Marketplaces are means linking local exporters and oversea buyers. As a consequence, national export performance can be improved by home B2B e-Marketplaces. ICT capability is thus regarded as a national resource that has significant effects on export performance of the country (Santhanam and Hartono, 2003).

In general, a buyer's attention is directed toward a specific seller or product to the exclusion of others. The attentiveness is considered an outcome of relationalism (Bonner and Calantone, 2005). Information exchange can lead to the development of favorable relationalism which, in turn, focuses the attention of buyers. Information exchange is thus associated indirectly with a buyer's attentiveness (Cannon and Perreault, 1999). Frequent and ongoing information exchange allows buyers to gain direct and repetitive experience with sellers, which lead to more memorable beliefs with increased confidence (Bonner and Calantone, 2005). Information is the common currency of interfirm relations. Information exchange can solve interfirm problems and demonstrating commitment to the relationship. In other words, information exchange can foster commitment and cooperation between buyers and sellers (Kalafatis, 2000). Effective information exchange cannot be possible without well-developed ICT capability. In other words, buyer's attentiveness to a specific trading channel like B2B e-Marketplace will depend on the level of ICT capability. ICT capability of a country can facilitate the increased attentiveness to B2B e-Marketplaces of the country. According to Piercy et al. (2001), there are various factors associated with buyer-seller relationship-building in export marketing. Among them, communication is an important criterion used in choosing sellers for overseas buyers (Piercy et al., 2001). Without well-developed ICT capability, it is impossible to communicate effectively with business partners in export marketing. In sum, ICT capability can play an important role for buyers to choose adequate overseas sellers. These considerations lead to the second hypothesis.

Hypothesis 2: ICT capability of home country is positively associated with oversea buyer attentiveness to home B2B e-Marketplaces.

4.2 Globalization

The term "Globalization" has already become one part of our daily used vocabulary. International business scholars view globalization as the growing interdependence of national economies-involving consumers, producers, suppliers, and governments in different counties (Knight, 2000). Globalization is not of one piece; rather, it may be more accurate to speak of a series of "globalization," interrelated and overlapping, but also sometimes contradictory and often opposed. Moreover, it manifests itself in several spheres. Even though there is no consensus in the definition. All researchers seem to agree that globalization is a profound and ongoing process occurring allover in every economic, political, and cultural aspects of current world. Many studies show that globalization can increase standard and freedom of various aspects. As the results, business activities in individual countries can be much reliable.

In electronic international marketplaces, it is not easy for buyers or sellers to find an ideal business partner. With the development of e-commerce, buyers or sellers could save costs regarding market approach, distribution, advertisement, and etc. However, buyers or sellers must deal with tremendous information, most of them are uncertain. According to Good and Schultz (2002), there are several challenges in electronic international marketplaces. A major challenge involves the usage of communication. It is necessary for sellers to minimize language and cultural barriers, ensuring that messages and information are consistent, non-offensive, and culturally appropriate (Good and Schultz, 2002). Also, according to Piercy et al. (2001), reputation and trustworthiness are important criteria for buyers to choose specific sellers in electronic international marketplace. Globalization may decrease the barriers to trade with other countries. Also, adopting global standards itself can increase trustworthiness among business partners. Therefore, oversea buyers may be more favorable to open a business relationship via globally oriented trading channels like B2B e-Marketplaces. In sum, business parties are much interested in B2B e-Marketplaces from globally oriented countries.

Among various outcomes of globalization, an interconnectness representing social and information exchanges is regarded as a major one. Trading channel relationships between buyers and sellers can be strengthened by globalization. Oversea buyers thus want to make a relationship with sellers from globally oriented countries. Another advantage of globalization is to reduce uncertainty. Globalization is the growing interconnectedness of the world through cross-border flows of various factors. Globally oriented countries have higher level of openness or interconnectedness. Therefore, oversea buyers can foster the development of trust and nurturing cooperation with sellers from globally oriented countries (Kalafatis, 2000). In online, the most efficient trading channel to provide various seller information is B2B e-Marketplace. Oversea buyers are willing to participate in B2B e-Marketplaces from globally oriented countries. Also, according to the resource-based view, globalization of a country can be regarded as an idiosyncratic resource relative to other countries. Globalization can be effectively used to establish various trading strategies in individual countries. Based on these arguments, this study thus hypothesizes the following:

Hypothesis 3: Globalization of home country is positively associated with oversea buyer attentiveness to home B2B e-Marketplaces.

4.3 Regulatory Institutions and Trading Volumes

Firms trading with overseas business partners via online catalogues or Internet exchange can save cost regarding market approach, distribution, advertisement, and customer resources. On the other hand, firms can struggling with unsecured information from the "virtual jungle". Therefore, oversea buyers using B2B e-Marketplaces prefer to avid uncertainty that is characterized as unpredictable and uncontrollable. The uncertainty is usually higher in international transactions rather than domestic ones. According to the Transaction Cost Analysis (TCA), there are two types of uncertainty. One is environmental uncertainty and the other is behavioral uncertainty (Williamson, 1991). Buyers and sellers enter into contracts with each other subject to potential opportunistic behaviors of trading counterparts; trading parties can conceal or distort information to their benefit and to the detrimental of their trading partners (Clark and Lee, 1999). That is behavioral uncertainty. Although the uncertainty is quite serious in electronic international marketplaces, B2B e-Marketplace use can be an alternative to reduce behavioral uncertainty. B2B e-Marketplace may prevent buyers or sellers from the opportunistic behaviors of business partners, which can decrease monitoring costs in their trading channel relationships (Dahlstrom and Nygaaed, 1999). Another uncertainty, environmental uncertainty may differ depending on individual countries.

Environmental uncertainty is closely associated with institutional environments of individual countries. Among various aspects of institutions, regulatory institution is a representative. Moreover, unlike other normative and cognitive institutions, regulatory institution of individual countries could be calculated by published data (secondary data). Pearson and Clair (1998) mention that organizational adoption to institutionalized practices and industry regulations are important variables to make success or failure of organizational uncertainty management. Beckert (1999) argues that institutionalizing prevails high uncertainty within an institutional field. According to institutional theorists, conforming to regulatory institutions can be a solution to decrease the environmental uncertainty. Local firms or MNEs investing directly in the local market should conform to local regulatory institutions to decrease uncertainty and increase survival. However, oversea buyers using B2B e-Marketplace don't need conforming to local regulatory institutions. Instead, oversea buyer can avoid them, because they usually don't invest directly in local markets. Most home countries of leading B2B e-Marketplaces are developing countries characterized as strong regulatory institutions. In other words, oversea buyers may face much uncertainty with B2B e-Marketplace use. Environmental uncertainty of B2B e-Marketplaces may differ according to individual countries. Based on the foregoing literature reviews, oversea buyers may be attentive much to B2B e-Marketplaces of countries where there are relatively low environmental uncertainty. According to the institutional theory, the environmental uncertainty is positively associated with regulatory institutions of individual countries.

With regulatory institutions, trade volume can affect oversea buyer attentiveness to B2B e-Marketplaces. B2B e-Marketplace is one of trading channels.

Oversea buyers usually want to keep profitable and stable trading channels. Trading size is thus important. There are many business opportunities in the countries with large enough trading volume. Oversea buyers pay attention more on leading countries of the global trade. According to Bonner and Calantone (2005), reputation is an important determinant of buyer behavior to choose business partners. In general, big trading countries have credible reputation in the global market. Also, oversea buyers have credible and positive beliefs about the country where trade volume is enough large (Bonner and Calantone, 2005). In other words, home trade volume can be closely associated with oversea buyer behavior to choose home B2B e-Marketplaces. Based on the literature reviews, this study therefore hypothesizes the following:

Hypothesis 4: Regulatory institution of home country is negatively associated with oversea buyer attentiveness to home B2B e-Marketplaces.

Hypothesis 5: Trade volume of home country is positively associated with oversea buyer attentiveness to home B2B e-Marketplaces.

III. Results and Discussion

To test five hypotheses, this study used SEM (Structural Equation Modeling) with AMOS program (Arbuckle, 1999). Through SEM, this study could evaluate a causal model using the maximum likelihood estimation model. In SEM, this study evaluated five casual relationships among oversea buyer attentiveness to B2B e-Marketplace, four antecedents, and export volume. This paper hypothesized theoretically based on related theories and literature reviews. The relationships then were tested empirically based on secondary data. Figure 1 shows the proposed model with SEM estimations.

According to Figure 1, there are six variables. An independent variable is oversea buyer attentiveness to B2B e-Marketplaces in a country. A dependent variable is export volume in the country. And, four antecedents are ICT capability, globalization, regulatory institution, and trade volume of the country. This

Figure 1. Oversea Buyer Attentiveness to B2B e-Marketplaces with Coefficients Estimates[1)]

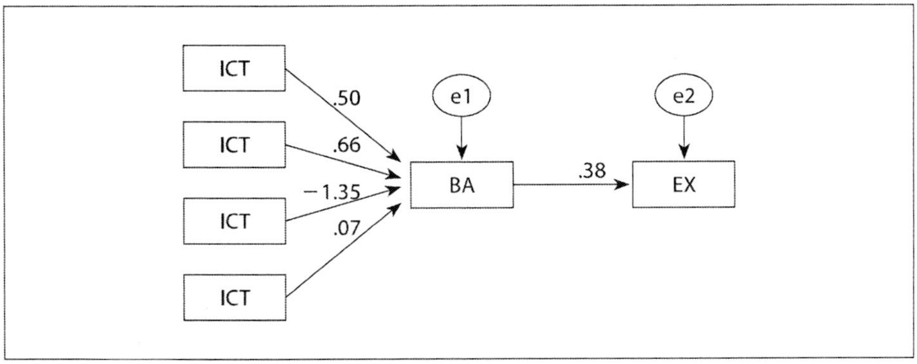

Table 1. Causal Results of the Model

Hypothesis	Relationships	Standardized coefficient
1	Buyer attentiveness → Export volum	0.377**
2	ICT capability → Buyer attentiveness	0.496*
3	Globalization → Buyer attentiveness	0.657*
4	Regulatory institution → Buyer attentiveness	−1.349**
5	Trade volume → Buyer attentiveness	0.072
	Goodness-of-Fit-Index	
	Chi-Square	42.77**
	GFI	0.954
	NFI	0.961
	RFI	0.853
	TLI	1.050
	CFI	1.000

* p<0.1, ** p<0.05, *** p<0.01

study estimated the paths in the proposed model in Figure 1. Figure 1 and Table 1 represent SEM estimations of the proposed model. According to Figure 1 and

1) ICT: Information and communication technology capability
G: Globalization
RI: Regulatory Institution
TV: Trade volume
BA: Buyer attentiveness to B2B e-Marketplaces
EX: Export volume

Table 1, the overall fit of the model is good in that the GFI and the NFI are higher than 0.90. The RFI is 0.853 and the CFI and the TLI are close to 1. Chi-Square is 42.77 and statistically significant. The fit indices indicate an adequate fit for the overall model.

Hypothesis 1 suggests that oversea buyer attentiveness to B2B e-Marketplaces of a country is positively related to export volume of the country. Coefficient for oversea buyer attentiveness is positive (0.377), which supports hypothesis 1. Hypothesis 2 states a positive association between ICT capability of a country and oversea buyer attentiveness to B2B e-Marketplaces of the country. Coefficient of ICT capability is positive (0.496), and it is statistically significant. Therefore hypothesis 2 is also supported. Hypothesis 3 states that globalization of a country encourages oversea buyer attentiveness to B2B e-Marketplaces of the country. Coefficient estimate for the former relationship (β=0.657, $p<0.1$) is significantly positive, and hypothesis 3 is supported. Hypothesis 4 represents a negative relationship between regulatory institution of a country and oversea buyer attentiveness to B2B e-Marketplaces of the country. Coefficient estimate for the former relationship is negative (β=-1.346). Also, the estimate is statistically significant ($p<0.05$). According to the result. oversea buyers are not likely to visit or use B2B e-Marketplaces of a country where regulatory institutions are strong, which can increase environmental uncertainty. Hypothesis 4 is thus supported. The last hypothesis is about the positive relationship between economic volume and oversea buyer attentiveness to B2B e-Marketplace in a given country. Although coefficient is positive (0.072), it is not statistically significant. Therefore, hypothesis 5 is not

Table 2. Summary of Results for Hypothesized Relationships

Hypothesis	Variables	Predicted relationships	Results
1	Oversea buyer attentiveness, Export volume	Positive	Supported
2	ICT capability, Oversea buyer attentiveness	Positive	Supported
3	Globalization, Oversea buyer attentiveness	Positive	Supported
4	Regulatory institution, Oversea buyer attentiveness	Negative	Supported
5	Trade volume, Oversea buyer attentiveness	Positive	Not supported

supported. Two possible answers may justify the result. Based on a small coefficient number (0.072), although trade volume of home country may encourage oversea buyer attentiveness to home B2B e-Marketplaces, the effect is not enough influential. Also, with regard to an insignificant coefficient, sampling error may be involved (Churchill and Lacobucci, 2002). Table 2 summaries all results of hypothesized relationships.

Ⅳ. Contributions and Conclusion

With the development e-commerce, B2B e-Marketplaces have come to play an important role in export marketing for SMEs. B2B e-Marketplaces serve to connect local SMEs and oversea buyers. By tradition, MNEs have played an important role in the global exporting market. However, many SMEs are trying to participate actively in the market. In general, home countries of MNEs are few developed countries. Countries that need exporting to develop own economies and participate in the global market are not developed countries but developing countries. B2B e-Marketplace can be an alternative for developing countries. With effective use of home B2B e-Marketplaces, developing countries can accelerate the internationalization of home SMEs. Developing countries can realize economic growth. Nevertheless, no research to date has made an in-depth analysis of B2B e-Marketplaces in the global exporting market. This study provides important theoretical implications to the literature on B2B e-Marketplaces in export marketing. In specific, various antecedents of oversea buyer attentiveness to B2B e-Marketplaces were theoretically explained. Also, this study justified theoretically the consequence of oversea buyer attentiveness to B2B e-Marketplaces through the transaction cost analysis.

This study is particularly significant for SMEs who wish to enter into the global market. The development of e-commerce allows exporters many opportunities to trade directly with foreign customers. A direct Internet-based exchange was believed by many traders and researchers to be the most efficient exporting channel. However, this type of exchange involves high risk. It is extremely time consuming, risky, and costly for SMEs to find the ideal customer in electronic international commerce due to their limited foreign market knowledge and experience. Traditional export intermediaries may be an effective alternative for them to decrease these problems but it can involve high cost such as commission and an at fees. This study indicates that B2B e-Marketplaces are evolved as a hybrid-exporting channel, combining the benefits associated with traditional intermediaries plus direct Internet-based exchanges. B2B e-Marketplaces may provide low-cost and efficient interconnectivity, balancing between risk and cost. Furthermore, B2B e-Marketplaces can reduce the traditional importance of scale economies and make global advertising more affordable. B2B e-Marketplaces thus offer SMEs a more level playing field in relation to their larger competitors. As a consequence, the internationalization of SMEs can be accelerated by use of B2B e-Marketplaces. The findings can provide productive implications for policy makers of developing countries, which need raising home SMEs to develop economy. Therefore, policy makers of developing countries must keep in mind the important roles of B2B e-Marketplaces. Also, based on the findings of this study, they must develop effective policies to attract oversea buyers for home SMEs and B2B e-Marketplaces. This study is one of the first to provide the theoretical and practical applications to B2B e-Marketplaces for local SMEs. It is hoped that this assessment of the domain of B2B e-Marketplaces will provide a useful reference and further exploration of the topic. Finally, I hope the findings of this study will help decision makers understand the effectiveness of B2B e-Marketplaces to penetrate the global market.

References

Amine, Lyn S. 1987. Toward a conceptualization of export trading companies in world of export trading companies in world markets. Advances in International Marketing, 2:.199-238.

Ancel, Bernard 1999. Using the Internet: exploring international markets. International Trade Forum, 1: 14.

Arbuckle, James L. 1999. AMOS 4.01 Chicago, IL: Small Waters Corp.

Arnold, D.J. and Quelch, J.A. 1998. New strategies in emerging markets. Sloan Management Review, 40(1): 7-21.

Bailey, Joseph P. and Bakos, Yannis 1997. An exploratory study of the emerging role of electronic intermediaries. International Journal of Electronic Commerce, 1(3): 7-20

Bakos, J.K. 1991. Reducing buyer search costs: implications for electronic marketplaces. Management Science, 43(12): 1676-1692.

Barney, J. B. 1991. Firm resources and sustained competitive advantage. Journal of Management, 17: 99-120.

Barney, J. B. and Hesterly, W. 1996. Organizational economics: understanding the relationship between organizations and economics analysis. In Clegg, S. R., C. Hardy, and W.R. Nord (Eds.), Handbook of Organization Studies, London: Sage: 115-147.

Beckert, Jens 1999. Agency, entrepreneurs, and institutional change: the role of strategic choice and institutionalized practices in organizations. Organization Studies (OS), 20(5): 777-799.

Berger, P.L. and Luckmann, T. 1967. The social construction of reality, Doubleday, New York.

Bharadwaj, A.S. 2000. A resource-based perspective on information technology capability and firm performance: an empirical investigation. MIS Quarterly 24(1): 169-196.

Bonner, Joseph M. and Calantone, R.J. 2005. Buyer attentiveness in buyer-supplier relationships. Industrial Marketing Management, 34(2005): 53-61

Cannon, J.P., and Perreault, W.D. Jr 1999. Buyer-seller relationships in business markets. Journal of Marketing Research, 36(November: 439-460.

Cho, Dong-Sung 1987. The general trading company. Lexington, MA: Lexington Books.

Cho, Hyuksoo and Ha, Y.S. 2009. Determinants of FDI inflow in Pohang-Youngil container port hinterland with resource-based view and institutional theory. a working paper.

Chrusciel, Don 2000. The Internet intermediary: gateway to Internet commerce Opportunities. Journal of Internet Banking and Commerce, 5(1).

Churchill, Gilbert A. and Lacobucci, Dawn 2002. Marketing research: methodology foundations. 8th Edition. Fort Worth, TX: Harcourt College Publishers

Clark, Theodore H. and Lee, Ho Geun 1999. Electronic intermediaries: trust building and market differentiation. Proceedings of the 32nd Hawaii International Conference on System Science.

Coase Ronald 1937. The nature of the firm. Economica, 4(November): 386-405.

Dahlstrom, Robert and Nygaaed, Arne 1999. An empirical investigation of ex post transaction costs in franchised distribution channels. Journal of Marketing Research, 36(May): 160-170.

Goldsby, Thomas J. and Eckert, James A. 2003. Electronic transportation marketplaces: a transaction cost perspectives. Industrial Marketing Management, 32: 187-198.

Gosain, Sanjay and Palmer, Jonathan W. 2004. Exploring strategic choices in marketplace positioning. Electronic Markets, 14(4): 308-321.

Grewal, R. and Dharwadkar, R. 2002. The role of institutional environment in marketing channels. Journal of Marketing, 66(3):.82-98.

Grey, W., Olavson, T. and Shi, D. (2005). The role of e-marketplaces in relationship-based supply chains: a survey. IBM Systems Journal, 44(1): 109-123.

Hoskisson, R.E., Eden, L., Lau, C.M. and Wright, M. 2000. Strategy in emerging economies. Academy of Management Journal, 43(3): 249-267.

Kalafatis, S.P. 2000. Buyer-seller relation-ships along channels of distribution. Industrial Marketing Management, 31: 215-228.

Knight, G. 2000. Entrepreneurship and marketing strategy: the SME under globalization. Journal of International Marketing, 8(2): 12-32.

Narayandas, Das, Caravella, Mary and Deighton, John 2002. The impact of Internet exchange on business-to-business distribution. Journal of the Academy of Marketing Science, 30(4): 500-505.

Oliver, C. 1997. Sustainable competitive advantage: combining institutional and resource-based views. Strategic Management Journal, 18: 697-713.

Pearson, C. M. and Clair, J. A. 1998. Reframing crisis management. Academy of Management Review, 23: 59-73.

Peng, Mike W. and Ilinitch, Anne Y. (1998). Export intermediary firms: a note on export development research. Journal of International Business Studies, 29(3): 609-620.

Peteraf, Margaret 1993. The cornerstones of competitive advantage: a resource based view. Strategic Management Journal, 14(3): 179-192.

Prasad, V.Kanti, Ramamurthy, K. and Nai, G. M. 2001. The influence of Internet-marketing integration on marketing competencies and export performance. Journal of International Marketing, 9(4): 82-110.

Poon, S.P.H. and Swatman, P.M.C. 1997. Internet-based small business communication: seven Australian cases. Electronic Markets, 7(2): 15-21.

Quelch, John A. and Klein, Lisa R. 1996. The Internet and international marketing. Sloan Management Review, 38(3): 60-75.

Raymond, M.A., Tanner, J and Kim, J. 2001, Cost complexity of pricing decisions for exporters in developing and emerging markets. Journal of International Marketing, 9(3): 19-41.

Rindfleisch, A. and Heide, J.B. 1997. Transaction cost analysis: past, present, and future applications. Journal of Marketing, 61(4): 30-54.

Ross, J.W., Beath, C.M. and Goodhue, D.L. 1996. Develop long-term competitiveness through it assets. MIT Sloan Management Review, 38(1): 31-42.

Roy, Subroto and Sivakumar, K. 2007. The role of information technology adoption in the globalization of business buying behavior: a conceptual model and research propositions. Journal of Business & Industrial Marketing, 22(4): 220-227.

Santhanam, R. and Hartono, E. 2003. Issues in linking information technology capability to firm performance. MIS Quarterly, 27(1): 125-153.

참고문헌

김석철(2005), 무역계약론, 두남출판사.

노택환 · 김진삼 · 조현정 · 서민교(2011), 국제통상의 이해, 박영사.

송용종(2007), 국제통상개론, 두남출판사.

옥선종 · 박영태 · 김웅진(2008), 최신 무역계약론, 두남출판사.

이봉수(2010), 무역실무, 두남출판사.

조영정(2010), 무역학개론, 박영사.

정재승 · 박근식(2012), "무역 e-Marketplace의 무역정보와 신뢰성에 관한 실증연구," 전자무역연구, 10(1), 67-84.

Barnes, B.R., L.C. Leonidou, N.Y.M. Siu, and C.N. Leonidou(2010), "Opportunism as the Inhibiting Trigger for Developing Long-Term-Oriented Western Exporter. Hong Kong Importer Relationships," *Journal of International Marketing*, 18(2), 35-63.

Cho, H.S. and K.W. Yang(2011), "Antecedents and Consequences of Oversea Buyer Attentiveness to B2B e-Marketplace: Does Oversea Buyer Attentiveness to B2B e-Marketplace Really Matter to Improve Export Volume?," *Korean Business Education Review*, 26(1), 27-46.

Hultman, M., C.S. Katsikeas, and M.J. Robson(2011), "Export Promotion Strategy and Performance: The Role of International Experience," *Journal of International Marketing*, 19(4), 17-39.

Tan, Q. and C.M.P. Sousa(2011), "Research on Export Pricing: Still Moving Toward Maturity," *Journal of International Marketing*, 19(3), 1-35.

제 2 장

국제무역계약 체결

제 1 절 무역계약서 작성

1. 매매계약서(Sales Contract)

국제적 매매계약인 무역계약은 기본적으로 계약당사자 일방의 청약과 상대방의 승낙을 통해 성립된다. 이러한 무역계약의 성격은 합의계약과 불요식계약으로 대변될 수 있다. 하지만 의사합의로만 성립된 계약은 현실적으로 분쟁의 가능성이 높다. 특히 언어와 상관습이 상이한 해외 거래당사자와의 계약은 다양한 분쟁 가능성을 내포하고 있다. 따라서 매매당사자가 합의한 거래조건을 정확히 기록하고 양 당사자가 그 내용을 확인한 뒤 서명하는 서면계약서(written contract sheet) 작성이 필요하다. 무역계약은 그 이행이 완료되기까지 오랜 시간이 소요되기 때문에 계약내용을 단순히 당사자의 기억에 의존하는 것은 불합리하다. 또한 무역계약은 국제적 거래이기 때문에 완벽한 의사소통이 이루어지지 않을 수 있으므로 당사자 간 교환된 의사를 문서로 명확히 정리하는 것이 필수적이다. 무역거래에서는 분쟁이 발생되면 국내거래에서 보다 더 큰 어려움을 겪을 수 있기 때문에 분쟁방지 차원에서도 계약내용을 문서화하는 것이 필요하다.

실무적으로 문서화하는 과정은 우선 계약의 일방이 계약내용을 기재하고 서명한 계약서 2통을 작성한다. 작성된 2통의 계약서를 상대방에게 송부한다. 계약서를 수령한 상대방이 이를 검토한 후 서명하고 그 중 1통을 다시 송부함으로써 양 당사자가 계약서 1통씩 보관하게 된다. 이러한 계약서 중 매도인이 작성한(판매)계약서를 sales contract, sales note 혹은 proforma invoice라 한다. 반대로 매수인이 작성한(구매)계약서를 purchase contract, purchase note 혹은 order sheet라고 한다. 이와 함께 매매계약 양방이 한 곳에 모여 계약의 조건을 합의하고 계약서를 작성하여 서명 날인한 후 1통씩 가지는 방법의 계약서 작성도 많이 이용되는데, 이러한 형식의 계약서가 memorandum이다. 마지막으로 매도인 발행의 청약서(offer sheet)에 그대로 매수인이 승낙(acceptance)의 서명을 하거나, 매수인 발행의 주문서(order sheet)에 매도인이 승낙의 서명을 하여 1통씩 가지는 방법으로 계약이 체결될 수도 있다.

무역계약서의 내용은 크게 보면 매매계약서를 작성할 때마다 달라지는 조항과 매매계약에 공통으로 적용하는 조항으로 나눌 수 있다. 상품명, 품질, 규격, 수량, 가격, 지급조건, 선적시기, 목적지, 포장, 화인, 보험, 검사, 제조업자명, 각종 증명서(원산지증명서 포함) 등이 계약체결시마다 합의를 해야 하는 조항이다. 이러한 조항은 일반적으로 계약체결시마다 합의하여 계약서 앞면에 기재되기 때문에 표면약관 혹은 개별거래 조항이라고 한다. 보통 계약서의 표면에 타이핑되기 때문에 타이핑 조항이라고도 한다. 매매계약에 공통으로 적용하는 조항으로 계약에 대한 기본적인 사항, 분쟁이 발생하였을 경우의 해결방법 등은 매매계약서 뒷면에 사전에 인쇄해 두는 경우가 많다. 이러한 조항을 이면조항이라고 한다. 보통 매매계약서 이면에 인쇄되기 때문에 인쇄조항이라고도 한다. 구체적으로 Agreement on general terms and conditions of business 혹은 general terms and conditions 등이 계약서 이면에 인쇄된다. 예를 들면 매도인 및 매수인의 이름, 상호, 주소, 거래형태, 불가항력 조항, 권리침해 조항, 클레임 제기기간, 중재조항, 준거법 등이 매매계약에 공통으로 적용되는 조항이며 계약서 이면에 인쇄된다.

2. 국제 비즈니스 계약의 종류

무역계약을 포함하는 국제 비즈니스 계약은 일반적으로 크게 여섯 부분으로 구성되어 있다. 표제(title of agreement)는 계약서의 상단에 위치하며, 이는 계약의 종류를 나타낸다. 다음 항목은 전문(non-operative part)이다. 전문에는 계약 당사자, 계약체결 일자, 계약 당사자의 영업지 등을 기술한 두서(commencement)와 계약체결 목적 등에 관한 설명조항(whereas clause) 및 약인조항(consideration clause) 등이 기재된다. 이어서 본문(operative part) 항목이 기재된다. 본문에는 실질적인 계약조건이 명시된다. 본문에는 매매의 기본조건 등이 명시된 특수조항(specific provisions) 그리고 모든 비즈니스 계약에 공통으로 포함되는 일반조항(general provisions)이 포함된다. 본문항목 기술 후 계약체결을 선언하는 문언인 말미문언(testimonium part)이 포함되며 마지막으로 서명(signature)이 기재된다. 서명은 계약 당사자 또는 그 대리인의 자필로 서명하게 되며 이로써 모든 기재내용이 종료된다.

국제 비즈니스에서 주로 많이 활용되는 계약은 매매계약(sales contract), 대리점계약(agency contract), 판매점계약(distributorship contract), 합작투자계약(joint venture contract), 기술도입계약(technical license contract) 등이다. 무역계약과 같은 매매계약에서는 제품의 명세(specification), 가격(price), 결제(payment), 선적(shipment), 담보(warranty), 클레임(claim) 등이 중요한 항목이다. 대리점계약에서는 독점(exclusivity), 권한범위(scope of authority), 수수료(commission) 등이 중요한 항목이며 판매점계약에서는 독점(exclusivity), 최소구매(minium purchase), 종료(termination) 등이 중요한 항목에 포함된다. 합작투자계약에서는 자본출자(capital contribution), 주식응모(subscription for shares), 주주총회(general meeting of shareholders), 이사회(board of directors), 배당금(dividend) 등이 중요 항목이다. 기술도입계약에서는 라이선스 허용(grant of license), 기술지원(technical assistance), 기술료(royalty), 비밀유지(confidentiality) 등이 핵심 내용에 포함된다.

읽기 2-2-1 무역회사의 형태

우리나라에서 무역회사는 제조기업 자체에서 수출입을 담당하는 경우를 제외하고 대리업 형태와 수출입 대행업 형태로 나눌 수 있다. 대리업은 무역업무 중 일종의 오퍼행위를 하는 주체로써 판매인과 구매인 사이에서 중개역할을 한다. 대리업은 다시 갑류 무역 대리업과 을류 무역 대리업으로 나눌 수 있다. 갑류 무역 대리업은 오퍼상으로 불리는 사업주체가 다른 회사가 만든 상품을 구입하여 수출하거나 외국상품을 구입하여 국내로 수입하는 경우를 말한다. 외국 수출업자의 국내 지사(대리점)가 국내에서 외국 수출업자를 대리하여 물품매도확약서의 발행을 하는 경우도 갑류 무역 대리업에 포함된다. 을류 무역 대리업은 바잉 오피스(buying office)라 불리는 외국 수입업자 위임을 받은 자 또는 외국 수입업자 지사 또는 대리점이 국내에서 수출할 물품을 구매하거나 이에 부대되는 행위를 하는 경우를 의미한다.

수출입 대행업은 무역 면허가 없거나 무역부서가 없는 회사의 수출입을 자신의 이름으로 대행하는 행위를 의미한다. 수출입 대행업은 대행자의 명의를 명의 수탁자가 이용해 스스로 진행하는 단순대행과 대행자가 명의 수탁자의 모든 업무를 대리 진행하는 포괄대행으로 구분할 수 있다. 단순대행과 포괄대행은 문제발생의 법률적인 책임과 대행 수수료의 차이가 있다.

제2절 무역계약의 기본조건

무역계약이 성립되기 위해서는 기본적인 조건에 대한 합의가 필요하다. 이들 조건 모두에 대한 합의가 없으면 계약의 성립으로 인정되지 않는 경우가 발생될 수 있다. 따라서 무역계약에 있어서는 조건의 내용을 구체적으로 합의하고 명시하는 것이 매우 중요하다. 일반적으로 무역계약에 있어서 기본조건은 품질, 수량, 가격, 인도, 결제, 보험, 포장조건 등을 포함한다.

1. 품질조건(Quality Term)

계약이 성립되면 매도인은 계약에서 합의되고 명시된 품질의 물품을 매수인에게 인도해야 한다. 따라서 계약물품의 품질과 관련해 매도인과 매수인 사이에 명확한 합의가 필요하다. 무역계약과 관련한 분쟁에서 많은 비중을 차지하는 부분이 품질불량과 관련된 내용이다. 따라서 무역계약 관련 다양한 조건 중에서 품질조건은 매우 중요하다. 무역계약에서는 물품의 명세와 함께 품질조건에 대해 약정을 하게 되는데, 일반적으로 품질의 결정방법, 품질의 결정시기 등에 대해 매도인과 매수인이 합의한다.

1) 품질결정의 방법

품질결정 방법은 매매되는 물품의 성질, 계약 관련 환경에 따라 매도인과 매수인 사이의 합의에 의해 결정된다. 무역계약에 이용하는 품질결정 방법은 점검매매, 견품매매, 표준품매매, 상표매매, 규격매매, 명세서매매 등이 있다.

❶ 점검매매(Sale by Inspection)

점검매매 혹은 실견매매는 매수인이 실제로 물품을 점검, 확인 후 그 품질에 만족시 해당 품질을 표준품질로 결정하는 방법이다. 즉 매수인 혹은 매수인 대리인이 물품을 실제 점검해 보고 거래하는 방법이다. 국내에서 소매상이 주로 사용하는 품질결정 방법으로써 무역거래에서는 거의 이용되고 있지 않다. 또한 매수인에게는 유리하지만 매도인에게는 불리한 품질결정 방법이다. 매도인의 입장에서는 판매가 부진한 경우 혹은 시장 확장이나 판로개척을 위하여 불가피하게 점검매매 조건을 활용할 수 있다.

❷ 견품매매(Sale by Sample)

견품매매는 견품(sample)을 활용해 무역계약 목적물의 품질을 결정하는 방법이다. 계약물품의 견품은 매도인이 매수인에게 발송하며, 매수인이 만족하면 계약의 기준 품질로 결정되게 된다. 무역은 다른 국가에 있는 당사자 간 거래이기 때문에 매수인은 계약체결시 매입상품 전체의 품질이나 형상을 점검할 수 없다. 따라서 거래물품 품질검사를 위하여 사용하는 것이 견품이다. 이러한 견품의 제공에 의해서 계약의 품질을 표시하고 매매를 실현하는 방법이 바로 견품매매이다. 견품매매에서는 해당 물품 중 가장 우수한 것을 견품으로 발송하는 것이 아니라 장차 발송하는 물품의 수준과 유사한 것을 견품으로 매수인에게 발송한다. 하지만 우수한 견품을 보낸 뒤 열등한 물품의 선적으로 인한 분쟁이 많이 발생되고 있다. 실제 상거래에서는 아무런 설명도 없이 견품만을 제시하는 경우는 없고, 품명 및 품질 내용의 설명을 카탈로그에 기재하여 제시하는 것이 일반적이다. 제시된 견품과 실제 인도되는 물품이 품질, 성능, 형상면에서 차이가 나면 매도인이 그 책임을 져야 한다. 실제 인도되는 물품이 견품과 상이할 경우 매수인은 수령거절 및 감가에 대한 보상을 매도인에게 요구할 수 있다.

일반적으로 무역계약에서 견품매매가 품질의 결정방법으로 이용되고 있다. 견품을 지칭하는 대표적 표현은 sample이지만 pattern(섬유류의 무늬 도안의 견품), special(광물, 동식물의 견품), type, design 등의 표현도 계약에서 사용될 수 있다. 견품은 대부분 매도인이 발송하며 이를 seller's sample 혹은 original sample이라고 한다. 예외적으로 매수인이 발송하는 견품을 buyer's sample이라고 하며 최초 매도인이 발송한 견품이 매수인의 품질기준에 미달시 매수인이 수정해서 보내는 견품인 counter sample도 있다. 견품과 관련해 계약서상에 다음과 같은 표현이 기재될 수 있다.

"The quality shall be the same as the sample."
"The quality shall strictly conform to the sample."
"The quality shall be considered to be about equal to the sample."
"The quality shall be as per the sample."

첫 번째와 두 번째 표현은 견품과 실제 인도 물품이 완전히 동일해야 한다는 의미로 매도인의 상당한 주의가 필요한 표현이다. 이 표현은 일반적으로 귀금속, 정밀기계, 기타 고가품의 견품매매에 적용될 수 있는 표현이다. 세 번째와 네 번째 표현은 견품과 실제 인도 물품과 약간의 오차를 허용하는 표현이다.

❸ 표준품매매(Sale by Standard)

표준품매매는 미수확 농산물이나 수산물, 광물 등의 1차 생산물과 같이 자연적 조건에 따라서 품질의 변화가 많은 물품에 많이 이용되는 품질결정 방법이다. 미수확 면화, 소맥, 담배 등의 농산물 선물거래와 목재, 냉동어류 등과 같이 현물 견품을 이용할 수 없는 물품의 거래에 주로 이용된다. 이러한 표준품매매 방법으로는 FAQ, GMQ, USQ 등이 있다. FAQ(Fair Average Quality, 평균중등 품질조건)는 계약의 동종 물품 중 그 품질이 평균적이며 중등의 수준에 해당하는 물품을 인도하는 품질결정 방법이다. 구체적으로 계약물품의 선적지 혹은 출하지 전년도 수확물 중 중급 품질을 기준 품질로 결정하는 방법이다. 해당 품질은 선적지 혹은 출하지의 권위 있는 기관에 의해 결정되며 특별한 조건이 없으면 선적지 원칙이 적용된다. FAQ는 곡물, 과실류, 차 등의 농산물(선물)거래에 많이 이용된다.

GMQ(Good Merchantable Quality, 판매적격 품질조건)는 계약물품 인도시 당해 상관습을 고려해 판매 가능한 물품의 품질을 기준 품질로 결정하는 방법이다. 목재, 냉동어류 등에 많이 활용되고 있으며 약정물품이 그 품질에 있어서 상거래상의 시장성을 가지는 것을 의미한다. 목재의 내부 부패는 선적시 발견이 힘들고 내부가 부패되어 상품성이 없어도 외관상으로는 판단하기가 어렵다. 인도되는 물품이 이러한 문제가 없는 판매 가능한 품질임을 매도인이 보증하는 조건이 바로 GMQ이다. 따라서 인도되는 물품의 품질이 시장성이 없는 경우 그 책임은 매도인이 부담하게 된다. USQ(Usual Standard Quality, 보통 품질조건)는 보통 물품의 품질을 기준으로 결정하는 방법으로 공인된 표준품을 기초로 계약품질이 결정된다. 실제 인도되는 물품을 표준품과 비교하여 대금의 증액 혹은 감액을 결정하는 품질결정 방법이다. 예를 들어 미국 면화의 경우 공인 표준기관에 의해 당해 생산물 등급이 판정되며 이를 기준으로 품질을 결정할 수 있다.

❹ 상표매매(Sale by Trademark or Brand)

매매계약물품이 세계적으로 알려져 있는 상표(brand)를 사용하는 경우, 별도의 견품 필요 없이 상표 자체를 기준으로 물품의 품질을 결정하는 방법이 상표매매이다. 따라서 상표매매에서 견품이나 명세서 등에 의한 품질의 설명은 불필요하다. 예를 들어 Rolex 손목시계의 경우 견품을 제공할 필요 없이 상표 자체만으로 품질에 대한 증명이 가능하다.

❺ 명세서매매(Sale by Specification or Description)

명세서매매는 대형 선박, 기계, 플랜트 등의 거래에서 재료, 성능, 구조 등에 대하여 자세한 명세서(specification)를 작성해 거래 상품의 품질 기준으로 결정하는 방법이다. 특히 기계의 경우 보증문제가 복잡하게 관련될 수 있기 때문에 그 기계의 명세만을 보증하는지 또는 명세서를 기준으로 기계의 성능까지 보증하는지 등의 해당 범위를 명확히 결정하는 것이 필요하다.

❻ 규격매매(Sale by Type or Grade)

상품의 규격이 국제적으로 정해져 있거나 개별 국가에서 별도로 정하고 있는 경우 해당 규격을 기준 품질로 결정하는 방법이 규격매매이다. 예를 들면 국제표준화기구(International Organization for Standardization, ISO), 한국 KS(Korean Standard), 일본 JIS(Japanese Industrial Standard), 독일 DIN(Deutsch Industrial Normen) 등의 규격을 기준 품질로 결정하는 방법이다.

2) 품질의 결정시기

무역은 일반적으로 장시간의 수송을 필요로 하는 경우가 많다. 따라서 선적, 하역, 운송 중에 물품의 품질이 변화될 수 있다. 따라서 누가, 언제, 검사한 결과를 매도인과 매수인 사이의 최종 품질로 인정할 것인지에 대한 명확한 합의가 필요하다. 예를 들어 품질변화가 쉽게 발생되는 농수산물의 경우 품질보증의 책임한계를 명확히 할 필요가 있다. 즉 품질결정의 시점을 명확히 규정해야만 분쟁 발생을 예방할 수 있다.

❶ 선적품질조건(Shipped Quality Term)

품질의 결정시기를 선적완료 시점으로 하는 조건을 선적품질조건이라고 한다. 통상적으로 매도인은 선적시까지 물품 품질에 대해 책임지고 운송 이후에는 매수인이 품질에 대한 책임을 부담한다. Incoterms의 FOB(Free on Board, 본선인도조건), CFR(Cost&Freight, 운임포함조건), CIF(Cost, Insurance&Freight, 운임·보험료포함조건)조건 등이 선적품질조건에 해당된다. 이 조건에서 매도인은 선적물품의 품질이 계약과 일치하는 것을 증명하기 위해 합의한 선적지의 검사기관에서 발급한 검사 증명서(inspection certificate)를 매수인에게 송부함으로써 책임을 이행하게 된다. 따라서 운송 중에 변질된 물품에 대해서는 매도인이 책임을 지지 않는다.

❷ 양륙품질조건(Landed Quality Term)

양륙품질조건은 무역계약물품의 품질이 약정된 품질과 일치하는가 여부를 수입국 도착항에 물품이 양륙될 때 검사하는 방법이다. 즉 양륙품질조건에서 매도인은 운송 중 변질된 물품에 대해 책임을 부담하여야 한다. 양륙품질조건은 운송 중에 물품의 품질이 변경되기 쉬운 농산물, 수산물 등의 거래에 많이 활용된다. Incoterms조건에서 DAT(Delivered at Terminal), DAP(Delivered at Place), DDP(Delivered Duty Paid)조건 등이 양륙품질조건에 해당된다. 매수인은 양륙될 때 물품의 품질이 계약조건과 상이하다고 판단되면 양륙지에서 합의된 검사기관에 검사를 의뢰하게 된다. 매수인은 해당 기관에서 발급한 검사 증명서를 증거로 매도인에게 손해배상을 제기할 수 있다. 또한 양륙되는 물품의 품질이 계약조건과 상이한 경우 매수인은 해당 물품의 수령을 거부하고 손해배상을 청구할 수 있다.

2. 수량조건(Quantity Term)

무역계약에 있어서 품질 부분과 함께 도착상품의 수량 부족으로 인한 클레임이 많이 발생된다. 수량조건에서는 일반적으로 거래상품의 수량단위, 수량결정 시기, 수량 과부족 허용 범위, 기타 주의사항 등에 대해 당사자 간 합의가 필요하다. 우선 다양한 수량단위에 대한 합의가 필요하다. 예를 들어 중량, 용적, 개수, 포장, 길이, 면적 등에 따라서 다양한 수량단위가 이용된다. 또한 물품에 따라 운송 중에 중량, 용적, 개수 등이 과부족 되는 경우가 있기 때문에 수량의 결정시기는 무역계약에 있어서 아주 중요한 조건이라 할 수 있다. 이 밖에 물품의 특성으로 인해 운송 중에 감량이 예상되는 경우 수입 항구에 도착시 계약수량과 일정한 비율 이내의 과부족에 대해서는 매수인이 매도인에게 클레임하지 않을 것을 규정하는 과부족 용인조건(More or Less clause, M/L clause)도 있다.

1) 수량의 단위

수량의 단위는 물품의 중량(weight), 용적(measurement), 개수(piece), 포장(package), 길이(length), 면적(width) 등으로 구분해서 계약이 체결된다. 중량은 농산물, 철강제품, 양모, 천연산물, 유지 등 광범위한 물품의 수량조건 기준이 된다. 중량 단위의 종류가 다양하고 국가마다 표준이 다르기 때문에 매도인과 매수인 사이의 신중한 합의가 필요하다. 일반적인 중량의 측정방법에는 포장한 이후의 물품무게를 의미하는 총중량(gross weight)과 포장을 제외한 상태의 물품무게를 의미하는 순중량(net weight)이 있다. 이와 함께 물품과 관련하여 법적으로 인정되는 포장무게를 합한 무게인 법적 중량(legal weight)이 있다. 보통 법적으로 인정되는 포장의 무게는 겉포장을 제외하고 소매판매 낱개포장의 무게이다. 중량과 관련해 주의할 단위는 ton과 lb이다. 톤에는 L/T(Long Ton), S/T(Short Ton), M/T(Metric Ton)가 있으며, L/T는 영연방국가, S/T는 미주국가, 그리고 M/T는 프랑스를 중심으로 유럽국가에서 일반적으로 이용되고 있다. 우리나라에서 이용되는 톤의 단위는 M/T이다. 구체적으로 1L/T=2,240lbs=1,046kg, 1S/T=2,000lbs=907kg, 1M/T=2,204 lbs=1,000kg을 의미한다.

용적으로 거래되는 물품은 곡물, 액체, 주류, 목재 등이다. 용적과 관련해서는 Cubin Meter (CBM), Cubic Feet(cft), Super Feet(SF) 등의 단위가 이용된다. 구체적으로 1M/T=40cft=480SF이다. 액체로 이루어진 물품에는 Barrel, Gallon, Liter 등의 단위가 이용된다. 하지만 국가마다 적용되는 용적의 차이가 조금씩 있기 때문에, 실무에서는 주의가 필요하다. 영국에서 1Barrel=35Gallon, 미국에서 1Barrel=42Gallon, 영국에서 1Gallon=4.546Liter, 미국에서 1Gallon

=3.7853Liter이다. 개수를 측정하는 단위는 Piece(pc)가 일반적이며 Dozen, Gross, Great Gross 등도 쓰이고 있다. 1Doz=12Pcs, 1Gross=12Doz=144Pcs, 1Great Gross=12Gross=144Doz=1,728Pcs와 같이 구체적으로 표시할 수 있다. 포장으로 거래되는 상품은 면화, 밀가루, 과일, 통조림, 시멘트 등이다. 포장단위는 Bale(포, 꾸러미, 면화 등), Bag(포대, 밀가루, 쌀), Drum(드럼, 유류), Can(캔), Bundle(다발 묶음), Keg(액체운반을 위한 나무통) 등이 있다. 길이와 관련해 생사, 면사, 인조견사, 원단, 모직물, 전선 등이 대표적으로 거래되는 물품이다. 구체적으로 Meter(m), Yard(yd), Inch(in), Foot(ft) 등의 단위가 이용된다. 마지막으로, 면적으로 거래되는 대표적인 물품은 유리, 합판, 타일 등이며 Square feet(sft), m^2 등의 단위가 이용된다.

2) 수량의 결정시기

수량의 결정시기와 관련된 부분은 무역계약 분쟁에서 많은 비중을 차지하고 있다. 물품에 따라 운송 중에 중량, 용적, 개수 등이 과부족되는 경우가 있기 때문에 수량의 결정시기는 무역계약에 있어서 아주 중요한 조건이다. 수량의 결정시기와 관련 선적수량조건과 양륙수량조건이 있다.

❶ 선적수량조건(Shipped Quantity Term)

선적수량조건은 물품 선적시 검량수량이 계약서와 일치하면 매도인의 수량에 관한 책임이 이행되는 조건이다. 따라서 운송이나 하역 중 발생될 수 있는 감량에 대해서는 매도인이 책임지지 않는다. Incoterms조건 중 FOB(Free on Board), CFR(Cost&Freight), CIF(Cost, Insurance&Freight)조건 등이 선적수량조건에 해당된다. 일반적으로 선적지조건 매매에서는 선적수량조건이 원칙이지만 특약이나 관습상 양륙수량조건으로 할 수도 있기 때문에 수량의 결정시기를 명확히 할 필요가 있다. 실무에서는 수량조건과 관련한 분쟁을 방지하기 위하여 선적지에서 공인된 검량인의 중량 증명서 혹은 용적 증명서를 발급받아 선적서류에 포함시킨다.

❷ 양륙수량조건(Landed Quantity Term)

양륙수량조건에서는 물품이 수입항에 도착하고 검량한 수량이 계약된 수량과 일치해야 매도인의 수량에 관한 책임이 이행된다. 따라서 매도인은 운송이나 하역 중에 발생할 수 있는 감량에 주의를 해야 한다. Incoterms조건 중 DAT(Delivered at Terminal), DAP(Delivered at Place), DDP(Delivered Duty Paid) 조건 등이 양륙수량조건에 포함된다. 양륙수량조건의 경우 수량과 관련해 매수인에 의한 부당한 허위 보고도 있을 수 있다. 따라서 매도인은 이에 대한 주의가 필요하다. 구체적으로 매도인은 매수인에게 공인된 검량인에 의해 발급된 중량 증명서 혹은 용적 증명서 발부를 요청하는 것이 필요하다.

3) 수량의 과부족(M/L Clause)

거래의 단위가 개수인 경우에는 비교적 정확한 거래가 가능하다. 하지만 물품의 특성에 따라 운송도중에 부피나 무게가 변할 수 있는 경우에는 정확한 수량으로 인도하기가 어렵다. 원유, 곡물, 광물, 석탄, 분유, 설탕의 경우가 여기에 해당된다. 이러한 물품의 경우 현실적으로 약간의 과부족을 허용할 수밖에 없다. 무역계약 체결시 이에 대한 내용을 양 당사자 간 합의를 하게 되는데 이를 과부족 허용조건(More or Less clause, M/L clause)이라고 한다. 즉 운송 중에 감량이 예상되는 물품이 도착시에 계약수량과 일정한 비율 이내의 과부족에 대해 매수인이 매도인에게 클레임을 하지 않을 것을 규정한 조건이다. 예를 들어 M/L 5% 조건인 경우 전체 수량에서 5% 범위 내에서 부족하거나 남아도 매수인은 인수하여야 한다. 물론 이에 대해 매수인은 매도인에게 클레임을 제기할 수 없다. 만약 계약서상 M/L clause가 별도로 없는 경우 계약서의 수량을 그대로 인도해야 하는 것이 원칙이다. 하지만 제품의 특성에 따라 정확한 인도가 불가능한 경우에는 신용장통일규칙(The Uniform Customs and Practice for Documentary Credit, UCP)을 적용하는 것이 일반적이다. UCP규정에 의하면 계약수량의 5% 범위 내에서 이루어지는 과부족은 계약이행으로 간주한다. 물론 M/L clause가 별도로 있는 경우는 해당 조건이 UCP규정에 우선하여 적용된다. 참고로 UCP규정에 따르면 신용장에서의 금액이나, 수량, 단가 앞의 about, approximately, circa 등의 표현은 10% 과부족을 허용하는 것으로 인정되고 있다. 하지만 신용장에 포장단위 또는 품목의 개수에 따라 수량이 명시되어 있는 경우에는 과부족이 인정되지 않는다.

3. 가격조건(Price Term)

가격조건은 무역계약 당사자의 거래이윤과 직접적인 관련이 있다. 따라서 가격조건은 무역협상에 있어서 핵심적인 부분이다. 가격조건에서는 일반적으로 결제통화 종류의 결정과 매매가격 산정이 중요하다. 매매가격 산정은 가격이 어떠한 구성요소로 이루어져 있는가를 판단하는 것이며 이는 계약당사자의 물품인도 장소, 비용부담의 한계, 위험이전 시기 등과 직접적인 관련이 있다.

1) 결제통화의 종류

수출입 대금을 결제하기 위해서는 결제통화가 필요하며, 결제통화를 어느 나라 화폐로 결정하느냐 여부는 환위험(exchange risk) 회피와 직접적인 관련이 있다. 일반적으로 결제통화는 안정성(stability), 교환성(convertibility), 유통성(circulation) 등을 고려해 결정된다. 무역계약 가격조건의 결제통화는 매도인과 매수인 사이의 합의에 의해 결정된다. 수출국의 통화, 수입국의 통화, 제3국의 통화 중에서 결제통화가 합의된다. 일반적으로 시장에서 널리 통용되는 외환인 미국 달러($) 혹은 유럽연합의 유로화(€)가 결제통화로 이용된다. 때로는 매도인과 매수인 간 매매 협상력(bargaining power)에 따라서 해당국 통화가 결제통화로 자정되기도 한다. 예를 들어 우리나라 조선 산업이 호황이었던 시기에는 외국의 발주처에서 선박을 빨리 인도받기 위해서 우리나라 통화인 원화(₩)를 결제통화로 계약을 체결하는 경우가 있었다. 결제통화가 수출국의 통화로 결정되면 매도인은 환위험에 대한 부담을 줄일 수 있고 반대로 수입국의 통화로 결정되면 매수인이 환위험을 회피할 수 있다.

2) 가격조건의 표시와 매매가격의 산정

가격조건 표시에는 단위수량에 대한 단가(unit price), 계약수량에 대한 합계금액(total amount), 결제통화 등이 포함된다. 구체적으로 다음과 같이 가격조건을 명시한다.

Unit Price: US$1,000 per S/T FOB Busan

매매가격 산정에는 기본원가, 운임, 보험료, 수출이나 수입에 필요한 경비, 예상이익 등 다양한 요소가 반영된다. 우선 기본원가는 제품생산에 있어서 직접적 혹은 간접적으로 필요한 재료비, 노무비, 기타경비 등을 의미한다. 또한 기본원가는 지정장소에 물품을 인도하기 위한 비용도 추가적으로 포함할 수 있다. 즉 운임(수출항에서 수입항까지 선박에 의한 운송 대가)과 운송비(비행기나 철도 육상 운송수단에 대한 대가)가 계약조건에 따라서 기본원가 산정에 반영될 수 있다. 이와 함께 수출과 관련된 비용(포장비, 수송비용, 보관료, 검사비, 영사 사증료 등)과 수입과 관련된 비용(물품 양륙비용, 창고 반입료, 창고 보관료, 수입 통관료, 관세, 특별소비세 등)도 매매가격 산정에 반영된다.

매매가격 산정과 관련해 해상운임 및 보험료 등을 매도인이 부담할 건지 아니면 매수인이 부담하는지에 대한 합의가 필요하다. 일반적으로 양륙지조건에 포함되는 DAT(Delivered at Terminal), DAP(Delivered at Place), DDP(Delivered Duty Paid)조건에서는 매도인이 해당 비용을 부담하지만 선적지 조건에 포함되는 FOB(Free on Board), FCA(Free Carrier), FAS(Free alongside Ship)조건에서는 매수인이 부담한다. 이와 같이 가격조건은 Incoterms(International Rules for the Interpretation of Trade Terms, 무역거래조건 해석에 관한 국제규칙)조건을 활용하는 경우가 대부분이다. Incoterms는 1936년 ICC(International Chamber of Commerce, 국제상업회의소)에서 제정되었다. 이후 수 차례 개정을 거쳐 현재는 2010년에 개정되고 2011년에 발효된 Incoterms 2010이 사용되고 있다.

구체적으로 Incoterms EXW(Ex Works)조건의 경우 매도인이 자신의 영업장에서 물품을 매수인에게 인도할 때까지 비용을 부담하는 조건이다. 따라서 해당 비용은 EXW조건의 매매가격 산정에 포함된다. FCA(Free Carrier),

FAS(Free alongside Ship), FOB(Free on Board)조건에서는 수입국까지 주운임을 매수인이 부담하며 매도인은 일반적으로 매수인이 지정한 선박 혹은 운송인에게 인도할 때까지 비용을 부담한다. 따라서 이 조건으로 매매가격을 산정할 때 해당 비용이 반영된다. CFR(Cost&Freight), CIF(Cost, Insurance&Freight), CPT(Carriage Paid to), CIP(Carriage&Insurance Paid to)조건은 수입국 목적항(지정장소)까지의 주운임 혹은 운송비용을 매도인이 부담한다. 따라서 매매가격에 해당 비용이 반영된다. DAT(Delivered at Terminal), DAP(Delivered at Place), DDP(Delivered Duty Paid)조건은 수입국 지정지점에서 매수인에게 물품을 인도시까지 일체의 비용을 매도인이 부담하며 이 비용도 해당 조건의 매매가격 산정에 반영된다. 전체적으로 보면 동일한 제조원가의 물품이지만 가격조건이 E, F조건이라면 상대적으로 매매가격이 하락할 수 있다. 하지만 반대로 가격조건이 C, D조건이면 매매가격이 상대적으로 상승할 수 있다.

4. 선적조건(Shipment Term)

선적조건(shipment term)은 흔히 인도조건(delivery term)이라고 한다. 왜냐하면 대부분은 무역 관련 인도가 선적을 통해 이루어지기 때문이다. 선적조건에서는 구체적으로 선적시기, 분할선적(partial shipment), 환적(transshipment), 즉시 선적, 선적 지연 등에 대해 매도인과 매수인 간 명백한 합의가 필요하다.

1) 선적시기(Time of Shipment)

무역계약에서는 다양한 방법으로 선적시기를 결정하게 된다. 우선 특정월 지정방식이 있다. 무역에서는 선박의 운항 일정이나 기후 등의 사정으로 지정일에 선적이 불가능할 수 있기 때문에 선적일을 정할 때는 보통 일(day) 단위로 정하지 않고 월(month) 단위로 선적시기를 지정하게 된다. 이 경우 "May shipment," "Shipment shall be effected in May," "May/June/July shipment," "Shipment shall be made from May to July" 등의 표현으로 선적시기를 지정하게 된다. 두 번째로 최종 선적일 지정방식이 있다. 이 경우 약정된 최종 선적일 이전에만 선적을 완료하면 된다. 이와 함께 조건부 선적일 지정방식이 있다. 무역계약일로부터 60일 이내 또는 신용장 수령일로부터 30일 이내 등과 같이 무역계약 진행상의 특정일과 연계하여 선적일을 지정하는 방식도 사용된다. 선적시기를 결정할 때 모호한 표현은 피하고 최대한 명확하게 명시해야 한다. 모호한 표현에 대해서는 신용장통일규칙(The Uniform Customs and Practice for Documentary Credit, UCP) 규정을 참고할 수 있다. 구체적으로 선적일과 관련해 after의 경우 해당일은 미포함되며 from, to, until, till의 경우는 해당일이 포함된다. 또한 on, about 등은 전후 5일까지의 기간을 의미한다. 하지만 immediate, prompt, as soon as possible 등의 표현은 피하는 것이 합리적이다. 미국에서는 관습적으로 immediate는 2주 이내로, prompt는 3주 이내로 해석되기도 하지만 분쟁의 소지가 많기 때문에 이러한 표현의 사용은 적절하지 않다.

2) 분할선적(Partial Shipment)

계약물품의 제조과정, 원료의 입수, 운송수단의 변경 등으로 분할선적 및 환적이 예상되는 경우 당사자 간 합의가 필요하다. 우선 분할선적(partial shipment)은 계약상품을 한 번에 전량 선적하지 않고 나누어서 선적하는 것을 의미한다. 또한 같은 항로를 항해하는 두 개 이상의 선박에 상품을 나누어 선적하거나, 같은 선박으로 두 번 이상의 항해로 상품을 나누어 운반하는 것도 분할선적에 포함된다. 분할선적을 하게 되면 매수인은 물품의 관리 등에 있어 어려움을 겪을 수 있다. 따라서 계약체결시 분할선적에 대해 합의하는 것이 필요하다. 일반적으로 별도의 규정이 없으면 분할선적은 허용된다. 신용장통일규칙(UCP)에 의하면 신용장에서 분할선적을 금지하고 있지 않으면 허용하는 것으로 규정하고 있다. 물론 신용장 혹은 관련 계약에 다음과 같은 내용이 있다면 분할선적은 허용되지 않는다.

"Partial shipments are not allowed(prohibited)."

3) 환적(Transshipment)

환적(transshipment)은 물품을 운송도중에 다른 선박이나 운송수단에 옮겨 실어 운송하는 것을 의미한다. 목적항까지 바로 가는 선편이 없는 경우에 환적을 할 수밖에 없지만, 환적을 하게 되면 그 만큼 운송기간이 길어지고 하역과 선적 과정에서 물품의 파손, 분실 등의 위험이 커질 수 있다. 따라서 화주는 일반적으로 환적을 원하지 않는다. 환적 허용 여부에 대해서는 계약체결시 당사자 간 합의가 필요하다. 분할선적과 달리 환적은 허용되지 않는 것이 원칙이다. 만약 환적이 허용되는 경우는 신용장 혹은 관련 계약에 다음과 같은 표현이 명시된다.

"Transshipment is allowed(not prohibited)."

해운물류 산업에 있어서 환적은 상당히 중요한 부분 중 하나이다. 환적은 일반적으로 두 단계를 통해 정의될 수 있다. 좁은 의미의 환적은 한 선박에서 다른 선박으로 화물을 옮겨 싣는 것이다. 광의의 의미로 보면 환적은 선박, 차량, 철도, 항공 등 모든 운송수단 상호 간 화물을 옮겨 싣는 것을 의미한다. 한국의 관세청 고시에서는 환적을 동일한 세관 관할구역에서 입항하는 운송수단에서 출항하는 운송수단으로 물품을 옮겨 싣는 것으로 규정하고 있다. 역사적으로 환적은 수심제한에 따른 대형선박의 기항곤란에 대한 보완수단으로 발달하여 왔다. 최근에는 최적 운송경로를 통한 운송비용 절감 차원에서 환적이 많이 강조되고 있다. 즉 운송비용의 절감, 시간의 단축, 서비스 범위의 확대 등의 목적을 달성하기 위해 컨테이너 송하주와 수하주를 연결하는 환적이 빠르게 발달되고 있다.

환적 물동량은 개별 국가에서는 감소되기도 하고 증가되기도 하지만 글로벌 시장 전체로 보면 지속적인 증가 추세를 보이고 있다. 세계적인 환적 물동량의 증가는 선박의 대형화와 관련이 있다. 극초대형 컨테이너선(Ultra Large Container Ship, ULCS)을 포함한 모선(mother vessel)은 소수의 허브항만(hub port)에만 기항하고 중소항만은 피더선(feeder vessel)으로 연결하는 중심-지선(hub-spoke) 수송체제가 구축되면서 환적 물동량이 급증하게 되었다. 이러한 형태의 환적을 분산/피더형 환적(scattering/feedering transshipment)이라고 한다. 분산/피더형 환적은 역사가 오래되었으며 가장 전형적인 환적의 형태이다. 환적의 다른 형태로 서로 다른 항로가 교차하는 항에서 모선과 모선 사이에서 이루어지는 항로교차형 환적(interline transshipment)이 있다. 이 밖에 우회로 회피형 환적(by-pass transshipment), 전환형 환적(switching transshipment)과 만회형 환적(catch-up transshipment) 등 다양한 환적이 이루어지고 있다.

중국을 중심으로 개발도상국의 경제가 급성장하고 있으며, 이에 따른 항만 물동량도 급증하고 있다. 이러한 시장환경에서 종래 피더선으로 연결되던 항만에 대해 모선 직기항이 확산되고 있다. 즉 전통적인 모선과 피더선 사이의 환적은 그 증가세가 둔화되거나 감소하고 있다. 따라서 싱가포르와 같이 전체 항만 물동량에서 환적 부분의 비중이 높은 국가에서는 이러한 시장 변화에 주목할 필요가 있다. 한국의 경우 전체 항만 물동량의 40% 정도를 환적 물동량으로 수요 예측하고 있기 때문에 글로벌 환적 시장의 변화에 빠르고 적절하게 대처해야 한다. 아시아-태평양 지역은 다른 지역에 비해 압도적인 규모의 환적 물동량을 처리하고 있다. 동시에 아시아-태평양 지역 국가는 환적과 관련해 치열한 경쟁을 벌이고 있다. 따라서 한국처럼 환적 물동량 확보가 중요한 국가에서는 환적 물동량 증대와 관련한 효과적인 전략수립이 요구되고 있다.

4) 선적일자

선적일자는 일반적으로 운송서류에 명시된 내용에 따라 확인된다. 구체적으로 선하증권(Bill of Lading, B/L)에 기재된 일자가 선적일자로 인정된다. 그런데 만약 비영업일(공휴일, 일요일 등)에 선적이 이루어지는 경우 선하증권은 선적 후 다음 영업일에 발급된다. 만약 계약서상 선적일이 일요일인 경우 실제 선하증권은 월요일에 발급된다. 원칙적으로 계약위반에 해당될 수도 있다. 따라서 이 경우는 선하증권상에 'on broad date(본선적재 일자)'를 별도로 명시하여야만 이로 인한 분쟁 발생을 막을 수 있다.

5) 선적지연

매도인의 고의, 과실, 태만 등 매도인의 귀책사유에 의해 선적지연이 발생되면 당연히 매도인이 관련 손실에 대한 보상책임을 지게 된다. 그러나 해상운송에서는 천재지변, 전쟁, 파업 등 불가항력적인 사유로 선적이 지연될 수 있다. 이 경우 계약체결시 불가항력 관련 조항을 포함시키면 해당 사유에 의한 선적지연에 대해 매도인이 면책될 수 있다. 대부분의 무역계약에서는 매도인의 면책과 관련한 불가항력 조항이 포함된다. 구체적으로 다음과 같은 조항이 선적지연과 관련한 불가항력 조항으로 무역계약서에 포함될 수 있다.

> "Seller shall not be responsible for any delay in shipment or non-shipment due directly or indirectly to force majeure beyond the reasonable control of the party concerned, including governmental interference of embargo, war or war-like operation, hostilities, fires, floods, earthquakes, blockade, requisition of vessel, strikes, riots, civil commotion, typhoons, tidal waves, drought and any cause beyond the control of parties."

선적지연이 앞서 언급된 계약서상 불가항력 조항에 의한 경우에는 기본적으로 매도인은 책임지지 않는다. 또한 불가항력 경우가 아니더라도 실무에서는 3주 또는 1개월의 선적기일 연장이 인정되는 것이 관례이다.

5. 보험조건(Insurance Term)

무역계약과 관련된 일반적인 보험은 해상보험(marine insurance)이다. 해상보험은 무역과 관련한 해상 혹은 관련 육상운송 구간에서 발생할 수 있는 각종 우발적 사고로 인한 손해를 보상해 줌으로써 무역계약 당사자가 안심하고 무역거래를 할 수 있도록 도와주는 제도이다. 해상보험의 대상은 선체(선박보험), 화물(적하보험), 운임(운임보험)이며 수출입 화물과 관련한 계약은 일반적으로 적하보험 계약이다. 해상보험 계약서에 중요한 사항은 보험금액, 보험조건, 보상범위에 대한 약정이다.

1) 보험가액(Insurable Value), 보험금액(Insured Amount)

보험가액(insurable value)은 보험 목적물의 실제 가치를 의미하며 보험사고시 피보험자가 입을 수 있는 최대한도의 손해액을 의미한다. 해상보험에서의 보험가액은 기대이익을 감안하여 산출하게 된다. 보험금액(insured amount)은 피보험자가 실제로 보험에 가입한 금액으로 보험자가 보상해 주는 최고의 보상액이다. 보험금(claim amount)은 보험사고로 인하여 보험자가 피보험자에게 실제로 보상해 주는 금액을 의미하며 사고 발생시 보험자가 지정한 손해사정인이 사고의 원인과 손해의 범위를 사정하여 손해액을 확정하게 된다. 이를 근거로 보험자는 보험금액 한도 내에서 보험금을 지급하게 된다.

보험금액, 보험가액과의 관계에 따라서 해상보험은 크게 전부보험, 일부보험, 초과보험, 중복보험으로 나누어진다. 전부보험은 보험가액과 보험금액이 동일한 경우이며 가장 바람직한 보험의 형태라 할 수 있다. 일부보험은 보험가액이 보험금액보다 큰 경우이다. 보험 목적물의 실제가치, 즉 보험가액이 높은 경우 해당 금액만큼 보험금액으로 계약체결시 보험료가 지나치게 높아질 수 있다. 이 경우 보험 계약자(보험료의 1차 납부 의무 대상)가 보험료 부담을 피하기 위해 보험금액을 낮게 산정하여 보험계약을 체결할 수 있다. 즉 일부보험은 보험가액의 일부분을 보험금액으로 보험계약이 체결된 경우이다. 보험료 및 보험금의 기준은 보험금액이기 때문에 일부보험의 경우 보험료가 낮아질 수 있지만 동시에 보험금도 낮아질 수밖에 없다. 일부보험의 상대적인 개념이 초과보험이다. 초과보험은 보험금액이 보험가액보다 큰 경우이다. 초과보험의 경우 보험 목적물의 가액이 예상보다 지나치게 낮게 평가된 경우처럼 선의에 의한 예외적인 경우를 제외하고는 인정하지 않는다. 중복보험은 동일한 목적물에 대해서 여러 보험자와 둘 이상의 보험계약을 체결하고 총 보험금액이 가장 높게 평가된 보험가액보다 큰 경우를 의미한다. 중복보험의 경우 보험자는 보험 목적물의 실제 가치를 초과한 보험금액 부분에 대해서는 보상하지 않는다. 실제 가치 한도 내에서 보험자 간 합리적인 원칙에 의해 보험금을 배분하여 피보험자에게 지급하게 된다.

2) 해상손해

해상보험 계약의 대상은 일반적으로 해상에서 상업적 행위와 관련해 발생되는 손해, 즉 해상손해이다. 물론 해상보험은 관련 내수로 및 육상운송 구간에서 발생되는 손해까지 부보할 수 있는 복합보험의 성격을 가지고 있지만 주된 계약대상은 해상손해이다. 해상손해는 다시 물적손해, 비용손해, 책임배상손해로 나눌 수 있으며 수출입 화물과 직접적인 연관성이 있는 해상손해는 물적손해이다. 물적손해는 크게 전손(total loss)과 분손(partial loss)으로 나눌 수 있다.

전손(total loss)은 보험 목적물이 가치를 완전히 상실한 경우이며 일반적인 전손은 현실전손(actual total loss)이다. 현실전손의 가장 대표적인 경우는 보험 목적물의 물리적인 파손이다. 보험 목적물의 가치가 현실적으로 소멸한 경우를 의미하며 선박의 화재, 좌초, 침몰에 의한 완파와 이로 인한 화물 가치의 소멸이 대표적인 경우이다. 또한 보험 목적물의 고유한 성질이 상실된 경우도 현실전손에 포함된다. 예를 들어 운송 중인 시멘트에 바닷물이 침투하여 상품 가치를 완전히 상실한 경우가 여기에 해당된다. 이와 함께 보험 목적물이 박탈되어 피보험자가 회복할 수 없는 경우도 현실전손에 포함된다. 심해에 빠진 금괴의 경우 성질은 변화하지 않지만 더 이상 점유할 가능성이 없기 때문에 현실전손에 해당된다.

전손에는 현실전손과 함께 해상보험에서만 인정되는 추정전손(constructive loss)이 있다. 추정전손은 독특한 전손의 유형으로써 실제로는 전손이 아니지만 전손으로 처리하는 것이 경제적으로 합리적인 경우이다. 구체적으로 다음의 경우가 추정전손에 해당된다. 첫째, 보험사고에 의한 전손에 대해 현실적인 입증이 어려워도 보험 목적물이 전손을 입었을 것이라고 추측되는 경우가 대표적이다. 둘째, 보험 목적물에 대해 현실전손이 불가피하거나 수리비용 혹은 수선비용이 회복 후 보험 목적물의 가액을 초과하는 경우도 추정전손에 해당된다. 셋째, 보험계약서에 명시된 담보위험으로 선박이나 화물의 점유를 상실하여 회복할 수 없음이 추정되거나 회복하기 위한 비용이 보험 목적물의 가액을 초과하리라고 예상되는 경우도 추정전손에 포함된다. 추정전손이 성립하기 위해서는 보험자와 피보험자 사이에 추정전손에 대한 의사합의가 필요하다. 만약 보험자가 추정전손에 동의하지 않는 경우 전손이 아닌 분손 보험금액을 보험금액 한도 내에서 지급하게 된다.

분손(partial loss, average)은 보험계약서에 명시된 담보위험으로 인하여 보험 목적물의 일부분만이 손해를 입은 경우를 의미하며 단독해손(particular average)과 공동해손(general average)으로 나눌 수 있다. 단독해손은 보험 목적물의 이해관계자가 단독으로 부담하는 손해를 의미하며 공동해손은 공동의 안전을 위해 희생된 손실을 당사자 간 균등 부담하는 손해를 의미한다. 분손 중 공동해손에 해당되지 않는 모든 경우가 단독해손이다. 분손에 대한 보상은 해상보험조건에 따라 달라진다. 전손의 경우는 보험자가 면책되는 경우를 제외하고는 해상보험 조건에 관계없이 보험자가 보상하지만 분손의 경우는 해상보험 조건에 따라서 보상 여부가 달라진다.

3) 보험조건의 선택

전통적인 해상보험계약 표준약관(조건)은 로이즈 보험약관(Lloyd's SG)이다. 이와 함께 1912년 로이즈 보험자협회(Lloyd's Underwriters Association, LUA)와 런던 보험자협회(Institute of London Underwriters, ILU)에서 공동으로 제정한 협회약관(Institute Clause)이 있다. 현재 해상보험계약 관련 표준조건으로 이용되는 것은 협회약관이다. 협회약관은 다시 협회적하약관(Institute Cargo Clause, ICC)과 협회기간약관(Institute Time Clause-Hulls, ITC-Hulls)으로 나누어진다. 협회기간약관의 대상은 선박이며 협회적하약관의 대상은 화물이다. 따라서 수출입 화물의 해상보험계약과 관련한 표준약관은 협회적하약관(ICC)이다. 협회적하약관은 1912년 제정 이후 수 차례 개정되었다. 특히 1982년에 대폭적으로 개정되었고 이 개정을 기준으로 이전 약관을 구협회적하약관으로 지칭하고 개정된 약관을 신협회적하약관이라고 한다.

❶ 구협회적하약관

구협회적하약관은 1963년도에 개정된 약관을 의미한다. 구협회적하약관에서 부보범위가 가장 제한적인 조건은 ICC TLO(Total Loss Only, 전손담보조건)

이다. ICC TLO는 전손 위험만을 담보하며 구협회적하약관 중 보험료가 가장 저렴하다. 보험자의 보상원칙은 열거책임주의를 적용한다. 즉 ICC TLO조건에서는 보험약관에 명시된 담보위험에 의한 전손만을 보험자가 보상한다. 다음으로 부보범위가 넓은 조건은 ICC FPA(Free from Particular Average, 분손부담보조건)으로 전손과 제한적인 분손에 대해 보험자가 보상한다. 전손은 현실전손과 추정전손의 경우 보험자가 보상한다. 분손의 경우 공동해손과 선박 또는 부선의 좌초, 침몰, 화재로 인하여 발생한 단독해손의 경우에만 보험자가 보상한다. 보험자의 보상원칙은 ICC TLO조건과 함께 열거책임주의를 적용한다. 다음으로 부보범위가 넓은 조건은 ICC WA(With Average, 분손담보조건)조건이다.

ICC WA조건은 ICC TLO, ICC FPA조건처럼 전손에 의한 손해는 기본적으로 보험자가 보상한다. 분손의 경우 공동해손과 제한적인 단독해손을 보상하며 ICC FPA조건보다는 상대적으로 부보범위가 넓다. ICC FPA조건에서 담보하지 않는 단독해손, 즉 좌초, 침몰, 화재 등에 의하지 않는 분손도 보험자가 보상한다. 보험자의 보상원칙은 열거책임주의이다. 단 보험증권 본문 면책률 약관의 면책률이 적용되어 일정비율 미만의 소손해에 대해서는 원칙적으로 보험자가 보상하지 않는다. 면책비율의 적용을 받지 않는 ICC WA IOP(With Average Irrespective of Percentage)조건도 있다. 운송 중인 화물에 발생하는 소손해에 대하여 보험자가 보상을 하는 경우, 실제 보상액보다 이를 조사하기 위한 행정절차상 비용이 과다할 수 있다. 이러한 경우에 대비하기 위하여 보험계약시 일정비율 이하의 소손해에 대해서는 보험자가 보상을 하지 않는 것을 약정하게 되며 이를 소손해 면책비율이라고 한다.

구협회적하약관에서 부보범위가 가장 넓은 조건은 ICC A/R(All Risks, 전위험담보조건)조건이다. 구협회적하약관에서 보험자가 보상하지 않는 면책위험은 공통적으로 적용이 된다. 즉 ICC TLO, ICC FPA, ICC WA조건에서 보험자는 면책위험을 제외하고 각 조건의 담보위험에 의한 손해를 보상한다. ICC A/R조건은 면책위험을 제외한 나머지 위험에 의한 손해를 보험자가 보상한다. 이러한 보험자의 보상원칙을 포괄책임주의라고 지칭한다. 면책위험 중 전쟁위험과 동맹파업위험 등은 면책위험에 포함되지만 특약을 통해 부보범위에 포함시킬 수 있다. 하지만 면책위험 중 지연 또는 보험 목적물 고유의 하자 등에 기인하여 발생되는 멸실, 손실비용은 어떠한 경우에도 담보되지 않는다. ICC A/R조건은 구협회적하약관 중 부보범위가 가장 포괄적이지만 동시에 보험료 수준도 가장 높다.

❷ 신협회적하약관

구협회적하약관은 1982년에 대폭적으로 개정되었으며 이를 신협회적하약관이라고 한다. 사실 구협회적하약관은 여러 문제점을 내포하고 있었다. 예를 들어 ICC A/R조건이 표제와 달리 각종 면책위험이 존재하여 빈번하게 분쟁이 발생하였다. 또한 ICC WA조건과 ICC FPA조건 간 담보범위가 불명확하였다. 이에 따라 1982년 ICC A, ICC B, ICC C조건으로 표제를 정하여 새로운 신협회적하약관이 제정된다. 신협회적하약관은 담보위험과 면책위험을 뚜렷하게 구분함으로써 해석을 용이하게 하고 분쟁의 소지도 줄일 수 있게 되었다.

신협회적하약관에서 ICC A는 면책위험을 제외하고는 모든 위험에 의한 손해를 보험자가 보상한다. 즉 포괄책임주의가 적용된다. 명칭과 표현방법이 상이하지만 구협회적하약관의 ICC A/R조건과 실제 담보위험은 거의 동일하다. ICC B, ICC C조건은 보험자에 의해 담보되는 위험을 하나씩 열거하고 있으며 열거되지 않은 위험은 부보하지 않는다. 즉 열거책임주의가 적용된다. 면책위험은 특약으로 담보되는 위험과 그렇지 않는 위험으로 구분하고 있다. 전쟁 및 동맹파업위험은 신협회적하약관 6조와 7조 면책위험에 포함되어 있지만 별도 특약으로 담보가 가능하다. 하지만 신협회적하약관 4조 일반 면책약관과 5조 불내항성, 부적합성 면책약관에 열거된 위험으로부터 기인한 해상손해는 어떠한 경우에도 보험자가 보상하지 않는다. 이러한 면책위험을 절대 면책조건이라고 한다.

6. 결제조건(Payment Term)

결제조건은 일반적으로 거래 물품의 특성과 함께 거래 상대방의 신용위험, 정치적 위험, 금융비용 등을 고려하여 결정해야 한다. 무역계약에서는 결제조건과 관련하여 결제방법, 결제시기, 결제통화 등에 대해 매도인과 매수인 사이의 합의가 필요하다. 결제통화는 교환성(convertibility), 안정성(stability), 유동성(liquidity)이 있는 통화이어야 하며 환율변동에 따른 위험(exchange risk)을 최소화하는 통화를 선택하는 것이 중요하다.

1) 선급방식(Payment in Advance)

선급방식(혹은 선지급방식)은 물품이나 무역서류가 인도되기 전에 대금지급이 먼저 이루어지는 방식이다. 선급방식은 매도인에게 유리하지만 반대로 매수인에게는 불리한 결제방식이다. CWO(Cash with Order, 주문불)가 대표적인 선급방식이다. CWO는 주문과 함께 매수인이 결제하는 방식이다. 이와 함께 CBD(Cash before Delivery, 인도전지급)도 많이 쓰이고 있는 선급방식이다. 신용장 거래(Letter of Credit, L/C)와 관련해서는 Red-Clause L/C(전대신용장)가 대표적인 선급방식의 일종이다. 일반적으로 선급방식은 소액거래 혹은 매수인의 신용이 불확실한 경우에 이용되는 대금결제방식이다.

2) 현금결제방식(Spot Payment)

현금결제방식(혹은 즉시급방식)은 계약물품의 인도와 대금결제가 동시에 이루어지는 방식이다. COD(Cash on Delivery, 현금상환도지급), CAD(Cash with Document, 서류상환도지급) 방식이 대표적인 현금결제방식이다. COD는 계약물품이 목적지에 도착하면 인도와 동시에 현금으로 결제하는 방식이다. 매도인은 대금회수를 빨리 할 수 있고 매수인은 물품을 확인 후 대금결제를 할 수 있는 결제방식이다. COD는 일반적으로 국제 무역거래보다는 국내거래에 이용된다. CAD는 매도인이 선적지에서 선하증권, 보험증권 등의 선적서류를 수출지에 있는 매수인의 대리점이나 거래은행에 제시하여 수출대금을 수령하는 방식이다. 매수인은 결제자금이 일정기간 동안 예치되어 있어야 하지만 매도인은 빠른 대금 회수를 할 수 있는 결제방식이다. 넓은 의미로 보면 추심환 방식의 D/P(Document against Payment, 지급도조건), 신용장 방식의 Sight L/C(일람출급신용장) 등도 현금결제방식에 포함될 수 있다.

3) 후급방식(Deferred Payment)

후급방식(혹은 후지급방식)은 물품이나 무역서류가 인도된 이후에 대금지급이 이루어지는 방식이다. 매수인에게는 유리하지만 그 만큼 매도인에게는 위험이 전이되는 결제방식이다. 본사-지사 사이의 거래나 신용위험이 없는 매수인과의 거래에 주로 이용되는 결제방식이다. 일종의 외상거래(sale on credit)이며 넓게 보면 추심환 방식의 D/A(Document against Acceptance, 인수도조건)와 신용장 방식의 Usance L/C(기한부신용장)도 후급방식에 포함될 수 있다. 분할지급(installment payment)도 후급방식의 일종이며 분할지급은 중장비, 선박, 기계류, 공장설비 등 수입대금이 거액인 경우에 사용될 수 있다. 후급방식의 경우 매수인의 지불불능 위험을 줄이기 위해 수출보험 제도와 병행하는 것이 합리적이다.

4) 상호계산(Open Account)

상호계산은 밀접한 관계에 있는 매수인과 매도인 사이에 상호계산이 존재하는 경우 정기적으로(6개월 혹은 1년) 관련 대금을 서로 상계하는 결제방식이다. 이 방식은 본사-지사 혹은 고정 거래처 간 지속적인 수출입 거래의 경우 거래할 때마다 대금을 결제하지 않고 3개월, 6개월, 또는 1년 단위로 대금의 차액만을 결제하는 방식이다. 흔히 청산결제라고 한다.

5) 송금방식

송금방식은 매수인이 매도인에게 물품대금을 송금하여 결제하는 방식을 의미한다. 원래 우편환에서 발전하였지만 정보통신 기술의 발전으로 온라인 거래가 일반화되었다. 특히 SWIFT(Society for Worldwide Interbank Financial Telecommunication, 세계은행간금융전자통신기구)의 발전은 송금방식을 획기적으로 증가시켰다. 송금방식 중 T/T(Telegraphic Transfer, 전신환 송금방식)는 채무자가 외국의 채권자 계좌로 대금을 이체하는 것이다. 국내거래에서의 계좌이체와 다를 바 없지만 외국으로의 자금이동이기 때문에 은행의 확인과정을 거친다. 구체적으로 매수인의 요청에 따라 송금은행이 지급은행 앞으로 일정한 금액을 지급하여 줄 것을 위탁하는 지급지시서(payment order)를 보내는 방식을 말한다. 송금과정에서의 모든 위험은 은행이 부담한다. 송금과정이 신속하고 편리하여 분실이나 도난의 위험이 없고 환율변동에 따른 위험도 거의 없이 안전하기 때문에 무역대금 결제에 많이 사용하는 방식이다. T/T 방식 중 T/T in advance(사전송금방식)는 매도인이 물품을 선적하기 전에 매수인이 대금의 전액을 송금하는 방식이다.

M/T(Mail Transfer, 우편환 송금방식)는 매수인의 요청에 따라 송금은행이 지급은행 앞으로 일정한 금액을 매도인에게 지급하여 줄 것을 위탁하는 지급지시서(payment order)를 우편으로 보내는 방식을 말한다. 매도인은 지급은행에게서 송금도착 통지서를 수령한다. 이 방식에서 지급 지시서의 분실 또는 도난과 같은 송금 관련 위험은 은행이 부담한다. 은행은 지급 지시서가 분실되어도 부본으로 지급할 수 있다. 그러나 송금기간이 길고 환율의 변동에 의한 위험이 따른다. 따라서 현재는 거의 이용하고 있지 않다.

마지막으로 D/D(Demand Draft, 수표 송금방식)는 수표 발행은행이 교부한 송금수표를 매수인이 직접 매도인에게 보내고 이를 받은 매도인은 자신의 거래은행에 지급하도록 제시하면 은행은 수표에 기재된 결제은행 앞으로 교환, 회부하여 이 결제대금으로 매도인에게 송금대금을 지급한다. 하지만 이 방식에는 심각한 문제점이 발생될 수 있다. 추심이 완료되고 매도인의 계좌에 대금이 입금되었을지라도 수표발행인이 사후에 분실 또는 도난을 주장하는 경우 수령한 대금을 상환하여야 한다. 즉 수표는 어떠한 지급보장 장치가 없기 때문에 매수인의 신용상태가 확실하지 않으면 수표를 받지 않는 것이 바람직하다.

6) 환어음방식(Bill of Exchange, B/E, Draft)

❶ 환어음의 개념

환어음은 채권자가 대금을 청구하는 방식으로써 국제적 무역거래에서 가장 보편화된 대금결제방식이다. 환어음은 채권자가 채무자에게 자신의 채권금액을 채권자가 지정하는 은행에 지급토록 요구하고 채권자는 해당 은행으로부터 대금을 받는 결제방식이다. 환어음은 어음 발행인(채권자)이 지급인(채무자)

에게 일정한 금액을 일정한 일자와 장소에서 대금 수령인에게 지급할 것을 요청하는 일종의 지급요구서이다. 환어음은 현금과 같이 지급수단으로 유통될 수 있는 유가증권인 동시에 형식을 반드시 충족하여야 하는 요식증권의 성격을 가지고 있다.

환어음을 이용한 거래에서 신용장의 개입이 없는 경우를 추심환 결제방식이라고 하며 신용장이 있는 경우에는 신용장 방식이라고 한다. 즉 신용장 결제방식과 추심환 결제방식 모두 기본적으로 환어음을 바탕으로 대금결제가 이루어지는 방식이다. 환어음과 약속어음은 유사한 부분이 있다. 하지만 약속어음은 발행인 자신이 지급할 것을 약속하지만, 환어음은 발행인 이외의 제3자가 지급의무를 지는 점에서 본질적으로 다르다. 우리나라의 경우 국내거래에서는 약속어음이 일반적으로 이용되지만 국제거래에서는 환어음이 널리 이용되고 있다.

❷ 환어음의 당사자와 기재내용

환어음은 기본적으로 3인의 당사자로 구성된다. 발행인(drawer)은 환어음을 발행하고 서명하는 당사자를 의미하며 무역거래에서는 일반적으로 매도인이 채권자 및 환어음 발행인이 된다. 지급인(drawee)은 환어음을 제시받는 당사자이다. 즉 환어음에 따라 대금을 지급해야 하는 당사자이다. 일반적인 추심환 방식에서는 매수인이 되고 신용장 방식에서는 신용장 개설은행이 지급 당사자가 된다. 수취인(payee) 혹은 피지급인은 환어음의 지급을 받는 자로서 환어음의 발행인이다. 무역거래에서는 일반적으로 매도인이 수취인이 된다. 수취인은 환어음을 제3자에게 양도할 수 있기 때문에 발행인이 지정하는 제3자가 수취인이 될 수도 있다.

환어음은 유가증권인 동시에 요식증권이므로 그 형식은 기재사항에 의해 결정된다. 기재사항도 필수적 기재사항과 임의적 기재사항으로 구분할 수 있다. 필수적 기재사항의 어느 하나가 누락되어도 환어음으로서의 법적 효력이나 구속력을 갖지 못하게 된다. 필수적 기재사항은 환어음(bill of exchange)의 표시, 지급인(drawee), 지급기일(tenor), 수취인(payee), 지급지, 발행일과 발행지, 발행인의 기명날인 또는 서명, 무조건 위탁문언 등이다.

❸ 환어음의 구분

환어음은 대금지급 시기에 따라 일람출급 환어음과 기한부 환어음으로 나누어진다. 일람출급 환어음(sight bill of exchange)은 수취인(양도한 경우 어음소지인)이 지급인에 대하여 무역서류와 함께 환어음을 제시할 때 지급인은 이 환어음과 무역서류를 수령하고 바로 대금을 지급하게 된다. 일람출급 환어음은 원칙적으로 발행일로부터 1년 이내에 제시하여 지급을 받지 않으면 어음의 권리를 상실하게 된다. 기한부 환어음(usance bill of exchange, after sight bill of exchange)은 환어음이 지급인에게 제시된 후 일정기간이 경과한 후에 대금이 지급되는 조건이다. 무역거래의 경우 환어음과 무역서류가 제시되면 지급인은 무역서류는 수령하고 환어음을 인수했다는 서명을 한 후 환어음을 수취인(피지급인)에게 되돌려 주게 된다. 수취인은 만기일이 되었을 때 그 인수된 환어음을 다시 제시하고 지급인은 대금을 지급하게 된다. 기한부 환어음에서 어음의 인수(acceptance)는 기한부 환어음이 지급인에게 제시되었을 때 만기일에 지급할 것을 약속하는 서명 행위이다. 따라서 기한부 환어음은 매수인이 물품을 처분하고 그 판매대금으로 환어음 금액을 결제할 수 있는 장점이 있다.

환어음은 무역서류 부대 여부에 따라서 화환어음과 무담보어음으로 나누어진다. 화환어음(documentary bill of exchange)은 무역서류를 첨부하여 제시되는 환어음을 의미한다. 무역거래에서 이용되는 일반적인 환어음이 화환어음이다. 무역거래에서 운송 중인 물품의 소유권은 선하증권을 포함하는 선적서류에 의해 대표된다. 따라서 화환어음은 어음상의 권리가 선적서류에 의해 담보되는 어음이라 할 수 있다. 만일 어음의 지급 또는 인수가 거절되면 어음 소지인은 담보로 취득한 선적서류를 처분하여 변제에 충당하게 된다. 그러나 현실적으로 담보로 취득한 선적서류를 환가하여 채권의 만족을 얻는다는 것은 매우 번거롭고 어렵기 때문에 담보로써 신용장을 요구하게 되는 것이다. 무담보 환어음(clean bill of exchange)은 부대서류 없이 환어음만 단독으로 제시되는 어음이다. 금융거래에 일반적으로 사용되며 무역거래의 경우 서비스대금, 수수료, 운임, 보험료 등의 지급에 사용된다.

7) 추심환방식(Collection Exchange)

추심(collection)이란 은행이 어음이나 수표 소지인의 의뢰를 받아 그 지급인에게 제시하여 대금을 지급하게 하는 방식을 의미한다. 무역거래의 경우 매도인이 수출 후 매수인을 지급인으로 그리고 매도인의 거래은행을 피지급인으로 하는 환어음을 발행하여 무역서류와 함께 거래은행에 추심을 의뢰하면 거래은행은 해당 수입국에 있는 지점이나 다른 환거래은행을 통하여 이를 매수인에게 제시하고 대금을 받는다. 이후 매도인은 해당 거래은행으로부터 대금을 수령한다. 경우에 따라서 매수인에게 대금을 추심하기 이전에 은행이 매도인에게 대금을 미리 지급할 수도 있다. 이 경우를 추심 전 매입이라고 하고, 은행이 추심하여 매수인으로부터 대금을 받은 이후에 매도인에게 대금을 지급하는 경우를 추심 후 매입이라고 한다. 또한 수출대금이 즉시불인 경우를 D/P(지급도조건), 후지급인 경우를 D/A(인수도조건)이라고 한다.

❶ D/P(Document against Payment, 지급도 조건)

D/P방식은 매도인(발행인)이 매수인(지급인)과의 매매계약에 따라 물품을 선적하고 구비된 서류에 일람출급 환어음(sight bill of exchange)을 발행, 첨부하

■ 그림 2-1 ■ D/P(지급도조건) 거래체계

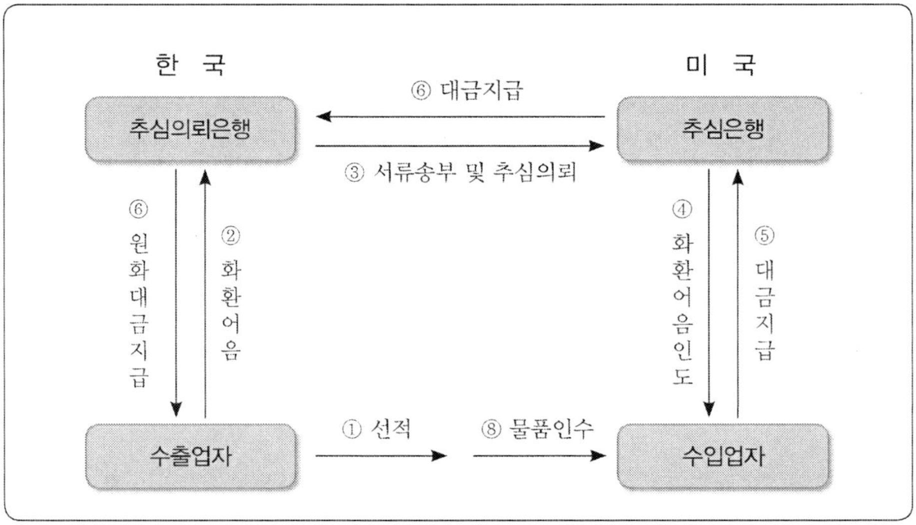

여 자신의 거래은행(추심의뢰은행, remitting bank)에 제출한다. 매도인의 거래은행은 매수인의 거래은행(추심은행, collecting bank) 앞으로 그 어음대금의 추심을 의뢰한다. 추심의뢰를 받은 매수인의 거래은행은 매수인에게 어음을 제시하여 그 어음금액의 일람지급을 받고 서류를 인도하는 거래방식이다. 일반적인 D/P는 추심 후 매입의 경우이다. 만약 추심 전 매입이라고 한다면 처음 매도인이 추심의뢰은행에 제시할 때 추심의뢰은행은 이 무역서류를 매입하여 바로 대금을 지급한다.

❷ D/A(Document against Acceptance, 인수도조건)

D/A는 D/P거래와 대금을 추심하는 경로는 같다. 하지만 D/P와 다른 점은 매도인이 기한부 환어음(usance bill of exchange, after sight bill of exchange)을 발행하고 매수인 거래은행인 추심은행은 매수인에게 제시하여 그 제시된 어음을 일람지급받지 않고 대신에 기한부 환어음이 지급인에게 제시되었을 때 만기일에 지급할 것을 약속하는 서명행위, 즉 인수(acceptance)만 받고 서류를 인도한다. 이후 만기일에 대금을 지급받는 거래방식이다. 어음의 만기일에 매수인

■ 그림 2-2 ■ D/A(인수도조건) 거래체계

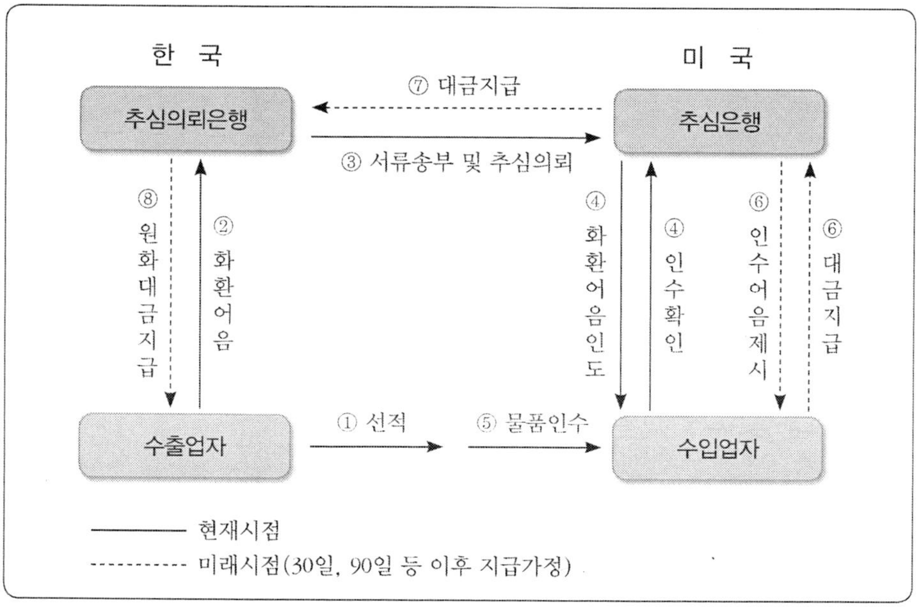

으로부터 대금을 받아 매수인 거래은행(추심은행)이 매도인 거래은행(추심의뢰은행)에 송금하여 매도인이 대금을 수령하는 거래방식이다. 즉 매수인(수입업자)은 무역서류는 받고 대금지급 대신 제시된 어음에 인수의 서명을 하여 추심은행에 제출한다. 이후 만기일이 되고 매수인 거래은행(추심은행)이 인수된 어음을 제시하면 매수인(수입업자)은 대금을 지급하게 된다. 당연히 이 거래에서 환어음은 기한부 환어음이다.

D/A방식에서 경우에 따라 어음기간의 연장이 가능하다. 어음기간의 연장이란 기한부 환어음 거래에 있어 관계 당사자인 매수인(수입업자)과 매도인(수출업자) 등의 합의에 의해 당초 정해진 지급기간을 연장하는 것을 의미한다. 다만 신용장 거래에 이용되는 기한부 환어음의 경우에는 관계 당사자 전원(매도인, 매수인, 개설은행, 매입은행, 확인은행 등)의 동의가 있어야 어음기간의 연장이 가능하다.

8) 신용장방식(Letter of Credit, L/C)

❶ 신용장의 개념

신용장(Letter of Credit, L/C)방식에서는 무역거래 대금결제를 위하여 수입업자의 요청에 따라 수입업자의 거래은행(발행은행)이 신용장을 개설한다. 발행은행은 수출업자가 신용장에 명시된 조건에 일치하는 서류를 수출업자의 거래은행(매입은행)을 통해 제시하면 이와 상환으로 물품대금의 지급을 보장한다. 이에 대한 조건부 지급 확약 증서가 바로 신용장이다. 신용장을 통해 매도인은 물품인도에 따른 대금회수 불능의 위험을 제거할 수 있다. 왜냐하면 신용장방식에서는 매수인을 대신해서 매수인의 거래은행(신용장 발행은행)이 대금지급을 확약해 주기 때문이다. 또한 물품수령 불능의 위험에 노출되는 매수인도 신용장을 통해 해당 위험을 제거할 수 있다. 왜냐하면 물품을 수령할 수 있는 운송서류와 상환으로 대금을 지급하기 때문이다. 신용장방식은 대금결제 과정에서 매수인 대신에 신용장 개설은행이 개입하지만 환어음을 중심으로 하는 기본적인 결제체계는 그대로 유지된다. 신용장방식은 발행되는 어음의 결제조건에 따라서 일람출급 신용장(sight L/C)과 기한부 신용장(usance L/C)으로 구분된다.

❷ 신용장의 필요성

국내거래와는 달리 국제거래에서 거래 상대방이 계약상의 의무를 이행하지 않거나 위반하는 경우 소송을 통한 강제이행이나 변상요청이 어렵다. 따라서 국제거래는 항상 신용 관련 위험에 노출되어 있다. 국제무역에서 매도인(수출업자)이 D/A(인수도조건)조건으로 거래를 하게 되면 매수인(수입업자)에게 물품을 인도하고 이후에 대금을 지급받기 때문에 신용위험 부담이 크다. 만약 매도인이 D/P(지급도조건)조건으로 거래하면 상대적으로 위험부담은 줄일 수 있다. 하지만 만약에 매수인이 물품인수도 하지 않고 대금결제도 거부하면 매도인은 큰 손실을 입게 된다. 이러한 상황에서 거래 상대방에 대한 신용위험을 국제은행의 신용으로 대체하는 수단이 바로 신용장이다. 신용장방식은 매도인과 매수인 모두의 위험(대금회수 불능 위험, 물품수령 불능 위험)을 제거하여 편리하고 안전한 무역거래를 할 수 있도록 도와주는 결제방식이다.

신용장방식은 매도인 입장에서는 대금결제가 확실하여 안심하고 수출할 수 있고 신속하게 수출대금도 지급받을 수 있다. 신용장의 경우 매입은행(수출업자의 거래은행)에 화환어음을 매입의뢰시 바로 수출대금을 회수할 수 있다. 이와 함께 매도인은 신용장을 담보로 국내에서 수출금융 지원도 받을 수 있다. 매수인 입장에서는 신용장방식을 통해 계약에 따른 매도인 의무이행을 보장받을 수 있다. 즉 물품의 내용이나 선적기한 등에 있어서 신용장조건을 충족시키지 못하는 경우 매도인에게 대금지급이 되지 않는다. 이와 함께 매수인은 물품의 도착 후 대금지급을 하게 된다. 신용장제도의 활용으로 은행이 중간에서 금융을 제공하기 때문에 매도인은 대금을 일찍 수령하고 매수인은 대금을 나중에 지급하게 된다.

❸ 신용장의 당사자

신용장 거래의 당사자는 기본적으로 개설의뢰인, 개설은행, 수익자로 구성된다. 이 밖에 신용장 거래를 돕는 통지은행, 매입은행 등이 있다. 개설의뢰인(applicant, opener)은 매매계약에 따라 자신의 거래은행에 매도인(수출업자) 앞으로 신용장을 개설할 것을 요청하는 매수인(수입업자)을 의미한다. 개설의뢰인은 역할에 따라서 수입업자(importer), 개설인(opener), 매수인(buyer), 대금결제인(accountee), 환어음지급인(drawee), 수화인(consignee) 등의 표현으로 다양하게 명시될 수 있다. 수익자(beneficiary)는 신용장을 수취하여 신용장에서 요구하는 모든 조건에 일치하는 서류를 매입은행에 제시하고 대금결제를 받는 당사자로서 신용장 발행의 수혜를 받는 당사자, 즉 매도인(수출업자)이다. 수익자 또한 보는 관점과 역할에 따라 수혜자(beneficiary), 수출업자(exporter), 매도인(seller), 대금영수인(payee), 환어음발행인(drawer), 송화인(shipper, consignor)의 명칭으로 표현된다. 참고로 양도가능 신용장(transferable L/C)의 경우에는 원신용장의 수혜자를 제1수익자(first beneficiary)라고도 한다.

개설은행(opening bank)은 신용장 개설의뢰인, 즉 매수인의 신청과 지시에 따라 매매계약의 당사자인 매도인(수출업자) 앞으로 신용장을 발행하는 은행이다. 따라서 개설은행을 발행은행(issuing bank)이라고도 한다. 신용장 개설은행은 매수인의 거래은행으로서 매도인이 물품선적 후 발행하는 환어음을 인수 또는 매입할 것을 확약하는 당사자이다. 통지은행(advising bank, notifying bank)은 수출국에 있는 매도인의 거래은행을 의미하며 개설은행으로부터 송부된 신용장을 단순히 매도인에게 통지해 주는 역할을 담당한다. 통지은행은 거래당사자의 거래에 관해서는 책임을 지거나 약정을 하는 일이 없다. 국제금융계의 관례상 통지은행이 보통 'nego'은행이 되는 경우가 많다.

확인은행(confirming bank)은 신용장 개설은행의 공신력이 충분하지 않은 경우 추가로 신용장 내용을 확인하는 제3의 은행이다. 지급은행(paying bank)은 개설은행과 예치환 거래계약(depositary correspondent agreement)을 체결하여 자행에 개설은행 명의의 예금계정을 설치하고 신용장의 조건과 일치되는 서류가 제시될 때 또는 해당 서류가 첨부된 환어음이 자행을 지급인으로 하여 제시될 때 개설은행의 예금계정에서 차감하면서 지급을 이행하는 은행을 의미한다. 즉 지급은행은 신용장 개설은행으로부터 지급행위를 위탁받은 은행을 의미한다. 인수은행(accepting bank)은 기한부 신용장(usance L/C)에 의거하여 매도인이 발행하는 기한부 환어음(usance B/E)을 인수하는 은행을 말한다. 인수은행은 신용장의 조건과 일치하는 서류와 첨부된 기한부 환어음이 제시될 때 그 어음의 인수를 하였다가 만기일에 가서 지급을 이행할 의무를 지게 되는 은행을 말한다. 마지막으로 매입은행(negotiating bank)은 매도인이 물품선적 후 신용장조건에 따라 발행한 화환어음을 신용장의 조건과 일치하는 서류와 함께 제시할 때 개설은행에 의한 최종 지급일까지의 이자 및 수수료를 공제하고 할인하여 수출대금을 미리 융통해 주는 은행을 의미한다.

❹ 신용장의 거래체계

매수인의 개설 요청에 대하여 개설은행은 매수인의 신용상태를 고려한 후 신용장을 개설하게 된다. 이후 매도인 국가의 본점, 지점 혹은 거래은행을 통해서 매도인에게 통지하게 된다. 통지를 담당하는 은행이 통지은행이다. 신용장을 받은 매도인은 신용장의 조건에 따라 선적하고 선하증권을 포함한 무역서류를 첨부하여 화환어음을 발행하여 매입을 의뢰한다. 신용장의 경우는 대금지급이 확실하기 때문에 매입은행은 추심 전 매입을 하여 최종 지급일까지의 이자 및 수수료를 공제하고 할인하여 매도인에게 대금지급을 한다. 이때 신용장에서 매입은행을 지정하지 않으면 원칙적으로 매도인이 매입은행을 선택할 수 있지만 일반적으로 업무 연계상 통지은행이 매입은행이 되는 경우가 많다.

■ 그림 2-3 ■ L/C(신용장) 거래체계

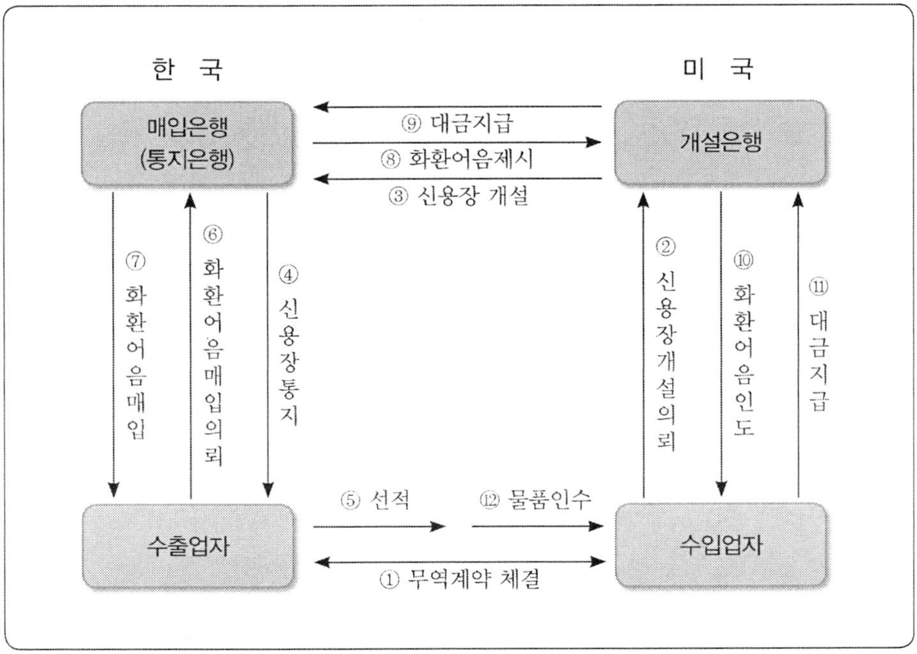

매입은행은 신용장 개설은행에게 화환어음과 무역서류를 송부하고 대금을 청구하게 된다. 일람출급 신용장(sight L/C)의 경우에는 무역서류 인도시 개설은행으로부터 바로 대금을 수취한다. 이 과정은 추심환 방식의 D/P조건과 유사하다. 또한 기한부 신용장(usance L/C)의 경우에는 무역서류를 인도하고 환어음 인수절차를 받은 뒤 만기에 다시 인수된 환어음을 제시하여 대금을 받게 된다. 이 과정은 추심환 방식의 D/A조건과 유사하다. 신용장 개설은행은 매수인에게 무역서류를 인도하고 수입대금을 받게 되며 무역서류를 받은 매수인은 이 서류를 운송회사에 제출하고 물품을 수령한다.

⑤ 신용장의 독립성과 추상성

무역거래와의 관계에서 신용장은 독립성과 추상성의 성격을 가진다. 신용장의 독립성(independence)이란 신용장은 매매당사자 간 매매계약에 근거하여 발생하는 계약이지만 기타 거래와는 별개의 독립된 거래로 간주한다는 의미이다. 신용장은 명백히 거래당사자 간 매매계약에 의하여 발행되지만 신용장 거래 자체는 매매계약과 별개의 독립성을 가진다. 따라서 신용장의 당사자인 개설은행, 매도인, 매수인 등은 신용장 거래에서 발생된 문제를 매매계약과 직접적으로 연관시켜 주장할 수 없다.

신용장의 추상성(abstraction)은 매매계약서에 언급된 물품 혹은 실제로 매수인에게 도착된 물품에 상관없이 관련 은행은 신용장에서 요구하는 서류만 갖고 대금지급 여부를 판단하는 원칙을 의미한다. 즉 신용장의 추상성은 신용장 거래의 모든 당사자는 서류에 의해 거래를 하며 물품이나 서비스 등에 의해 거래하는 것이 아님을 의미한다. 신용장 개설은행은 신용장 내용 이외의 매매계약 내용에 의해 권리가 침해당하거나 책임을 이행해야 하는 경우가 없다.

⑥ 신용장의 종류

화환 신용장(documentary L/C)은 매도인이 선적 후 발행한 화환어음이(환어음과 무역서류를 의미함) 신용장의 조건과 일치하면 어음의 지급인인 개설은행이 지급 및 인수를 확약하는 신용장이다. 무담보 신용장(무화환 신용장)이란 환어음에 선적서류가 첨부되지 않는 신용장을 의미한다. 취소가능 신용장(revocable L/C)은 개설은행이 수익자에게 통지하지 않고 일방적으로 취소나 조건변경이 가능한 신용장이다. 그러나 개설은행이 매입은행의 매입통보를 받기 이전까지만 취소가 가능하다. 취소불능 신용장(irrevocable L/C)은 당사자 전원의 합의가 없으면 취소 및 조건변경이 불가능한 신용장이다. 일반적인 신용장은 취소불능 신용장이다.

개설은행 이외의 제3은행(국제적으로 신용이 있는 은행)이 지급, 인수, 매입을 한 번 더 확약한 신용장이 확인 신용장(confirmed L/C)이며 미확인 신용장은 개설은행의 확약만으로 통지되는 신용장이다. 일람출급 신용장(sight L/C)은 매입은행이 지급인에게 환어음을 제시하는 즉시 지급을 확약하는 신용장이며 기한부 신용장(usance L/C)은 환어음 제시 후 일정기간이 경과한 후 대금지급을 확약하는 신용장이다. 매입 신용장(negotiation L/C)은 어음의 발행인 이외 배서인 및 선의의 소지인에게도 지급을 확약하는 신용장이며, 지정 신용장(straight L/C)은 개설은행이나 지정은행에서만 대금을 받을 수 있도록 하는 신용장이다.

양도가능 신용장(transferable L/C)은 최초의 수익자에게 1회에 한하여 신용장 금액의 전부 또는 일부의 사용권을 양도할 수 있도록 허용하는 신용장을 의미하며, 양도불능 신용장(non-transferable L/C)은 양도가 금지된 신용장이다. 일반적으로 신용장에 non-transferable이란 문구가 있거나 아무 표시가 없는 신용장은 양도불능 신용장이다. 원신용장(master L/C)은 매수인의 요청으로 해외에서 개설된 원래의 수출 신용장이며, 내국 신용장(domestic L/C)은 외국으로부터 원신용장을 받은 국내 매도인이 원자재 또는 수출용 완제품을 원활하게 조달하기 위하여 원신용장을 담보로 국내 공급업자를 수익자로 하여 발행하는 국내 신용장이다. 내국신용장 제도는 수출업자가 쉽게 물품을 조달하고 수출품의 국내 공급업자는 안심하고 공급할 수 있도록 함으로써 수출을 지원하고 중소기업을 보호하는 역할을 하고 있다.

7. 포장조건(Packing Term)

포장은 기본적으로 물품을 보호하고 물품의 외관을 좋게 보이도록 하는 데 목적이 있다. 수출포장은 이러한 기본적 기능에서 크게 벗어나지는 않는다. 다만 수출포장은 장기간의 국제운송을 감안하여 충분히 튼튼해야 한다. 포장의 불완전으로 인한 손해는 적하보험에서도 면책위험에 해당되기 때문에 보험자가 보상하지 않는다.

❶ 포장의 방법

물품마다 특성이 다르기 때문에 포장도 물품에 따라 상이하다. 일반적으로 표준수출포장은 개장, 내장, 외장으로 구분할 수 있다. 개장(unitary packing)은 물품의 단위별로 하나하나 낱개로 포장하는 것을 의미한다. 내장(interior packing)은 취급하기 좋도록 개장된 물품을 몇 개씩 합하여 적절한 재료로 싸거나 용기에 넣는 포장을 의미한다. 물품을 진동, 충격, 습기, 열기 등으로부터 보호하기 위하여 내장에는 판지, 비닐, 솜, 스치로폼 등의 재료가 사용된다. 외장(outer packing)은 운송 중에 물품이 파손, 변질, 도난, 유실되는 것을 방지하기 위하여 몇 개의 내장을 합하여 솔판지 상자, 플라스틱, 목재 등을 활용하여 최종적으로 하는 포장이다.

❷ 화인(Cargo Mark)

화인(cargo marks)은 해당 화물을 다른 화물과 식별이 되도록 그리고 취급이 용이하도록 하기 위하여 화물의 포장에 기재하는 표시이다. 수출입 화물에는 화인을 붙여 원산지, 출하주, 생산자, 품질, 목적지, 취급 주의사항 등을 명시한다. 이를 통해 화물을 정확하고 신속하게 처리하며, 화물을 인수할 때 발생될 수 있는 사고를 미연에 방지할 수 있다. 화인이 불명확해서 발생되는 사고는 하주의 책임으로 간주된다.

화인의 기재사항에는 우선 주화인(main mark)이 있으며 주화인은 일정한 기호로써 가장 알아보기 쉬운 곳에 표시를 한다. 주화인은 삼각형, 원형, 다이아몬드형, 정방형, 마름모형, 타원형 등의 표시를 하며, 그 안에 매수인의 상호약자를 기재한다. 부화인(counter mark)은 주화인의 보조로써 만약에 주화인이 다른 화물과 같은 경우에 부화인으로 식별하도록 한다. 부화인은 주로 매도인의 약호를 쓰고 있다. 품질표시(quality mark)도 화인의 기재사항 중 하나이다.

■ 그림 2-4 ■ 화인 표시 방법

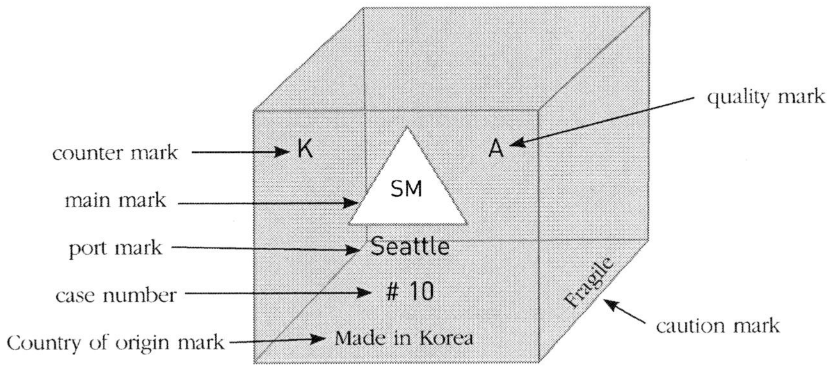

내용물의 품질 또는 등급을 기호로써 표시한다. 수출검사를 받았을 때는 검사 합격의 표시도 한다. 이와 함께 중량표시(weight mark), 화물의 일련번호(case number), 항구의 표시(port mark)도 화인의 기재사항이다. 항구의 표시는 한 선박에 여러 나라로 운송되는 화물이 한꺼번에 선적되는 경우(정기선의 경우) 화물의 선적 또는 양하 작업이 용이하도록 하기 위해 수출항과 도착항은 물론 경유항도 표시한다. 주의표시(caution mark)는 화물의 선적, 운반에 있어서 취급상 주의사항을 나타내고 포장의 측면에 표시되기 때문에 side mark라고 한다. 관련 국가의 법률에 따라서 원산지 마크(country of origin mark)가 표시되기도 한다. 화인은 선하증권, 송장 등에도 기재되어 화인을 대조하면서 물품을 취급할 수 있도록 한다.

8. 무역분쟁 조건(Claim, Force Majeure)

무역계약을 체결할 때 분쟁이 발생했을 경우를 대비하여 해결방법을 미리 약정해 둘 필요가 있다. 이 경우 관련 조항을 미리 약정해 놓으면 효과적으로 분쟁을 해결할 수 있다. 이를 위해 계약서상 불가항력 조항, 클레임 중재 조항 등을 활용할 수 있다. 불가항력 조항(force majeure)은 천재지변, 전쟁, 내란 등과 같이 무역계약 당사자의 통제를 벗어나고 무역계약 이행과정에서 우발적으로 발생되어 당사자의 의무 이행을 불가능하게 하는 상황에 대한 합의이다. 불가항력 조항에 명시된 상황에 의해 무역계약이 불이행된 경우 당사자는 면책된다. 이와 함께 클레임 중재에 관한 합의도 필요하다. 일반적으로 클레임이 발생되면 당사자에 의한 화해, 타협, 제3의 중재인에 의한 중재, 사법기관에 의한 소송에 의해 해결된다. 무역계약에서 거래 일방의 클레임을 상대방이 승낙하면 분쟁은 당사자 간 해결된다. 하지만 상대방이 승낙하지 않으면 제3자에 의해 해결될 수밖에 없다.

제3자에 의한 해결에는 소송(litigation)과 중재(arbitration)가 있다. 일반적으로 소송의 의한 경우보다는 중재에 의한 해결이 합리적이고 바람직하다. 소송과 비교하여 중재는 다양한 장점을 가지고 있다. 중재를 적용하기 위해서는 계약내용에 클레임이 제기되었을 경우 당사자 간 원만한 해결이 이루어지지 않으면 쌍방이 중재로 해결하겠다는 약정이 있어야 한다. 중재는 단심제이며 일반적으로 4-6개월 이내 신속한 해결이 가능하다. 또한 경제적인 해결도 가능하다. 중재절차는 소송과 달리 비공개적으로 진행되며 중재판정은 뉴욕협약에 따라서 외국에서도 효력이 인정된다. 중재조항 삽입시 중재규칙, 중재지, 중재기관 등이 명시되어야 한다. 우리나라의 경우 무역계약에 있어서 중재조항(arbitration clause)의 삽입시에는 다음과 같이 서울에 소재한 대한상사중재원의 중재규칙에 따른다는 표준 중재조항을 삽입하는 것이 유리하다.

> "Arbitration Clause : All disputes, controversies or differences which may arise between parties shall be finally settled by arbitration in Seoul, Korea in accordance with the Commercial Arbitration Rules of the Korean Commercial Arbitration Board and under the Law of Korea. The award rendered by the arbitrators shall be final and binding upon both parties concerned."

읽기 2-2-2 무역회사의 설립

우리나라에서 수출 또는 수입 목적의 영업행위는 대외무역법에 의거해서 반드시 무역업의 등록을 한 자만이 해당 행위를 영위할 수 있도록 규정하고 있다. 구체적으로 무역회사를 설립하기 위해서는 업종선택 및 사업계획 수립과 함께 사업 인·허가 절차를 수행하여야 한다. 개인사업자 등록 혹은 법인설립 등기 형태로 신청할 수 있다. 우리나라에서 사업을 하는 경우에는 그 규모나 업종에 상관없이 관할 세무서에 사업자 등록을 신청하여 사업자 등록증을 받아야 한다. 사업자 등록은 사업을 시작한 날로부터 20일 안에 구비서류를 갖추어 관할세무서 민원 봉사실에 신청하여야 한다. 사업자 등록 신청 시 다음의 서류를 구비하여야 한다.

[별지 제1호 서식]

무역업고유번호신청서

APPLICATION FOR TRADE BUSINESS CODE

처리기간(Handling Time)
즉 시(Immediately)

① 상 호 (Name of Company)		② 무역업고유번호 (Trade Business Code)	
③ 주 소 (Address)			
④ 전화번호 (Phone Number)		⑤ 이메일주소 (E-mail Address)	
④ 팩스번호 (Fax Number)		⑥ 사업자등록번호 (Business Registry Number)	
⑦ 대표자 성명 (Name of Rep.)			

「대외무역법 시행령」 제21조 제1항 및 대외무역관리규정 제24조에 에 따라 무역업고유번호를 위와 같이 신청합니다.

I hereby apply for the above-mentioned trade business code in accordance with Article 24 of the Foreign Trade Management Regulation.

신청일 : 년 월 일
Date of Application Year Month Day

신청인 : (서명)
Applicant Signature

사단법인 한국무역협회 회장
Chairman of Korea International Trade Association

※ 유의사항 : 상호, 대표자, 주소, 전화번호 등 변동사항이 발생하는 경우 변동일로부터 20일 이내에 통보하거나 무역업데이타베이스에 수정입력하여야 함.

(무역업 신고서)

[별지 제3호서식] (앞 쪽)

접수번호	사업자등록신청서(개인사업자용) (법인이 아닌 단체의 고유번호 신청서)	처 리 기 간
		3일(보정기간은 불산입)

귀하의 사업자등록 신청내용은 영구히 관리되며 납세성실도를 검증하는 기초자료로 활용됩니다. 아래 해당 사항을 사실대로 작성하시기 바라며, 신청서에 본인이 자필로 서명하여 주시기 바랍니다.

1. 인적사항

상 호(단 체 명)		전 화 번 호	(사 업 장)
			(자 택)
성 명(대 표 자)			(휴대전화)
주 민 등 록 번 호		FAX 번 호	
사 업 장 (단 체) 소 재 지		전자우편주소	
		국세청이 제공하는 국세정보 수신 동의 여부	동의함 ( ) 동의하지 않음 ( )

2. 사업장현황

업 종	주업태		주종목		주업종코드	개업일	종업원수
	부업태		부종목		부업종코드		
사이버몰 명칭			사이버몰 도메인				

사업장구분	자가 면적	타가 면적	사업장을 빌려준 사람 (임 대 인)			임대차 명세		
			성 명 (법인명)	사업자 등록번호	주민(법인) 등록번호	임대차 계약기간	(전세) 보증금	월 세
	㎡	㎡					원	원

허 가 등 사업여부	신고( ) 등록( ) 허가( ) 해당없음( )	주류면허	면허번호	면허신청
				여( ) 부( )

개별소비세 해당 여부	제조( ) 판매( ) 입장( ) 유흥( )

사업자금 명세 (전세보증금 포함)	자기자금	원	타인자금	원
사업자단위과세 적용 신고 여부	여( ) 부( )		간이과세 적용 신고 여부	여( ) 부( )

그 밖의 신청사항	확정일자 신청여부	공동사업자 신청여부	사업장소 외 송달장소 신청여부	양도자의 사업자등록번호 (사업양수의 경우에 한정함)
	여( )부( )	여( ) 부( )	여( ) 부( )	

210㎜×297㎜[일반용지 60g/㎡(재활용품)]

(사업자 등록 신청서)

(뒤 쪽)

3. 사업자등록신청 및 사업 시 유의사항 (아래 사항을 반드시 읽고 확인하시기 바랍니다)

가. 귀하가 다른 사람에게 사업자명의를 빌려주는 경우 사업과 관련된 각종 세금이 명의를 빌려 준 귀하에게 나오게 되어 다음과 같은 불이익이 있을 수 있습니다.

(1) 소득이 늘어나 국민연금 및 건강보험료를 더 낼 수 있습니다.

(2) 명의를 빌려간 사람이 세금을 못내게 되면 체납자가 되어 소유재산의 압류·공매처분, 체납명세의 금융기관 통보, 출국규제 등의 불이익을 받을 수 있습니다.

나. 귀하가 다른 사람의 명의로 사업자등록을 하고 실제 사업을 영위하는 것으로 확인되는 경우 다음과 같은 불이익이 있습니다.

(1) 「부가가치세법」 제22조제1항제2호에 따라 사업개시일부터 실제 사업을 영위하는 것으로 확인되는 날이 속하는 예정신고기간(예정신고기간이 지난 경우에는 그 과세기간)까지의 공급가액에 대하여 100분의 1에 상당하는 금액을 납부세액에 가산하여 납부하여야 합니다.

(2) **「주민등록법」 제37조제9호**에 따라 다른 사람의 주민등록번호를 부정사용한 자는 3년 이하의 징역 또는 1천만원 이하의 벌금에 처해집니다.

다. 귀하가 실물거래 없이 세금계산서 또는 계산서를 교부하거나 받는 경우 「조세범처벌법」 제11조의2에 따라 해당 법인 및 대표자 또는 관련인은 3년 이하의 징역이나 공급가액 및 그 부가가치세액의 2배 이하에 상당하는 벌금에 처하는 처벌을 받을 수 있습니다.

라. 신용카드 가맹 및 이용은 반드시 사업자 본인 명의로 하여야 하며 사업상 결제목적 외의 용도로 신용카드를 이용할 경우 「여신전문금융업법」 제70조제2항에 따라 3년 이하의 징역이나 2천만원 이하의 벌금에 처하는 처벌을 받을 수 있습니다.

대리인이 사업자등록신청을 하는 경우에는 아래의 **위임장을 작성하시기 바랍니다.**

위 임 장	본인은 사업자등록 신청과 관련한 모든 사항을 아래의 대리인에게 위임합니다. 본 인 : (서 명)		
대리인 인적사항	성 명	주민등록번호	전화번호	신청인과의 관계

위에서 작성한 내용과 실제 사업자 및 사업내용 등이 일치함을 확인하며, 「부가가치세법」 제5조제1항·제25조제3항, 같은 법 시행령 제7조제1항·제74조제4항, 같은 법 시행규칙 제2조제1항 및 「상가건물 임대차보호법」 제5조제2항에 따라 사업자등록 [□일반과세자 □간이과세자 □면세사업자 □그 밖의 단체] 및 확정일자를 신청합니다.

년 월 일

신 청 인 : (서명)
위 대리인: (서명)

세무서장 귀하

구비서류	신청인(대표자) 제출서류	수수료
	1. 사업허가증 사본·사업등록증 사본 또는 신고필증 사본 중 1부(법령에 따라 허가를 받거나 등록 또는 신고를 하여야 하는 사업인 경우에 한정합니다) 2. 임대차계약서사본(사업장을 임차한 경우에 한정합니다) 1부 3. 「상가건물 임대차보호법」이 적용되는 상가건물의 일부분을 임차한 경우에는 해당부분의 도면 1부 4. 자금출처명세서(금지금 도·소매업 및 과세유흥장소에의 영업을 영위하려는 경우에 한정합니다) 1부	없 음

사업자등록 신청 시 다음과 같은 사유에 해당하는 경우 붙임의 서식 부표에 추가로 적어 주시기 바랍니다.
①공동사업자에 해당하는 경우 ④ 사업자단위과세 적용 신청자의 경우(2010년 이후부터 적용)
②종업원을 1명 이상 고용한 경우
③사업장 외의 장소에서 서류를 송달받으려는 경우

① 사업자 등록 신청서 2부
② 개인일 경우 주민등록등본 2부
③ 법인일 경우에는 법인등기부등본 1부
④ 임대차계약서 사본 1부
⑤ 사업허가증 사본 1부

사업자 등록 신청 후 무역업을 영위하고자 하는 자는 대외무역 관리규정 제2-1-1조 규정에 따라 무역업 신고서에 구비서류를 첨부하여 신청하여야 한다. 구체적인 구비서류는 다음과 같다.

① 무역업신고서 1부
② 사업자등록증 사본 1부(법인의 경우 주된 사업장의 사업자등록증)
③ 농업, 임업, 축산업 또는 어업을 영위하는 자의 경우 해당증명서류 1부
④ 사단법인 한국무역협회 및 대한상사중재원의 회원가입 신청서 1부

제 3 절 INCOTERMS

1. 무역관습

무역은 기본적으로 언어, 관습, 제도 등이 상이한 국가 간 상거래이므로 거래관습과 조건의 정형화 및 통일화가 중요하다. 무역과 관련한 상거래 관습, 즉 무역관습은 당사자 간 무역계약에 대한 보완적인 기능을 하고 있다. 이러한 무역관습은 아주 오랜 시일이 지나는 동안 조금씩 변화되어 왔다. 무역계약의 조항은 일반적으로 명시조항(expressed terms)과 묵시조항(implied terms)으로 구성되어 있다. 명시조항은 당사자 간 합의에 의해 계약서상에 삽입된 조항이며 묵시조항은 관련 법률, 관습에 의해 당사자 간 당연히 따를 것으로 예상되는 조항이다. 무역관습에 의한 묵시조항은 무역계약 체결과 이행을 보완하고 있다. 무역관습은 일반적으로 널리 적용되고 있지만 지역과 거래물품에 따라서 상이

하게 적용될 수도 있다. 따라서 통일된 무역 상관습이 필요하다. 무역계약, 운송, 결제와 관련한 무역거래조건 해석에 관한 국제적 통일규칙(Incoterms), 선하증권통일규칙, 복합운송증권통일규칙, 신용장통일규칙(UCP), 추심에 관한 통일규칙(URC) 등이 대표적인 무역 관련 통일 상관습법이다.

2. Incoterms 개요

Incoterms는 International Rules for the Interpretation of Trade Terms의 약자로서 '무역거래조건의 해석에 관한 국제적인 통일규칙'을 의미한다. Incoterms는 1920년에 창설된 국제상업회의소(International Chamber of Commerce, ICC)에서 제정한 정형거래조건의 해석에 관한 국제규칙이다. 아주 오래 전부터 상관습에 의해 정형화된 조건이 무역거래에 이용되어 왔다. 예를 들어 FOB(Free on Board), CIF(Cost, Insurance&Freight)조건이 대표적이다. 하지만 이러한 거래조건에 대한 해석이 지역마다 혹은 거래물품에 따라 상이함이 존재했었고 이는 당사자 간 분쟁을 야기했다. 따라서 이러한 조건의 해석에 관한 국제적인 통일규칙이 필요하였고 그 결과 Incoterms가 제정되었다.

국제상업회의소(ICC)에서는 1936년에 무역거래조건의 해석에 관한 국제규칙을 제정하였고 그 이후 1953년, 1967년, 1976년, 1980년, 1990년, 2000년, 2010년에 내용을 보완하고 개정하였다. 대체적으로 10년마다 국제 상관습의 변화를 반영하여 Incoterms를 개정해 왔다. Incoterms는 1936년 처음 제정될 당시에는 11개의 조건으로 구성되었지만 상관습 변화에 의한 개정에 따라 9개 조건으로 변경되었다. 1967년에 다시 11개 조건이 되었고, 1976년에는 항공운송이 발전됨에 따라 조건이 추가되어 12개 조건이 되었다. 1980년에는 국제복합운송의 발전에 따라 2개의 조건이 추가되어 14개 조건으로 규정되었다. Incoterms 2000에서는 13개의 조건에 따라 매도인(seller)과 매수인(buyer)의 의무가 규정되었으며 제7차 개정을 통해 Incoterms 2010이 제정되었다.

Incoterms는 무역거래조건에 관한 국제 규칙이지만 그 자체가 국제적으로 통일된 조약이나 법률과 같은 수준의 강제성을 갖는 것은 아니다. Incoterms는 기본적으로 국제상업회의소(ICC)에서 작성한 무역거래조건의 국제적인 해석 기준에 불과하다. 따라서 Incoterms는 개별 국가에서 공식적으로 채택되거나 법률에 의해 적용되는 것이 아니라 매매당사자의 합의에 의해 자율적으로 적용된다. 따라서 무역계약의 당사자는 FOB, CIF조건으로 계약을 체결할 때 계약조건의 해석기준으로 Incoterms를 채택한다는 내용을 계약서상에 포함시키는 것이 합리적이다.

3. Incoterms 2010 개정 배경과 특징

1) Incoterms 2010 개정 배경

국제상업회의소(ICC)는 1936년에 처음으로 Incoterms를 제정한 이후 변화하는 무역 관행을 반영하기 위해 10년을 주기로 Incoterms를 개정하여 왔다. Incoterms 2010 개정과 관련해 다양한 배경이 있다. 우선 기존 Incoterms 2000에서 복합운송과 관련된 조건의 이용률이 저조하였다. 국제상업회의소(ICC)는 복합운송의 발전에 따라 FCA(Free Carrier), CPT(Carriage Paid to), CIP(Carriage&Insurance Paid to)조건을 Incoterms 1980에서 신설하였지만 실제 이용률은 저조하였다. 컨테이너와 같은 복합운송 규모를 감안한다면 다소 의외의 결과이다. 이는 무역계약 당사자가 복합운송조건을 이용해야 하는 상황에서도 기존의 전통적인 해상운송조건(FOB, CFR, CIF조건 등)을 관행적으로 이용한 결과이다. 둘째, Incoterms 2000에서 DAF(Delivered at Frontier), DES(Delivered ex Ship), DEQ(Delivered ex Quay), DDU(Delivered Duty Unpaid)조건 등과 같은 D조건의 이용이 저조하였다. 특히 DAF조건은 유명무실화되었다. 이와 함께 DAF, DES, DEQ, DDU조건은 내용적으로 유사한 점이 많기 때문에 재정비의 필요성이 대두되었다. 이러한 배경으로 2010년에 Incoterms 2010으로 개정되어 2011년부터 효력이 발생되었다.

2) Incoterms 2010 특징

Incoterms 2010은 Incoterms 2000에서 다수의 조건을 통합하고 새로운 조건을 신설하였다. 구체적으로 Incoterms 2000의 DAF, DES, DEQ, DDU조건을 통합하여 새롭게 DAT(Delivered at Terminal), DAP(Delivered at Place)조건을 신설하였다. 결과적으로 DAF, DES, DEQ, DDU조건을 삭제하고, DEQ조건에 대응하는 DAT조건이 신설되었다. DAP조건은 DES, DDU조건에 대응하는 조건이다. Incoterms 2000은 13가지 조건이었다. 하지만 Incoterms 2010은 11조건으로 구성되어 있다. DAT, DAP조건은 도착지 인도조건에 속하며 모든 운송방식에 이용될 수 있다.

Incoterms 2010은 11가지 조건을 운송방식에 따라 해상운송 전용조건과 전 운송방식 조건으로 분류하고 있다. 예를 들어 FAS, FOB, CFR, CIF조건은 해상운송 전용조건에 포함되며 EXW, FCA, CPT, CIP, DAT, DAP, DDP조건은 전 운송방식 조건에 포함된다. 이와 함께 기존 Incoterms 2000에서 논란이었던 물품의 위험이전과 비용부담의 분기점을 수정하였다. Incoterms 2010에서는 기존 선측난간(ship's rail)의 개념을 본선적재(on board)의 개념으로 개정하였다. 예를 들어 Incoterms 2010 FOB조건에서 매도인, 매수인으로 위험이 이전되는 분기점은 선측난간이 아니라 본선적재이다.

4. Incoterms 2010 내용

1) EXW(Ex Works, 지정 장소 공장인도조건)

EXW조건은 매도인의 영업장 내에 매수인이 임의로 처분할 수 있는 상태로 매도인이 물품을 인도하는 조건이다. Incoterms조건 중 매도인의 의무가 가장 작고 매수인의 의무가 가장 큰 조건이다. Incoterms 2010의 EXW조건은 Incoterms 2000의 EXW조건과 비교하여 본질적인 차이는 없다. 다만 전반적으로 조건의 내용을 보다 명확히 하는 방향으로 개정되었다. 예를 들어 물품인도 장소와 관련하여 기존의 named place 표현을 named place of delivery로 개정하였다.

EXW조건에서 물품인도와 관련 매도인은 매수인의 차량에 적재하지 않은 상태로 인도하며 적재의무를 추가하는 경우 그 취지를 별도로 명시하여야 한다. 즉 EXW조건에서 매도인은 물품 적재의무가 없다. 물품이 인도된 이후의 모든 절차는 매수인의 위험과 비용부담으로 진행된다. 물품대금은 별도의 약정이 없는 한 물품이 인도될 때 지급된다. 실제 계약물품의 장소에 따라서 EXW warehouse, EXW factory 등으로 표시할 수 있다. Incoterms 2010에서는 EXW조건이 국내거래에 적합함을 분명히 밝히고 있으며, 매수인의 통관절차 이행의무도 규정하고 있다. 물론 매도인은 매수인의 비용부담으로 이를 취득하는 데 필요한 협조를 다하여야 한다. 따라서 매수인이 직접적 · 간접적으로 수출통관을 이행할 수 없는 경우에는 EXW조건을 사용할 수 없다. 이 경우 FCA조건으로 전환하는 것이 필요하다. 아니면 EXW조건 뒤에 cleared for export(수출통관필)라는 문언을 추가하여 계약을 체결할 수도 있다. Incoterms 2010에서는 매도인의 공장 등에서 운송인에게 물품을 인도하는 국제거래의 경우 EXW조건보다는 FCA조건이 적합하다는 점을 밝히고 있다.

2) FCA(Free Carrier, 지정 장소 운송인인도조건)

FCA조건은 매도인이 지정 장소에서 약정기간 내 매수인이 지정한 운송인에게 수출통관을 필한 물품을 인도하는 조건이다. Incoterms 2010 FCA조건과 Incoterms 2000 FCA조건을 비교하면 큰 차이는 없지만, 전반적으로 조건의 내용이 보다 명확하게 개정되었다. Incoterms 2010 FCA조건에서는 물품의 인도지점을 보다 구체적으로 지정할 것을 권고하고 있다. FCA조건에서 매수인이 운송계약을 체결하는 것이 원칙이기 때문에 지정인도 장소(named place of delivery) 내에서 보다 구체적인 지정 인도지점(named point of delivery)까지 지정하는 것이 중요하다. 왜냐하면 위험이 그 지점에서 매도인에서 매수인으로 이전되기 때문이다. 따라서 매수인은 물품의 인도지점을 정확히 지정하여야 하며 매수인이 이를 지정하지 아니한 경우, 매도인은 지정된 인도장소에서 자신의 목적에 가장 적합한 지점을 선택할 권리가 있다.

FCA조건에서는 선택된 인도장소에 따라서 물품의 적재와 양하의 의무가 달라진다. 인도장소가 매도인의 영업장 구내의 경우 매도인은 매수인의 차량에 물품을 적재할 책임을 부담한다. 그 밖의 장소의 경우 매도인은 도착한 차량으로부터 물품을 양하, 인도할 책임이 없다. 즉 물품을 양하하지 않은 상태로 매수인이 지정한 운송인의 처분에 맡기면 된다. 매도인은 인도장소에서 물품의 인도 완료시까지의 위험과 비용을 부담하고 수출 관련 관세 등의 통관비용 지급의무도 부담한다. 즉 FCA조건에서 매도인은 수출허가와 수출통관을 이행하고 이에 따른 수출세와 부과금을 지급하여야 한다. FCA조건에서 매수인은 매도인의 물품인도를 위하여 운송인을 지정하고 운송방식과 물품의 인도기일 및 장소를 통지하여야 한다. 이와 함께 매수인은 물품의 운송을 위한 운송계약을 체결하고 운송비도 지급하여야 한다.

3) FAS(Free alongside Ship, 지정 선적항 선측인도조건)

FAS조건은 지정 선적항에서 매수인이 지정한 본선 선측에 수출통관을 필한 물품을 인도하는 조건이다. Incoterms 2000, Incoterms 2010의 FAS조건 내용에는 차이가 없다. FAS조건은 본선에 적재하는 데 비용이 많이 드는 원목, 원면, 곡물 등의 대량화물(bulky cargo)의 거래에 주로 이용된다. FAS조건에서 매도인은 선측인도를 증명할 수 있는 부두 수령증(dock's receipt), 본선 수령증(mate's receipt) 등을 제공하여야 한다. 수출통관을 포함한 모든 수출행정 수속을 매도인이 이행하여야 하며 수반되는 관세 등 수출국가의 부과금도 매도인이 지급하여야 한다. 매도인은 매수인이 지정한 선측까지 물품을 운반하고 인도를 가능케 하는 비용과 위험을 부담하게 되며 인도 후 매수인에게 통지해야 한다. 구체적으로 선박 옆 기중기 등으로 본선에 적재가 가능하도록 인도시 매도인의 의무가 종료된다. 매수인은 선박을 수배하고, 선박명, 선적장소, 선적시기를 매도인에게 통지해야 한다. 참고로 Incoterms 1990 FAS조건에서는 매수인의 수출통관 절차 부담을 규정하고 있었다.

4) FOB(Free on Board, 지정 선적항 본선인도조건)

FOB조건은 매도인이 수출통관을 필한 계약물품을 지정된 선적항에서 매수인이 지정한 본선상에 인도하고 그 사실을 매수인에게 통지해야 하는 조건이다. Incoterms 2000의 FOB조건에서는 매도인이 물품을 선적항에서 본선의 난

간(ship's rail)을 통과하여 인도할 때 물품에 대한 위험도 매수인에게 이전됨을 규정하였다. Incoterms 2010에서는 위험 및 비용부담의 분기점에 대해 논란의 여지가 많았던 선측난간(ship's rail) 개념 대신에 본선적재(on board)의 개념으로 개정하였다. 매수인은 물품을 운송하기 위한 운송계약을 체결하고 선박명, 선박지점, 인도시기를 매도인에게 통지하여야 한다. FOB조건은 CIF조건과 함께 가장 널리 사용되는 무역거래조건이다. FOB조건은 단지 해상운송 또는 내수로 운송에만 사용될 수 있는 조건으로 다음과 같은 특징을 가지고 있다. FOB 조건에서는 물품의 선적지가 물품에 대한 위험과 비용부담의 분기점이 되고 선적지에서 물품의 인도가 이루어지므로 선적지 매매계약에 포함된다. 또한 FOB 조건은 해상운송에만 사용되기 때문에 해상 매매계약에 포함된다. 특히 매도인이 선적항에서 매수인에 의하여 지정된 본선의 갑판상에 물품을 적재하여 인도하기 때문에 본선인도 계약이라고도 한다.

FOB조건은 Incoterms가 제정되기 훨씬 이전 18세기 말부터 19세기 초에 영국에서 유래된 것으로 알려져 있다. 전통적인 FOB조건(classic FOB)은 Incoterms 2010에서 규정한 것처럼 매도인이 매수인에 의하여 지정된 선박에 물품을 적재하면 이후의 모든 비용과 위험은 매수인에게 이전되는 조건을 의미한다. 매도인은 물품을 본선에 적재할 의무만 있으며 그 외 목적항까지의 운송비, 보험료는 모두 매수인이 부담한다. 하지만 전통적인 FOB조건이 경우에 따라서 매도인, 매수인에게 최적의 조건이 아닐 수도 있다. 수출국 선적지 사정에 능통하지 않은 매수인이 해상운송 및 해상보험 계약을 합리적인 조건으로 체결하는 것이 어려울 수도 있다. 이러한 점을 보완하는 FOB조건이 바로 추가 의무부 FOB조건(FOB with additional duties)이다. 이 조건에서는 해상운송 및 해상보험 계약을 매수인의 부담으로 매도인이 직접 이행하게 된다. 즉 매수인의 비용으로 매도인이 보다 합리적인 해상운송 계약과 해상보험 계약을 체결할 수 있는 조건이다.

미국에서는 Incoterms 2010과 상이한 내용의 FOB조건을 규정하고 있다. 미국은 영국에서 유래된 FOB조건을 도입하여 해상운송뿐만 아니라 내륙운송에도 사용할 수 있도록 FOB조건을 다양하게 응용하였다. 개정 미국외국무역정의(Revised American Foreign Trade Definitions)에서는 6종류의 FOB조건을 규정하고 있다.

- FOB(named inland carrier at named inland point of departure) : 지정 국내 출하지, 지정 국내 운송인에게 인도조건
- FOB(named inland carrier at named inland point of departure) Freight Prepaid to(named point of exportation) : 지정 국내 출하지, 지정 국내 운송인에게 인도조건(지정 수출지까지의 운임 선지급)
- FOB(named inland carrier at named inland point of departure) Freight Allowed to(named point) : 지정 국내 출하지, 지정 국내 운송인에게 인도조건(지정 지점까지의 운임 공제)
- FOB(named inland carrier at named point of exportation) : 지정 수출지, 지정 운송인에게 인도조건
- FOB Vessel(named port of shipment) : 지정 선적항 인도조건
- FOB(named inland in country of importation) : 수입국 내의 지정 지점에서의 인도조건

개정 미국외국무역정의에서 FOB Vessel(named port of shipment)조건은 Incoterms 2010의 FOB조건과 매우 유사하다. 이 조건에서는 매도인이 선적항에서 매수인이 지정한 본선에 물품을 현실적으로 적재하여 인도하되 수출허가와 통관절차는 매수인이 부담한다. 정리하면 FOB조건은 영국에서 유래한 전통적인 FOB조건, 추가 의무부 FOB조건, 미국의 개정 미국무역정의 FOB조건이 이용되고 있다. 따라서 FOB조건으로 무역계약을 체결할 때에는 지역 및 국가에 따라 주의를 해야 한다.

5) CFR(Cost and Freight, 지정 목적항 운임포함 인도조건)

CFR조건은 FAS, FOB, CIF조건과 함께 해상운송에 이용되는 조건으로 매도인이 지정 목적항까지 해상운송을 체결하고 운임을 부담한다. 매수인은 물품이 본선에 적재될 때 해상운임을 제외한 모든 비용과 위험을 부담한다. Incoterms 2000의 CFR조건과 Incoterms 2010의 CFR조건은 큰 차이가 없지만 위험 및 비용 이전과 관련해 기준이 난간에서 본선적재로 변경되었다. CFR조건은 선적항이 지정되지 아니하고 매도인이 목적항까지 운송계약을 체결하고 운임을

지급한다는 점에서 FOB조건과는 다르지만, 기타 추가적인 비용과 물품의 멸실 또는 손상의 모든 위험은 물품이 선적항에서 본선에 선적된 때에 매수인에게 이전한다는 점에서 FOB조건과 유사하다. 매도인은 물품을 지정 선박 본선에 적재하고 운송계약을 체결한 후 선하증권(B/L)을 포함한 해상운송 관련 서류를 매수인에게 양도해야 한다.

6) CIF(Cost, Insurance and Freight, 지정 목적항 운임 및 보험료포함 인도조건)

CIF조건은 CFR, FAS, FOB조건과 함께 해상운송 전용조건이다. 매도인은 계약물품이 목적항까지 운반되는 데 필요한 운임(freight)과 해상보험료(insurance premium)를 부담하지만 물품에 대한 위험과 추가적인 비용은 물품이 선적항에서 본선에 적재된 때에 매수인에게 이전된다. CIF조건과 관련 Incoterms 2000, Incoterms 2010의 내용에는 큰 차이가 없지만 위험 이전의 기준이 난간에서 본선적재로 변경되었다. 일반적으로 Incoterms조건은 무역계약에서 가격조건으로 많이 활용된다. CIF조건으로 표시된 가격은 물품의 선적시까지 원가에 지정 목적항까지의 해상운임과 보험료가 가산된 가격이라 할 수 있다. 매도인은 자기의 비용으로 지정 목적항까지의 해상운송 계약, 해상보험 계약을 체결하고 운송서류, 보험증권 등을 매수인에게 제공하여야 한다.

CIF조건에서 매도인은 인도하는 물품에 대해 해상적하보험 계약을 체결할 때 협회적하약관 ICC C 혹은 ICC FPA 이상의 조건으로 계약을 체결하여야 한다. 해상적하보험 계약의 기간은 물품이 선적항에서 본선에 선적된 때에서 목적항에 도착할 때까지 부보되도록 계약을 체결하여야 한다. 또한 매도인은 매수인의 요청과 비용부담이 있을 경우에는 전쟁위험, 동맹파업위험 등과 같은 면책위험 중 부보 가능한 위험에 대해 특약조건을 활용해 해상적하보험 계약을 체결하여야 한다. 이와 함께 해상적하보험 계약 보험금액은 매매계약에 약정된 통화로 물품대금의 110% 이상이어야 한다. 여기서 10%의 가산금은 정상적인 거래에서 매수인이 누릴 수 있는 물품에 대한 최소한의 희망이익 부분이다.

CIF조건에는 다양한 선적서류가 포함된다. 매도인이 해상운송 계약과 해상보험 계약을 체결함에 따라서 운송인은 운송서류를 발행하고 보험자는 해상보험증권을 발행한다. 매도인은 자기가 작성한 상업송장과 이 서류를 첨부하여 선적서류로써 매수인에게 제공하여야 한다. 운송서류 중 대표적인 것이 선하증권(Bill of Lading, B/L)이다. 선하증권은 본선상에 물품을 인도한 증거이며 운송계약의 증거이다. 증권의 양도를 통해 운송 중인 물품에 대한 권리가 양도되기 때문에 선하증권은 유가증권인 동시에 권리증권이다. 최근에 도입된 전자식 선하증권(Electronic B/L)은 선하증권을 발행하는 대신 그 내용을 컴퓨터에 보관한다. 운송인, 매도인 혹은 매수인에게 EDI(Electronic Data Interchange) 형식의 통신문을 전송하고 당사자는 권리의 증명으로 개인 키(private key)를 사용하여 물품의 지배, 처분권을 이전할 수 있다. 이와 관련해 Incoterms 2010은 EDI 형태의 제공서류를 인정하고 있다.

해상화물 운송장은 선하증권과 달리 유통성이 없고 권리증권도 아닌 통상적인 운송서류이다. 해상보험 증권도 CIF조건의 선적서류에 포함된다. CIF조건에서는 본선에 물품이 적재된 때 위험이 매수인에게 이전된다. CIF조건에서 해상보험 계약은 매수인의 이익을 위해 매도인이 체결하는 것이다. 따라서 보험 계약자는 매도인이 되고 피보험자는 매수인이 된다. 상업송장(commercial invoice)은 매도인이 매수인 앞으로 발행하는 물품의 명세서이며 대금을 명시하기 위해 선적서류의 하나로 추가되었다. CIF조건 관련 제공되는 물품과 서류에 대해 매수인은 거절권을 행사할 수 있다. 거절할 권리는 해당 물품이나 서류가 제공된 때 발생하며 일반적으로 물품이 양륙되고 검사한 결과 계약의 내용과 일치하지 않는 경우 행사할 수 있다.

7) CPT(Carriage Paid to, 지정 목적지 운송비지급 인도조건)

CPT조건은 매도인이 지정된 목적지까지 물품의 운송비(carriage)를 지급하지만 물품에 대한 모든 위험과 추가적인 비용은 물품이 선적지에서 운송인에게 인도된 때 매수인에게 이전되는 거래조건이다. 최종 목적지까지 복수의 운송인에 의하여 운송되는 경우 최초 운송인에게 인도된 때 물품의 위험이 매도인으로부터 매수인에게 이전된다. 여기에서 운송비는 해상운임, 내수로 운임, 육로운임, 철도운임, 항공운임 등을 포함하는 복합운임의 성격이다. 따라서 해상운임을 의미하는 'freight' 대신에 'carriage'라는 용어가 사용되고 있다. 매도인은 물품의 적재비(loading costs)뿐만 아니라 운송계약의 체결시 운송비에 포함될 수 있는 목적지에서의 양하비(unloading costs)도 지급하여야 한다. 이와 함께 운송계약에 포함된 경우 제3국으로의 통과비용도 매도인이 부담한다. 하지만 CPT조건에서 매도인은 보험계약에 따른 비용은 부담하지 않는다. CPT조건은 모든 운송방식에 사용될 수 있기 때문에 운송서류에 선하증권, 해상화물 운송장, 내수로 운송서류와 함께 항공화물 운송장, 철도화물 탁송장, 도로화물 탁송장 등도 포함될 수 있다.

Incoterms 2010의 CPT조건은 매도인의 인도서류 제공 의무와 관련하여 운송서류에 대한 요건을 보다 구체적으로 명시하고 있다. 또한 Incoterms 2010에서는 물품이 인도되는 장소와 지정 목적장소를 가능한 한 정확하게 매매계약에서 확정할 것을 권고하고 있다. 이유는 물품인도가 합의된 장소에서 위험이 매수인에게 이전되고 그 장소에서 합의된 지정 목적장소까지 매도인은 자신의 비용으로 운송계약을 체결할 의무가 있기 때문이다. FCA조건과 비교할 때 CPT조건의 가장 큰 차이점은 매도인이 지정 목적지까지의 운송비를 부담하는 것이다. CPT조건에서는 매도인이 운송인을 지정하여야 한다. CPT조건은 CFR조건과도 유사한 부분이 있다. 하지만 CFR조건이 해상운송 전용이라면 CPT조건은 복합운송에 적합하도록 변형된 조건이다.

8) CIP(Carriage and Insurance Paid to, 지정 목적지 운송비 · 보험료지급 인도조건)

CIP조건은 매도인이 지정된 목적지까지 물품의 운송비(carriage)와 보험료(insurance premium)를 지급하지만 물품에 대한 모든 위험과 추가적인 비용은 물품이 선적지에서 (최초) 운송인에게 인도된 때 매수인에게 이전되는 거래조건이다. CPT조건과 유사하지만 CIP조건에서는 운송비와 함께 보험료도 매도인이 부담한다. CPT조건에서 보험료는 단순 해상보험료, 내수로운송 보험료와 함께 육로운송 보험료, 철도운송 보험료, 항공운송 보험료, 복합 보험료 등을 포함할 수 있다. 또한 CIP조건은 매도인이 목적지까지 운송계약 및 보험계약을 체결하고 이에 따른 운송비와 보험료를 지급한다는 점에서 CIF조건과 유사하지만 물품을 선박이 아닌 운송인에게 인도한다는 점에서 차이가 있다. CPT조건에서 매도인은 물품을 운송인에게 인도하기까지 일체의 비용, 물품의 적재비(loading costs), 목적지에서의 양하비(unloading costs) 등도 부담하여야 한다. Incoterms 2000의 CIP조건과 Incoterms 2010의 CIP조건의 차이는 크게 없지만 매도인이 제공해야 하는 운송서류에 관한 요건을 보다 구체화하는 방향으로 개정되었다.

9) DAT(Delivered at Terminal, 지정 목적항 또는 지정 목적장소에서의 지정 터미널 인도조건)

DAT조건은 Incoterms 2010에서 신설된 조건으로 Incoterms 2000의 DEQ(Delivered ex Quay)조건을 대체하고 있다. DAT조건에서 매도인은 지정 목적항 또는 지정 목적장소의 터미널에 물품이 도착하여 운송수단에서 양하된 상태로 물품을 매수인에게 인도한다. 이 조건에서 터미널은 부두, 창고, 도로, 철도 또는 공항의 화물 터미널과 같은 장소를 포함한다. 매도인은 지정 목적항 또는 지정 목적장소의 터미널에 물품을 인도하고 양하될 때까지 모든 관련 비용과 위험을 부담해야 한다. DAT조건에서는 합의된 목적항 또는 목적장소 내에서의 특정 지점을 명확하게 명시하도록 권고하고 있다. 왜냐하면 합의된 목적지점까지의 위험과 비용을 매도인이 부담하기 때문이다. 아울러 매도인은 합의된 목적지점까지 정확하게 일치하는 운송계약을 체결해야 한다. 만약 매도인이 터미널에서 다른 장소로의 물품 운송 및 취급에 따른 위험과 비용을 부담할 의도라면 DAT조건보다는 DAP, DDP조건이 합리적인 대안이 될 수 있다.

10) DAP(Delivered at Place, 지정 목적지 인도조건)

DAP조건은 Incoterms 2010에서 신설된 조건으로 Incoterms 2000의 DAF(Delivered at Frontier), DES(Delivered ex Ship), DDU(Delivered Duty Unpaid) 조건을 통합하여 제정되었다. DAP조건은 물품이 지정 목적장소에 도착하여 운송수단상에서 양하 준비가 되고, 매수인이 처분할 수 있는 상태로 인도하는 조건이다. 매도인은 인도하는 시점까지 모든 비용과 위험을 부담해야 한다. DAP 조건은 합의한 목적장소 내에서도 가능하다면 정확하게 목적지점을 명시하도록 권고하고 있다. 왜냐하면 합의된 목적지점까지의 모든 비용과 위험을 매도인이 부담하기 때문이다. 또한 DAP조건은 매도인에게 합의된 목적지점까지 정확하게 일치하는 운송계약을 체결할 것을 권고하고 있다.

11) DDP(Delivered Duty Paid, 지정 목적지 관세지급 인도조건)

DDP조건은 매도인이 물품을 수입통관하고 최종 목적지까지 운반하여 운송수단으로부터 양하하지 않은 상태로 매수인에게 인도하는 거래조건이다. DDP조건은 매도인이 수입허가를 취득하고 수입통관(import clearance)의 절차를 이행하여야 한다. 이와 관련한 관세, 조세 및 기타 부과금도 매도인이 부담을 한다. 수입통관이 완료된 물품을 지정된 목적지까지 운반하여 매수인에게 인도하면 매도인의 의무는 완료된다. DDP조건은 매도인이 수입국가에서 직접적 · 간접적으로 수입허가와 통관절차를 이행할 수 없는 경우에는 사용할 수 없다. 이 경우 수입국가에 매도인의 지점이나 수입대리점이 있을 경우에만 채택할 수 있다. DDP조건은 합의된 목적장소 내에서 가능한 한 명확하게 목적지점을 명시하도록 권고하고 있다. 왜냐하면 합의된 목적지점까지의 위험과 비용을 매도인이 부담하기 때문이다. 매도인은 합의된 목적지점까지 정확하게 일치하는 운송계약을 체결해야 한다. 만약 매도인이 체결한 운송계약에 의해 합의된 지정 목적장소에서 양하와 관련된 비용이 초래된다면, 당사자 간 별도의 합의가 없는 한 매도인은 해당 비용을 매수인에게 청구할 권리가 없다.

국제무역계약 체결 관련 연구 1

논문제목

A Comparative Legal Research on the Form Requirement of Electronic Trade Documents: Focused on the International Regulations

저 자

Sung-ho Park(Keimyung University, Korea)

간행논문집(발행연도)

Korea International Commerce Review(2009)

영문요약

The increasing importance of open networks, such as the Internet, which promotes borderless interactivity between users has stirred up the need for a uniform or at least harmonized approach to developing an international legal infrastructure. The increasing importance of raising the level of trust and reliability in electronic communications systems stimulates the need for a globally coherent, unified regulatory approach to information security and, in particular, ensuring and certifying messages. Many domestic regulations have been enacted around the world and exist in parallel with international instruments. Those regulations may have different concepts of provisions due to different legal backgrounds. The differences of the provisions in the regulations may lead to legal uncertainty and higher transaction costs. It is an undeniable fact that the growth of electronic transactions has been subject to extensive legislative efforts. Therefore, the objectives of this research are as follows. The first is to characterize the different provisions of the international instruments relating to the form requirements in the international contracts for sale of goods. The second is to discover an alternative solution to the problem from the provisional differences. To do so, this research attempts to employ a comparative methodology to reveal the differences in the provisions in the international instruments.

국문요약

대부분의 국제 상거래 규범에서 국제 상거래 계약의 성립요건으로 서면성을 구하지는 않지만 실무적으로 국제 상거래 계약체결과 이행상 서면성과 서명은 상거래의 확실성과 안정성을 확보할 수 있기 때문에 사용하지 않는 경우는 없다고 볼 수 있다. 전자통신시스템의 발달에 따른 국제 상거래 계약과 이행과정에서 요구되는 많은 서류들의 전자화는 그 진정성 등의 요건에 대하여 별도의 인증요구 등 관련 규범에서 적절히 명문화하고 있다. 그러나 현재 국제 상거래 계약의 준거법으로 많이 이용되고 있는 CISG의 경우 이에 대한 명확한 규정이 없으며 일부 조항들 간의 혼돈을 유발하고 있음에도 불구하고 개정되지 않고 있다. 그 대신에 전자통신에 의한 계약에 관하여 규율하는 CUECIC를 이미 입안했으며 각국의 서명요청에 들어갔다. 이러한 상황은 국제 상거래 계약을 체결하려는 실무자의 입장에서는 오히려 혼돈을 가져올 수 있게 할 수 있다. PICC의 경우에는 넓게 적용할 수 있지만 PICC 자체가 원칙이라는 한계점을 가지고 있다. 그러므로 본 연구는 국제 상거래 계약의 준거법으로 이용되고 있는 규범들의 관련 규정들에 대한 비교분석을 통해 문제점을 제시하고 대안을 위한 연구방향을 제시하고자 한다.

국제무역계약 체결 관련 연구 2

논문제목

무역계약 촉진을 위한 무역전시회 활용 방안에 관한 연구

저 자

서문성(금강대학교, 대한민국)

간행논문집(발행연도)

국제상학(2010)

영문요약

International trade shows have become a significant promotional tool for exporters. However, little academic research has been used to examine the role of trade shows at the national level. In a dynamic international trade environment, it can affect the national economy along a number of channels. International trade shows have a strong correlation with economic growth. In this study, relevant literature is reviewed to identify strategies for the development of trade show industries that scholars and others claim are important influences on boosting the economy. Various policies are obtained from the case studies. This study explains why the government's support to the trade show industries is necessary and suggests national implications for developing the industry. This study provides directions for research about international trade shows.

국문요약

우리나라의 무역 기업이 수출드라이브 시대를 본격적으로 시작한 이래 전통의 재래산업에서 자동차, 반도체, 핸드폰 등의 ICT산업과 물류산업 등의 고부가가치 산업 위주로 패러다임이 바뀌고 있으나, 아직도 무역 기업이 수출업무에 있어서 애로사항은 해외시장에 대한 어려움이 여전히 높은 것으로 나타나고 있다. 이국간 거래의 어려움은 계약의 중요성을 더욱 높여주고 있으며, 이머징 마켓 개척시에는 수출입 이행능력이 있는 계약당사자를 발굴하는 것이 관건이나 이러한 발굴은 대기업뿐만 아니라 중소수출입 기업에는 더 큰 어려움으로 나타나고 있다. 무역전시장을 중심으로 하는 무역 전시산업은 국가 경쟁력 차원에서 무역인프라 확충 등에 기여하고 무역전시기획사 등은 무역전시회 개최와 관련된 기업들에는 고부가가치 서비스 산업으로 발전한다는 점에서 중요하며, 국가적 차원에서의 무역전시산업의 중요성은 무역인프라의 확충을 통한 수출기반을 강화하고, 교역 · 투자증진, 고용확대 등의 효과가 있다. 본 연구의 방법은 문헌고찰을 통한 선행 연구를 검토하고 우리나라 무역전시회와 관련된 자료를 조사 분석하였으며, 지식경제부 및 한국전시산업진흥회와 수출입기업의 면담조사를 병행하였다. 본 연구의 목적은 이러한 과정을 통하여 수출입기업의 효율적인 무역 계약 성과를 도모하고자 한다.

국제무역계약 체결 관련 연구 3

논문제목

계약을 중심으로 하는 국제무역거래과정의 이해: 정형거래조건을 중심으로

저 자

오원석(성균관대학교, 대한민국)

간행논문집(발행연도)

한국무역상무학회지(2009)

영문요약

To understand the procedure of international commercial transaction clearly and logically, this author would like to emphasize the contractual approach in this paper. The main contract in the transaction is the contract of sale; to perform this contract, the three subordinate or supporting contracts(including the contract of carriage, the contracts of insurance and the contract of payment) should be followed and performed. In the contract of sale, besides the express Terms, the trade Terms have very comprehensive meanings. Each trade term in Incoterms(2000) deals with the matters relating to the rights and obligations of the parties to the contract of sale with respect to the delivery of the goods sold. It also provides for the duties of seller or buyer relating to the contract of carriage, the contract of insurance and the payment in the process of the delivery of goods. Especially, it does not provide the methods of payment concretely, but it imposes the seller to hand over the documents evidencing the conformity of the contract of sale, and the delivery which includes the documents of carriage and/or insurance. Thus although the trade Terms deal with the obligations of the seller or buyer directly, they are very closely related with the contract of carriage and the contract of insurance indirectly, and also with contract of payment using the documentary draft. For the Arbitration or the litigation in the case of the breach of contract, the trade Terms play very significant roles. When an arbitrator or a judge decides the case, they should understand each obligation clearly, in which case, the trade terms give answers about who is wrong or who is right. Therefore, the contractual approach focusing on the trade terms would give very fruitful advantages to the students or teachers in understanding the procedure of the international commercial transaction systematically and comprehensively.

국문요약

국제무역거래의 중심은 물품거래인 수출과 수입이다. 그 동안 수출거래 및 수입거래와 관련한 논문에서 계약중심의 접근방식이 강조되어 왔다. 그 이유는 수출입거래를 이해하기 위한 방법으로 매매당사자 간 체결되는 '매매계약(Contract of Sale)'의 성립, 이행 및 이러한 과정에서 발생한 계약위반에 대한 구제 등으로 구분하여 접근하는 것이, 무역거래를 법리적으로 이해하는 데 도움이 되기 때문이다. 본 논문에서 논자는 우선 매매계약을 중심으로 매매계약상의 '명시조건'과 거래관습인 '정형거래조건' 및 '준거법'을 살펴보고, 이들 각 계약요소와 운송계약, 지급계약과의 관계를 논하고자 한다. 무역계약은 매매당사자 중 일방 당사자와 제3자, 즉 운송인, 보험자 및 은행이 체결하는 계약이므로, 누가 계약당사자이고, 누가 비용부담을 하며, 또한 어떤 조건으로 계약을 체결하는지 등이 매우 중요하다. 이러한 내용들을 결정함에 있어 정형거래조건은 결정적 역할을 한다. 비록 정형거래조건이 매매당사자의 권리 · 의무를 규정하지만, 매매당사자의 의무 중 운송, 보험 및 대금지급 의무가 주의무임에 따라 이들 주의무는 종속계약에 직 · 간접적 영향을 미친다.

국제무역계약 체결 관련 연구 4

논문제목

무역보험계약의 법률관계

저 자

정재곤(아시아법연구소, 대한민국)

간행논문집(발행연도)

법학논문집(2011)

영문요약

It is not too much to say that the trade insurance system has played an important part in export promotion and economic growth. The role of the trade insurance institution accredited internationally has been getting more important since the WTO was in execution. Recently the various type of insurance accidents increase with the increase in the actual results of trade insurance charge and the increase in the rate of insurance accidents, the legal confliction between a person insured and underwriter frequently happens around us. In order to keep up with the rapidly changing needs in today's trading environment, the Korean government has recently announced that it will amend laws establish systems to build the infrastructure for international trade. This article is a study of the legal relations on the contract of trade insurance. Especially this study concentrates on the duty of a person insured and underwriter. Underwriter has the duty of delivery and statement of insurance agreement and the duty to give information of the insurer and so on. A person insured has the duty of disclosure and the duty of damage prevention and the duty of recovery and so on. The contract of trade insurance differs from the contract of the commercial code. Because the partners of the contract of trade insurance are all entrepeneur, the commercial code 663 is not given in the contract of trade insurance. Eventually the agreement between a person insured and underwriter is more important than the commercial code.

국문요약

무역보험(trade insurance)이란 무역이나 그 밖의 대외거래와 관련하여 발생하는 위험, 즉 수입자의 계약 파기, 파산, 대금지급지연 또는 거절 등의 신용위험(commercial risk)과 수입국에서의 전쟁, 내란 또는 환거래 제한 등의 비상위험(political risk) 등으로 수출자 또는 수출금융을 제공한 금융기관이 입게 되는 손실을 보상함으로써 궁극적으로 우리나라의 수출을 촉진하고 진흥하기 위한 수출지원 제도이다. 2010년 국내 무역보험 지원 규모는 185조원으로서 2008년의 경제위기 이전인 2007년 지원규모 92조원에 비해 2배가 넘는 수준으로 확대되어 2010년 우리나라 수출총액의 35%에 달한다. 무역보험 인수실적 확대와 함께 갈수록 보험사고율은 높아지고 사고유형도 복잡해짐에 따라 보험계약 당사자 간에 분쟁이 증가하고 있어 무역보험계약에 대한 연구가 필요한 실정이다. 본 논문은 무역보험계약에 있어서의 주요 법률관계에 대한 연구를 목적으로 한다. 우선, 무역보험의 보험으로서의 성격, 상법과 무역보험법(약관) 간의 상호관계, 무역보험 계약의 특성 등 무역보험 일반론에 대하여 알아본다. 나아가 보험자와 보험계약자의 주된 의무들을 중심으로 무역보험 계약의 법적 문제점과 그에 대한 개선방안을 제시하고자 한다.

국제무역계약 체결 관련 연구 5

논문제목

글로벌 해운물류 시장에서 환적 물동량과 관련한 정보통신기술 영향력에 대한 실증 분석

저 자

조혁수(계명대학교, 대한민국)
양근우(계명대학교, 대한민국)

간행논문집(발행연도)

해운물류연구(2012)

영문요약

ICT(Information and Communication Technology) has played an important role in various areas. Maritime industry is not an exemption. ICT is closely related to many activities of maritime industry such as shipment and transportation. This study is designed to empirically investigate the influence of ICT capability on transshipment traffic volumes in individual countries. Also, this study provides various determinants of transshipment traffic volumes in the maritime industry. OLS regression is used to empirically investigate causal relationships among a dependent variable(transshipment traffic volumes), independent variables(quality of port, shipping network, trade volume, container volume, and port customs process), and a moderator(ICT capability). According to statistical results, shipping network, port customs process, and container volume are key determinants of transshipment traffic volumes in individual countries. Also, positive relationships between the dependent and independent variables can be positively moderated by ICT capability. Resource-Based View(RBV) is a theoretical foundation of this study.

국문요약

정보통신기술은 다양한 분야에서 그 중요성이 강조되고 있다. 해운물류 분야도 예외가 아니다. 정보통신기술은 선적, 하역, 운송과 관련 직·간접적으로 영향을 미치고 있다. 본 연구는 국가 간 정보통신기술 역량의 차이가 해당국 환적 물동량에 미치는 영향에 대해 이론적인 분석과 함께 실증적인 분석을 실시하고 있다. 이와 함께 개별 국가의 환적 물동량에 영향을 미치는 다양한 변수에 대해서도 설명하고 있다. 분석 결과 해운물류 네트워크, 항만 운영 효율성 등이 개별 국가의 환적 물동량 증대에 긍정적인 영향을 미치고 있으며 정보통신기술 역량이 높은 국가일수록 이러한 변수들에 의한 환적 물동량 증대가 가속화될 수 있는 것으로 나타났다. 자원기반이론(RBV)은 이러한 실증 분석 결과에 대한 이론적 배경을 제시하고 있다.

참고문헌

김석철(2005), 무역계약론, 두남출판사.

노택환 · 김진삼 · 조현정 · 서민교(2011), 국제통상의 이해, 박영사.

송용종(2007), 국제통상개론, 두남출판사.

옥선종 · 박영태 · 김웅진(2008), 최신 무역계약론, 두남출판사.

이봉수(2010), 무역실무, 두남출판사.

조영정(2010), 무역학개론, 박영사.

박명섭(2012), 국제무역사 수험서 무역계약.

서문성(2010), "무역계약 촉진을 위한 무역전시회 활용 방안에 관한 연구," 국제상학, 25(3), 325-345.

정재곤(2011), "무역보험계약의 법률관계," 법학논문집, 35(1), 197-218.

조혁수 · 양근우(2011), "글로벌 해운물류 시장에서 환적 물동량과 관련한 정보통신기술 영향력에 대한 실증 분석," 해운물류연구, 28(2), 201-224.

오원석(2009), "계약을 중심으로 하는 국제무역거래과정의 이해: 정형거래조건을 중심으로," 한국무역상무학회지, 41, 3-21.

최명국(2011), "인코텀즈 2010의 주요 개정내용과 적용상의 유의점," 한국무역상무학회지, 49, 3-41.

Park, S.H.(2009), "A Comparative Legal Research on the Form Requirement of Electronic Trade Documents: Focused on the International Regulations," *Korea International Commerce Review*, 24(2), 5-32.

제 3 장

국제무역계약 이행

제 1 절 무역계약 이행을 위한 매도인의 의무

1. 물품의 인도

1) 물품인도의 개념

무역계약 체결 후 매매당사자인 매도인과 매수인이 계약 내용에 따라 자신에게 부여된 권리와 의무를 충실히 이행함으로써 무역계약이 이행된다. 이와 함께 매도인과 매수인은 계약에서 합의하지 않은 사항이라도 관련국의 법률이나 국제협약에서 요구된다면 이를 이행하여야 한다. 일반적으로 매도인은 물품인도, 물품의 소유권 이전, 관련서류 교부, 하자담보 등의 의무를 부담하며 매수인은 대금지급, 물품수령 등의 의무를 부담한다.

물품이란 영문으로 article, property, commodity, goods 등으로 표시되며 통상적으로 goods란 용어가 보편화되어 있다. 물품의 인도란 원래 물품의 현실적이고 직접적인 지배의 이전을 의미하며 우리나라 민법상 인도의 정의는 포괄적인 점유권의 이전을 의미한다. 우리나라 민법에서 정의하는 인도는 현실적 이전과 함께 간이인도, 점유개정, 목적물 반환청구권과 같은 추정적 인도까지 포함한다. 영국 물품매매법(Sale of Goods Act, SGA)에서는 물품의 인도를 타인에 대한 점유권의 임의적 이전으로 규정하고 있다. 구체적으로 다음과 같이 규정하고 있다.

> "Delivery is voluntary transfer of possession from one person to another."

물품매매계약에서 계약조건에 따라 매도인은 물품을 인도할 의무를 지며, 매수인은 물품을 인수하고 대금을 지급해야 하는 의무를 부담한다. 매매당사자가 부담하는 물품인도의 의무와 대금지급의 의무는 별도의 합의가 없으면 동시에 이행되는 조건이다. 여기에서 물품의 인도는 특정인이 타인에게 자의로 물품 점유를 이전시키는 것을 의미한다. 따라서 매도인은 매수인에 의한 대금상환에 대하여 물품의 점유를 이전시킬 준비를 해야 한다. 반면에 매수인은 물품 점유에 대한 상환으로 매도인에게 대금을 지급할 준비가 되어 있어야 한다. 물품의 인도(make delivery of goods)는 엄밀히 말하자면 매도인의 관점이다. 매수인 측면의 관점은 물품의 인수(take delivery of goods)가 된다. 따라서 인도와 인수는 하나의 행위에 대한 양면적 성격이라 할 수 있다. 인수는 매도인에 의한 인도를 수리하는 것이므로 양자를 포괄하여 수도(受渡)라고 한다.

2) 물품인도의 유형

물품을 인도하는 형식은 몇 가지로 구분된다. 우선 현실적 인도와 추정적 인도로 구분할 수 있다. 이 밖에 직접인도와 간접인도 그리고 단순인도와 복합인도의 형태로도 구분할 수 있다.

❶ 추정적 인도와 상징적 인도

현실적 인도란 매도인이 매수인 또는 그 대리인에게 현실적 · 직접적으로 물품을 교부하는 것을 의미한다. 또한 현실적 인도는 물품에 대한 사실상의 지배 이전을 의미한다. 추정적 인도는 실제로 물품을 주고 받지는 않지만 인도하는 효과를 나타낼 수 있는 인도를 의미한다. 추정적 인도는 다시 양도승인에 의한 인도와 상징적 인도로 세분화할 수 있다. 추정적 인도 중 양도승인에 의한 인도는 다시 점유개정, 간이인도, 목적물 반환청구권의 양도로 구분할 수 있다. 점유개정은 물품의 매매 후 점유권의 양도인(매도인)이 양수인(매수인)의 수탁자로서 계속 물품을 점유하고 있는 경우이다. 점유개정은 물품매매계약 성립 후 이행과정에서 실질적인 물품인도는 없었지만, 매수인이 물품을 인도받은 것으로 간주하는 인도의 형태이다. 간이인도는 물품의 매매 이전 이미 물품은 점유권의 양수인(매수인)에게 있고 매매 후 물품의 이전 없이 당사자 사이에 점유이전에 대한 의사합의로써 인도가 이루어지는 경우를 의미한다. 목적물 반환청구권의 양도는 제3자가 점유하고 있는 물품에 대해 양도인이 양수인에게 물품의 점유이전을 합의하면서 양수인에게 제3자에 대한 물품 반환청구권을 양도함으로써 인도가 이루어지는 경우를 의미한다.

상징적 인도는 일반적으로 선하증권(Bill of Lading, B/L)의 이전과 같이 서류인도에 의한 경우를 의미한다. 예를 들어 CIF조건의 경우 물품은 선적과 함께 수탁자가 점유하고 있고 매도인은 물품에 대한 선하증권(B/L)과 화물상환증(Waybill) 등을 매수인에게 인도함으로써 물품인도를 이행할 수 있다. 이러한 형태의 물품인도가 상징적 인도이다.

❷ 직접인도와 간접인도

직접인도는 매도인이 물품을 매수인 또는 그 대리인에게 직접 인도하는 경우를 의미하며, 간접인도는 계약이나 관습상 운송인 혹은 운송 주선인(freight forwarder)과 같은 제3자에게 물품을 인도하는 것을 의미한다. 간접인도는 계약조건에 따라서 법적 의미가 서로 다를 수 있다. FOB조건의 경우 물품의 인도는 본질적으로 현실적 인도이다. FOB조건의 경우 운송인은 매수인의 이행 보조자로서 행동하기 때문에 매도인은 매수인이 지정한 운송인에게 물품을 인도하면 매수인에게 인도한 것으로 간주된다. 이는 계약조건에 위배되지 않는 한 매수인이 인도를 수리한 것이 되며, 이에 따라 매수인은 즉시 대금지급 의무를 이행해야 한다. 하지만 CIF조건의 경우는 성격이 상이하다. CIF조건에서는 운송인이 매도인의 이행 보조자 역할을 하기 때문에 운송계약상 물품운송의 수탁자로서 화물을 수취한 것으로 간주된다. 따라서 FOB조건에서 의미하는 내용과는 상이하다.

❸ 단순인도와 복합인도

단순인도는 매매계약의 목적물만을 인도하는 것을 의미한다. 일반적 매매계약에 적용되는 인도의 형태로써 대부분의 국내거래에서는 단순인도가 이루어진다. 복합인도란 물품의 인도와 동시에 부속서류를 동반하는 인도형식을 의미한다. 무역계약조건 중 CIF조건의 경우 물품인도와 함께 선적서류, 환어음 등 부속서류가 동시에 수반된다. 이러한 CIF조건에 의한 물품인도가 전형적인 복합인도의 경우이다.

3) 물품인도의 장소

물품매매계약에서 물품인도 장소는 무역거래조건과 특약에 의해 결정된다. 만약 거래조건이나 특약이 없는 경우 관련 매매법률에서 규정하는 내용이 적용된다. 일반적으로 별도로 명시된 인도장소가 없는 한 물품의 소재지가 인도장소로 인식되며 이곳에서 매수인이 물품을 인수하게 된다. 매매계약 당시 물품은 매도인이 소유하고 있는 것이므로 물품은 우선 매도인의 점유 관리하에 놓여 있다고 추정할 수 있다. 따라서 매매계약 당사자 사이에 특약도 없고 관습도 확실하지 않은 매매계약의 경우 매도인의 소재지를 현재지(point of origin)로 보고 매도인의 영업소 또는 목적물의 소재지를 인도장소로 보는 것이 상거래 측면에서 합리적이다.

영국 물품매매법(SGA)에 의하면 매매계약에서 명시적 혹은 묵시적 계약조건이 존재하지 않는 한, 물품의 인도장소는 매도인의 영업소 혹은 주소지로 규정하고 있다. 다만, 매매계약 당시 당사자 간 물품의 장소를 현실적으로 인지한 경우 해당 장소를 물품인도 장소로 규정하고 있다. 또한 영국 물품매매법(SGA)에서는 매도인이 매수인에게 물품인도의 수령을 요구했지만 상당한 기간 내에 매수인이 그 인도를 수령하지 않으면, 매수인은 인도수령 지연으로 인한 손실 및 물품의 보관비용 등을 매도인에게 배상해야 됨을 규정하고 있다. 미국 통일상법(Uniform Commercial Code, UCC)에서도 매매계약에 별도의 특약이 없는 한 물품의 인도장소는 매도인의 영업소, 만약 매도인의 영업소가 없는 경우 매도인의 주소지로 규정하고 있다. 또한 매매계약 체결 당시 계약당사자가 물품의 장소를 현실적으로 인지한 경우 그 장소를 인도장소로 규정하고 있다. 미국 통일상법(UCC)에서는 매매계약에서 매도인은 매수인의 지시에 따라 계약에 부합되는 물품을 정해 그것을 소지한 다음 매수인이 인도를 수령하는 데 필요한 모든 통지를 한 뒤에 인도해야 함을 규정하고 있다.

CIGS(United Nations Convention on Contracts for the International Sale of Goods, the Vienna Convention)에서도 기본적으로 매도인에 의한 물품인도는 매도인의 영업소에서 매수인의 처분에 맡김으로써 의무가 완성됨을 규정하고 있다. CISG에서는 특히 매매계약이 물품의 운송을 포함하는 경우에 대해 별도로 규정하고 있다. 매도인이 특정 장소에서 물품을 인도할 의무가 있는 경우 그 장소에서 물품이 인도되며 매매계약이 복수의 운송인에 의해 목적지로 운송되는 경우 최초 운송인에게 인도가 되었을 때 물품인도가 이루어진 것으로 간주하고 있다. 매매계약이 운송을 포함하지 않은 경우는 매매계약 체결 당시 당사자가 인지한 특정 장소(보관 장소 혹은 생산 장소)에서 물품인도가 이루어짐을 규정하고 있다. 마지막으로 우리나라 민법 및 상법의 관련 조항에서도 매매당사자 간 특약이 없거나 관습이 불분명할 때는 매도인의 소재지나 영업장소가 인도장소가 되는 것으로 간주하고 있다.

물품의 인도장소와 정형거래 계약과의 관계는 다음과 같이 규정할 수 있다. 당사자 간 합의한 인도제공 장소가 물품이동의 개시장소인 경우 선적지 인도계약(place of shipment contract)이라고 한다. 만약 합의한 인도제공 장소가 물품이동의 종료장소인 경우 양륙지 인도계약(place of destination contract)이라 한다. FOB조건의 경우 일반적으로 해상운송 구간에 대한 위험은 매수인이 부담하게 된다. 따라서 FOB조건의 물품인도는 선적지 인도계약으로 간주할 수 있다. 하지만 DAT 계약의 경우 해상운송 구간에 대한 위험을 매도인이 부담하게 된다. 따라서 DAT조건의 물품인도는 양륙지 인도계약으로 간주할 수 있다.

4) 물품인도의 시기

물품매매계약에서 물품인도 시기가 준수되지 않으면 인도 및 선적지연 또는 불인도(non-delivery)에 따른 계약위반이 발생되어 계약해지나 손해배상을 초래할 수 있다. 일반적인 상거래에서 물품의 인도 시기는 당사자의 명확한 의사표시에 따라 정확하게 표시되어야 한다. 따라서 매도인은 당사자 간 혹은 관행에 따라 확정일자가 결정되면 그 기간 내에 인도하여야 한다. 그러나 명확하게 정해지지 않은 경우는 합리적 기간 내(within a resonable time)에 인도하여야 한다. 합리적 기간은 유엔국제상거래법위원회(United Nations Commission on International Trade Law, UNCITRAL) 규정에 의하면 관련 계약내용에 따라 기간이 상이하다. 계약내용에서 immediate는 계약체결 후 7~10일 이내, prompt, ready or available은 계약체결 후 10~21일 이내, delivery on call은 매수인의 선적지시 후 7~45일로 규정하고 있다. 한편 신용장통일규칙(Uniform Customs and Practice for Documentary Credits, UCP) 규정에 의하면 prompt, immediately, as soon as possible은 신용장 발행일로부터 30일 이내, on or about은 명시된 일자를 포함해 전후 5일 이내의 선적으로 규정하고 있다.

5) 물품인도에 부수하는 의무

CISG에 의하면 물품인도와 관련해 매도인은 다양한 부수적인 의무도 이행하여야 한다. 구체적으로 CISG에서는 매도인의 물품특정 의무, 운송주선 의무, 부보에 필요한 정보제공 의무 등을 규정하고 있다. 이러한 의무는 오랫동안 상관습상 인정되었으며 이를 CISG에서 구체화하였다. 우선 매도인이 물품을 운송인에게 인도함에 있어 물품이 특정되지 아니하여 다른 물품과 구분이 되지 않는 경우에는 목적물의 화인이나 선적서류 등을 이용하여 물품을 특정하여야 한다. 그리고 해당 내용에 대해 출하통지서(notice of consignment)를 작성하여 매도인은 매수인에게 송부하여야 한다. 그리고 계약내용에 의해 매도인이 목적물의 운송을 위한 조치를 해야 하는 경우는 해당 계약 상황에 적합한 운송수단을 선택하여 통상적인 조건에 따라 운송계약을 체결하여야 한다. 예를 들어 CIF조건에서 매도인의 운송계약 체결의무가 여기에 해당될 수 있다. 또한 매도인이 스스로 해상보험과 같은 운송보험 계약을 체결하여야 할 의무가 없는 경우에도 매수인이 해당 보험계약을 체결할 수 있도록 모든 가능한 정보를 제공하여야 한다. 예를 들어 FOB조건의 경우 매도인이 해상보험 계약을 체결할 의무는 없다. 하지만 매수인이 해당 물품에 대해 해상보험 계약을 체결할 때 매도인은 관련 정보를 제공하여야 한다.

2. 물품의 소유권 이전

❶ 소유권 이전의 개념

소유권(property)이란 경제적 이익을 기반으로 하여 금전적으로 평가할 수 있는 권리를 의미하며 물품매매계약에서 매도인은 매매의 목적인 소유권(재산권)을 매수인에게 이전해야 할 의무가 있다. 즉 매도인은 매수인으로 하여금 매매의 목적인 소유권을 취득하게 하고 자유롭게 그 권리행사를 할 수 있도록 필요한 조치를 취해야 한다. 일반적으로 소유권 이전에 대해서는 개별 국가의 상이한 법률 내용이 적용된다. 우리나라 민법에서는 소유권을 법률적 범위 내에서 그 소유물을 사용, 수익, 처분할 권리라고 규정하고 있다. 영국 물품매매법(SGA)에서는 소유권과 관련해 물품매매계약은 대금이란 금전으로써 대가를 얻기 위하여 매도인이 매수인에게 물품의 소유권을 이전한다는 약속임을 규정하고 있다. 미국 통일상법(UCC)에서 매매계약은 물품의 즉시매매 또는 장래에 물품을 매매하는 계약을 포함하며, 매매는 대금을 획득하기 위하여 매도인으로부터 매수인에게 title(권원)을 이전하는 것임을 규정하고 있다.

❷ 소유권 이전의 원칙

소유권 이전과 관련해 형식주의와 의사주의가 오래 전부터 대립하여 왔다. 국가와 지역에 따라 소유권 이전과 관련해 상이한 원칙이 적용되어 왔다. 형식주의는 소유권 이전에 당사자의 의사표시 이외에 등기 등의 공시방법이 필요하다는 원칙이다. 형식주의가 적용되는 경우 공시방법이 병행되지 않으면 소유권의 효력이 발생되지 않는다. 형식주의를 인정하는 국가는 우리나라를 비롯해 네덜란드, 스페인, 브라질, 아르헨티나 등이 있다. 형식주의와 대비되는 의사주의는 당사자의 의사표시만으로 소유권이 이전되고 어떠한 공시방법도 필요치 않음을 나타내는 원칙이다. 의사주의를 채용하는 국가는 프랑스, 일본, 영국, 미국 등이 있다.

우리나라의 경우 앞서 언급된 대로 동산, 부동산에 관한 법률행위로 인한 물권의 득실 변경은 등기를 해야만 그 효력이 발생된다. 즉 소유권 이전과 관련해 형식주의 원칙이 적용된다. 영미법 국가의 경우는 적용사례에 따라서 형식주의 혹은 의사주의가 상이하게 적용될 수 있다. 영국 물품매매법(SGA)과 미국 통일상법(UCC)에서는 특정물(specific goods), 확정물(ascertained goods), 불확정물(unascertained goods)에 대해 별도의 소유권 이전 원칙을 규정하고 있다. 우선 특정물이란 매매계약 성립시에 계약의 대상으로 합의한 물품이다. 확정물은 계약체결시점 이후 합의에 의해 계약의 대상으로 확정된 물품을 의미한다. 불확정물은 계약체결시 혹은 이후에도 계약의 대상으로 확정되지 않고 기술에 의해 당사자 간 참조할 수 있는 물품을 의미한다. 영미법에서는 특정물과 확정물의 경우 소유권은 계약의 조항, 당사자의 행위 및 사안을 고려한 당사자의 의사에 따라 이전된다고 규정하고 있다. 하지만 불확정물의 경우는 인도 가능한 상태에 있는 물품이 조건 없이 계약에 충당된 때에 소유권이 매수인에게 이전되는 것으로 추정하며 형식주의가 적용된다.

소유권 이전에서 또 다른 중요한 부분이 준거법의 적용이다. 소유권 이전과 관련해 개별 국가에서 상이한 법률 내용이 적용되기 때문에 준거법 적용이 중요한 변수가 될 수 있다. 소유권 이전 준거법과 관련해 우리나라는 국제 물품매매에 의해 생기는 목적물의 소유권 이전은 그 원인된 행위 또는 사실의 완성 당시 그 목적물의 소재지 법으로 한다고 규정하고 있다. 소유권 이전의 완성시점은 경우에 따라 다를 수 있지만, 전형적 매매거래인 환거래에서는 선적서류가 매수인에게 인도된 때를 소유권 이전의 완성시점으로 간주한다. 물품매매계약에서 이동 중인 물품의 경우 현실적인 소재지를 특정하기가 어렵다. 따라서 일반적으로 이동 중의 물품에 대한 득실 변경은 그 목적지 법에 의하는 것으로 규정하고 있다.

3. 관련서류의 교부

매도인에 의한 관련서류의 교부도 무역계약 이행을 위한 다양한 의무 중 하나이다. CISG에서는 무역계약 이행을 위한 매도인의 기본적 의무로써 매수인에 대한 매도인의 관련서류 인도(교부)를 규정하고 있다. CISG에서는 계약에서 요구하는 시기, 장소 및 형식에 따라 매도인이 관련서류를 교부해야 됨을 규정하고 있다. 하지만 CISG는 서류인도 의무에 대한 일반적인 내용을 규정하고 있지만 인도되어야 할 구체적인 서류의 내용이나 효과 등에 대해서는 아무런 규정이 없다. 일반적인 상관습에 의하면 선적서류(shipping document)가 교부서류에 포함되며 구체적으로 선하증권, 창고증권 등의 권리증권이나 항공화물 운송장, 품질 증명서 등 계약에서 요구하는 서류가 여기에 포함된다.

관련서류 인도시기와 관련해서 CISG는 물품매매계약에서 정해진 시기에 인도해야 됨을 규정하고 있다. CISG에 의하면 만약 약정한 시기보다 늦게 서류가 제공되면 지급거절 사유가 된다. 또한 CISG는 약정된 시기보다 먼저 서류의 인도가 있을 경우에는 약정시기까지 서류의 미비점을 보완할 수 있도록 규정하고 있다. 이러한 권리를 하자 보완권이라고 한다. CISG에서는 매도인이 하자 보완권을 행사하기 위해서는 매수인에게 불편이나 불합리한 비용을 발생케 하여서는 안 됨을 규정하고 있다. 만약 불합리한 비용이 발생한 경우 이에 대한 매수인의 손해배상권이 인정된다. 국제상업회의소(International Chamber of Commerce, ICC)에서 제정한 Incoterms에서는 조건별로 교부서류에 대한 상세 규정이 명시되어 있다. 예를 들어 CIF조건의 경우 매도인은 선하증권 및 해상보험 증권을 매수인에게 전달하여야 한다.

4. 하자담보

앞서 논의된 물품인도, 소유권 이전, 관련서류 교부와 함께 하자담보도 무역계약 이행을 위한 매도인의 중요한 의무이다. 일반적으로 물품매매계약에서 매수인이 취득하려는 권리 혹은 권리의 객체인 물건의 하자와 관련 매도인이 매수인에 대하여 부담하는 책임을 매도인의 담보책임이라고 한다. 하자담보와 관련해 우리나라 민법에서는 매도인이 재산권을 이전해야 하는데, 그 재산권에 하자가 있어서 그 재산권의 일부 혹은 전부를 이전할 수 없는 경우에는 매도인에게 일정한 책임이 있음을 인정하고 있다. 우리나라 민법에서는 매도인의 담보책임을 권리의 하자에 대한 담보책임, 물건의 하자에 대한 담보책임, 경매에 있어서의 담보책임으로 구분하고 있다.

우리나라 민법에 따르면 재산권 이전에 있어서 권리에 하자가 있는 경우 매수인은 그 책임에 따라 매도인에게 계약해제, 손해배상청구, 또는 대금감액 청구 등을 할 수 있다. 물건에 하자가 있는 경우 매수인은 계약을 해제하고 매도인에게 손해배상을 청구할 수 있다. 그리고 우리나라 민법에서는 물건 하자의 경우 하자가 계약의 목적을 달성할 수 없을 정도로 중대한 것이 아닐 때에는 매수인은 매도인에게 손해배상을 청구할 수 있지만 계약을 해제하지는 못한다고 규정하고 있다. 또한 불특정물 매매에 있어서도 목적물의 하자로 목적을 달성할 수 없을 때에는 매수인은 계약을 해제하고 손해배상 청구를 할 수 있다고 규정하고 있다. 우리나라에서는 하자와 관련해 이러한 매수인의 권리는 매수인이 목적물의 하자를 발견한 때로부터 6개월 이내에 행사하여야 함을 규정하고 있다.

하자담보와 관련한 영미법 국가의 법 규정은 다음과 같다. 우선 영국 물품매매법(SGA)에 의하면 하자담보 관련 매수인을 보호하기 위하여 매도인에게 명시담보 및 묵시담보에 의한 책임을 인정하고 있다. 여기에서 담보(warranty)는 매도인이 판매하는 물품의 품질, 성능, 또는 적합성에 대하여 매도인이 책임질 것을 승인한 것을 의미한다. 과거 영국 물품매매법(SGA) 규정은 매수인의 위험부담을 엄격히 적용한 측면이 있었다. 예를 들어 매수인은 자기가 구입한 물품에 결함이 있다면 스스로 파악해야 하고 이를 게을리한 경우 상대의 부실표시나 사기의 경우를 제외하고는 매도인에게 구제를 청구할 수 없었다. 하지만 오늘날에는 담보(warranty) 규정을 통해 매수인을 보호하고 있다. 영국 물품매매법(SGA)에서 의미하는 담보는 매매계약의 주목적에 부수하는 것이다. 따라서 담보위반에 대해 상대방의 손해배상 청구권은 인정되지만 물품인수를 거절하고 계약을 해제할 권리는 인정되지 않는다. 반면에 영국 물품매매법(SGA)에서 조건(condition)은 매매계약에 있어서 중요한 조항으로서 위반시 계약해제권을 발생시킬 수 있음을 규정하고 있다. 예를 들어 명세서에 의한 물품매매의 경우 인도물품은 명세서와 합치한다는 묵시조건이 존재한다. 만약 인도물품이 명세서와 부합하지 않는 경우 매수인은 계약해제권을 행사할 수 있다. 또한 매매계약에 의해 인도되는 물품의 품질은 기본적으로 만족스러운 품질이라는 묵시조건이 존재한다. 여기에서 만족스러운 품질이란 물품의 명세서, 가격 및 그 밖의 관련된 사정을 고려해 합리적인 사람이 만족스럽다고 간주하는 기준의 품질을 의미한다. 이 밖에 견품매매(sample)에 의한 물품매매계약의 경우 인도되는 물품의 품질이 견품과 일치한다는 묵시조건이 존재한다.

하자담보와 관련한 미국 통일상법(UCC)의 내용은 영국 물품매매법(SGA) 규정과 유사하다. 기본적으로 미국 통일상법(UCC)은 영국 물품매매법(SGA)을 바탕으로 제정되었기 때문에 관련 규정이 매우 유사하다. 다만 미국 통일상법(UCC)에서는 영국 물품매매법(SGA)과 달리 조건(condition)과 담보(warranty)를 별도로 규정하지 않고 담보(warranty)로 용어를 통일해서 적용하고 있다. 미국 통일상법(UCC)에서는 하자담보에 대해 손해배상뿐만 아니라 영국 물품매매법(SGA)의 경우 조건위반에 대해서만 인정되는 계약해제 및 물품의 수리거절까지 확대 인정하고 있다. 또한 미국 통일상법(UCC)에서는 하자담보 관련 명시담보 및 묵시담보 내용을 구체적으로 규정하고 있다. 예를 들어 매도인에 의한 명시담보는 매도인이 매수인에게 한 사실에 관한 확언 또는 약속, 거래의 기초의 일부가 된 물품에 관한 명세서, 거래의 기초가 된 견품 등을 포함한다. 이 밖에 판매 적격성 및 특정 목적 적합성 등이 묵시담보에 포함된다. 판매 적격성(상품성)은 물품매매계약에서 해당 물품이 상품성을 지니고 있어야 한다는 내용으로 최고의 품질을 담보하는 것은 아니지만 적어도 평균 중등 품질의 것이어야 함을 의미한다. 특정 목적 적합성은 매수인이 특정 목적을 위해 물품을 매입하고자 하여 그 사실을 매도인에게 알리고 매도인이 적합한 물품 공급에 동의한 경우 인도되는 물품은 해당 특정 목적에 적합해야 한다는 묵시담보이다. 미국 통일상법(UCC)에 의하면 만약 매도인이 담보위반을 한 경우 매수인은 손해배상청구, 대금감액, 계약해제 등의 구제수단을 취할 수 있다고 규정하고 있다.

CISG에서도 계약 이행을 위한 매도인의 중요한 의무 중 하나로써 하자담보를 규정하고 있다. CISG에 의하면 인도되는 물품의 계약 적합성은 매도인의 중요한 의무이다. 즉 매도인은 계약에 의해 요구되는 수량, 품질 및 종류의 물품을 계약에서 요구하는 방법으로 매수인에게 포장, 인도하여야 한다. 담보(warranty)란 표현을 별도로 쓰고 있지는 않지만 실질적으로 매도인의 담보의무를 규정한 미국 통일상법 내용과 유사하다고 할 수 있다. CISG에서 규정하는 구체적인 하자담보에 관한 내용은 다음과 같다.

매도인은 계약상의 수량, 품질, 종류의 물품을 계약에 적합한 포장으로 인도해야 하며, 인도되는 물품은 통상의 목적과 특정의 목적에 적합해야 한다. 또한 인도되는 물품은 견본(sample)과 일치해야 하며 매도인은 통상적인 포장을 제공하여야 한다. 이러한 물품의 계약 적합성 의무는 물품 적합성과 권리 적합성으로 구분되는데, 물품 적합성은 앞서 언급한 대로 매도인이 물질적인 측면에서 수량, 종류, 포장 등에 있어 계약에 적합한 물품을 인도해야 할 의무를 의미한다. 매도인의 물품에 대한 이러한 책임을 대륙법계 국가에서는 일반적으로 법정 책임인 하자담보 책임이라고 하며 손해배상이나 대금감액, 계약해제의 효과를 인정하고 있다. 권리 적합성은 권리적인 측면에서 권리이행에 아무런 지장이 없는 계약에 적합한 물품을 인도해야 할 의무를 말한다. 구체적으로 매도인은 당사자 간에 합의한 경우가 아닌 한 물품이 제3자 청구권의 대상이 되거나 권리의 대상이 되는 물품이 아니어야 한다. 즉, 이 물품에 대하여 제3자의 유치권, 담보권의 대상이 되거나 질권의 대상이 되어서는 안 된다는 것을 의미한다. 또한 제3자의 소유권의 대상이 되는 물품이어서는 안 되는 것이다. 이러한 제3자의 권리나 청구권의 대상이 되는 물품은 권리상의 하자 있는 물품이 되는 것이다. 다만 매수인이 이러한 권리상의 제한에 동의한 경우에는 예외로 할 수 있다. 이와 함께 매도인은 타인의 지적 재산권을 침해한 물품을 인도하여서는 안 된다. 타인의 지적 재산권 침해 여부에 대한 판단은 계약체결시 양 당사자가 물품이 어떤 국가에서 전매 또는 사용될 것인지를 알았을 경우에는 해당 국가의 법률을 적용하며, 그 이외의 경우에는 매수인이 영업소를 두고 있는 국가의 법률을 적용한다. 그리고 매수인이 그러한 제3자의 권리침해 사실을 알고 있었을 경우에는 매도인은 면책된다. 다만 이러한 내용은 매매 당사자 간에만 적용되며, 제3자가 지적 재산권을 기초로 하여 주장할 수 있는 권리를 제한하는 것은 아니다.

인도되는 물품이 매매계약과 적합한지의 여부는 원칙적으로 위험이 매도인으로부터 매수인에게 이전된 때 판단하여야 한다. 따라서 위험의 이전 시점을 결정하는 것이 중요하다. 구체적으로 CIF조건의 경우 위험이전 시점은 본선인도 시점이고 소유권 이전 시점은 서류인도 시점이 된다. 따라서 본선인도 시점까지만 물품에 하자가 없으면 이후 운송도중 물품의 하자에 대해서는 매도인이 책임을 지지 않는다. 이러한 CIF조건의 경우 물품이 본선인도되기 전 사전에 검사를 완벽히 하여 검사 증명서를 첨부하였다면 이후 하자에 대하여 매수인은 매도인에게 책임을 물을 수 없다. 매수인은 인도를 받는 물품의 하자나 수량부족에 대해 가능한 단기간 내에 검사해야 한다. 물품의 부적합을 발견한 경우 매수인은 합리적인 기간 내에 매도인에게 그 뜻을 통지하여야 한다. 만약 매수인이 물품의 부적합에 대한 통지를 게을리한 경우 계약 부적합에 대해 매도인에게 책임을 물을 수 없다. 또한 이 경우 매수인은 인도된 물품을 그대로 보유하고 대금을 지급해야 한다. 다만 합리적인 이유가 있는 경우, 물품의 하자나 수량부족 검사와 관련해 합리적인 시간이 경과해도 대금감액과 손해배상을 청구할 수 있다.

읽기 2-3-1 무역클레임과 상사중재

무역클레임은 무역계약의 한 당사자가 계약의 내용을 충실히 이행하지 않음으로써 손해가 발생되어 피해 당사자가 손해배상을 청구한 경우이다. 클레임 성격을 기준으로 일반적 클레임, 마켓 클레임, 계획적 클레임으로 나눌 수 있으며 발생 원인을 기준으로 품질 클레임, 수량 클레임, 선적 클레임, 포장 클레임, 가격 클레임 등으로 구분된다. 무역 클레임은 계약 내용과 계약 이행 등의 직접적 원인에 의해 발생될 수 있으며 언어의 상이, 상관습 및 법률의 상이, 도량형의 상이 등의 간접적인 원인으로 발생될 수 있다.

무역계약 당사자 간 사법상의 법률관계에 관한 분쟁이 발생하여 제3자인 중재인의 판단에 따라 해결하는 것이 상사중재의 개념이며 신속성과 경제성, 중재절차가 비공개적 · 국제적인 효력 등의 장점이 있다. 하지만 상소제도가 없고, 법적 안정성이 결여되며, 절차상의 문제가 발생할 수 있다는 단점이 있다. 구체적인 상사중재의 절차는 다음과 같다.

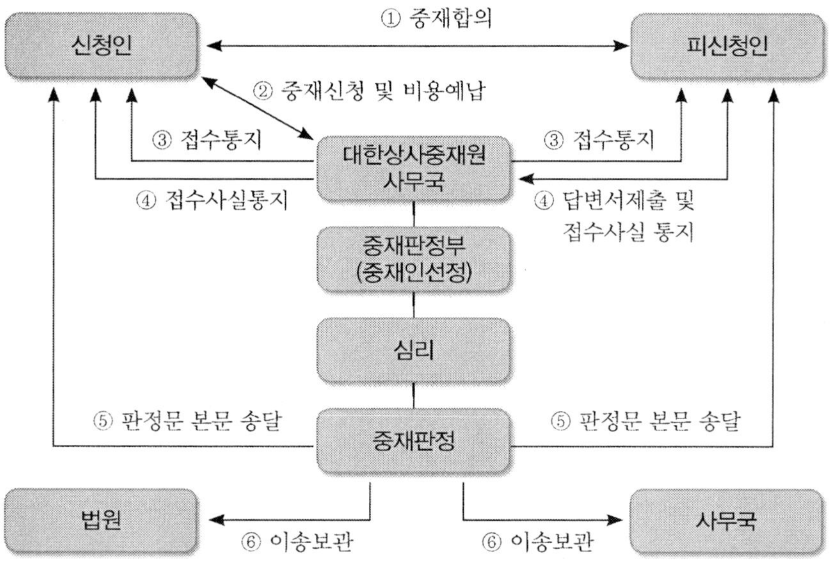

(대한무역투자진흥공사 자료 참고)

제2절 무역계약 이행을 위한 매수인의 의무

1. 대금지급의 의무

1) 대금지급의 개념

무역계약 이행을 위해서는 매수인도 다양한 의무를 이행하여야 한다. 구체적으로 대금지급, 물품수령, 물품검사, 하자통지 등이 CISG에서 규정하는 매수인의 의무이다. 대금지급은 물품매매계약에서 매수인에게 주어진 가장 기본적인 의무이다. 매수인의 대금지급 의무는 매도인의 물품인도에 대한 반대급부의 개념이다. 따라서 원칙적으로 매도인의 물품인도와 매수인의 대금지급은 동시에 이행되어야 할 의무조건이다. CISG에서 대금지급 의무와 관련해 대금의 결정, 지급장소, 지급시기 등에 대해 규정하고 있지만 지급방법에 대하여는 당사자 간 계약에 의하도록 규정하고 있다.

2) 매매가격의 결정

물품매매계약에서 매매가격의 결정은 교섭단계에서 당사자 간 합의에 의해 결정되는 것이 원칙이다. 하지만 경우에 따라 매매가격을 결정하지 않고 계약을 체결할 수 있다. 물론 물품매매계약의 성립과정에서 가격이나 그 결정방법을 정하지 않고 계약이 성립되는 경우란 거의 없다. 다만 거래 당사자 간 확립된 관습이 존재하는 경우에는 예외적으로 가격결정을 하지 않고 계약이 체결되는 경우가 있다. 예를 들어 운송과 관련된 내용이 결정되지 않으면 운송비나 보험료 등이 확정될 수 없다. 이로 인해 물품의 가격결정이 유보되는 경우가 있다. CISG에 의하면 명시적 혹은 묵시적으로 정한 가격이 있거나 결정을 위한 규정이 있어야 유효한 계약이다. CISG에서는 매매가격이 결정되지 않은 경우 당사자가 계약체결시 해당 물품과 비교될 만한 상황에서 매각되는 물품에 대해 일반적으로 부과되는 가격을 물품대금으로 정한다는 묵시적 합의를 한 것으로 본다. 미국 통일상법(UCC)에서는 매매가격을 정하지 않고 계약이 체결된 경우 물품인도시 해당 물품의 합리적인 시장가격을 적용함을 규정하고 있다. 또한 CISG에 의하면 매매가격이 물품의 중량에 따라 결정되는 경우 매매가격에 대한 당사자의 의사가 명확하지 않으면 순중량에 의해 결정되는 것으로 인정된다. 중량에 따라 매매가격이 결정되는 경우는 포장을 하지 않은 벌크화물인 경우가 많지만 예외적으로 포장이 되어 있는 경우도 있다. 이 경우 포장중량까지 포함된 총중량(gross weight)이 아닌 물품 자체의 중량인 순중량(net weight)에 의해 매매가격이 결정된다. 물론 만약 당사자의 의사에 의하여 총중량 조건으로 하겠다고 계약서에 명시한 경우에는 총중량에 의해 매매가격이 결정된다.

3) 대금지급의 장소

일반적으로 채무의 이행은 채권자의 주소지에서 하는 것이 원칙이다. 이러한 원칙은 국제물품매매에도 해당되어 매매대금은 계약조건에 다른 합의가 없다면 매도인의 영업소에서 지급되어야 한다. 우리나라 민법에서도 대금지급 장소와 관련해 이와 유사한 내용을 규정하고 있다. 즉 계약조건에 특약이나 관습이 없으면 매도인의 주소지 지급이 원칙이며 당사자의 거래 사정상 물품의 인도와 대금지급을 동시에 하는 경우는 인도장소가 바로 대금지급 장소이다. 미국 통일상법(UCC)에서는 대금지급 장소를 매수인이 물품을 수령해야 할 장소로 규정하고 있다. 하지만 대부분 국가에서 외환관리가 존재하는 것을 감안한다면 매수인이 외화송금을 위한 조치를 취해야 한다. 따라서 대금지급 장소와 관련한 미국 통일상법(UCC) 규정을 국제물품매매 거래에 적용하는 것은 다소 무리가 있다. CISG에서는 대금지급 장소를 매도인의 영업소 혹은 주소지로 규정하고 있다. 다만 물품이나 서류의 인도와 대금지급이 상환으로 이루어지는 경우에는 물품의 인도와 서류의 인도가 행하여지는 장소에서 대금을 지급하여야 한다고 규정하고 있다. 경우에 따라서 매수인의 영업소 혹은 국가에서 매도인에 의한 외환송금이 가능하지 않는 경우가 있을 수 있다. 따라서 대금지급 장소와 관련한 CISG 규정은 매도인을 보호하는 차원의 성격도 가지고 있다.

4) 대금지급의 시기

매매계약에서 매도인의 물품인도와 매수인의 대금지급이 동시이행의 관계에 있으므로 매수인의 대금지급은 물품과 상환으로 이루어지게 된다. 우리나라 민법에서도 특약과 관습이 없는 한 물품인도와 대금지급은 동시조건으로 규정하고 있으며 영국 물품매매법(SGA)에서도 물품 또는 서류의 인도와 대금지급은 동시조건이라고 규정하고 있다. 하지만 국제적 매매계약에서는 국제운송이 포함된다. 따라서 CISG에 의하면 매도인은 운송인에게 물품을 인도함으로써 매수인에 대한 물품인도 의무를 이행하게 된다. 운송인은 운송물을 선적한 증거이자 권리를 행사할 수 있는 선적서류를 발급한다. 이후 선적서류의 교부 및 양도는 물품의 소유권에 대한 인도와 동일한 효력을 가진다. 따라서 이러한 선적서류가 제시될 경우 매수인은 이와 상환으로 대금을 지급해야 한다. 즉 CISG에 의하면 국제적 매매계약에서 매수인의 대금지급 시기는 당사자 간 특약이 있다면 그 내용을 따르지만, 별도의 특약이 없는 경우 매수인은 물품 또는 물품을 대표하는 서류가 인도되는 시점에 대금을 지급해야 한다.

2. 물품수령의 의무

매도인의 물품인도에 대해 매수인은 물품수령으로 협조하여야 한다. 대금지급과 함께 물품수령은 무역계약 이행을 위한 매수인의 기본적인 의무이다. 물품의 수령이란 물품인도에 상대되는 개념으로써 물품의 점유 혹은 지배를 취득하는 것이다. 물품의 수령은 운송을 포함하는 선적인도조건에서 더욱 중요하다. 이 경우 만일 매수인이 적기에 물품을 수령하지 않으면 매도인의 운임 및 체선료에 대한 부담이 커지기 때문이다. 또한 운송을 포함하지 않고 특정장소 또는 매도인의 영업소에서 인도하는 경우에도 매수인의 물품수령은 중요하다. 합리적 이유 없이 물품의 수령을 거절하는 경우 매수인은 자신에게 인도된 물품을 보관할 의무를 부담한다. 물론 물품을 수령할 것인지 여부는 매수인의 의사에 달려 있지만 물품의 하자나 합리적인 이유가 없는 경우에는 매수인의 물품수령 거부는 계약위반이 된다.

물품의 수령은 매도인이 물품을 인도할 수 있도록 합리적인 협력의무까지 포함하는 개념이다. 또한 넓은 의미의 물품수령 의무에는 물품검사 의무, 하자통지 의무도 포함된다. 우리나라 민법에서는 매수인의 물품수령과 관련한 직접적인 내용은 없지만 관련 의무는 규정하고 있다. 우리나라 민법의 수령지체 규정에 의하면 매도인이 물품에 대한 소유권을 이전할 때 합리적인 이유 없이 매수인이 수령을 거부하면 수령지체가 성립된다. 이 경우 매도인은 매수인에게 지체 없는 통지 후 해당물품에 대해 공매 혹은 경매를 할 수 있다. 영국 물품매매법(SGA)과 미국 통일상법(UCC)에서는 물품매매계약 이행을 위한 매수인의 중요 의무로써 물품수령 의무를 규정하고 있다. CISG에서도 매수인의 의무로써 물품수령 의무를 규정하고 있다. 또한 CISG에 의하면 매수인은 매도인의 인도를 가능하게 하기 위한 합리적 조치를 취해야 한다. 예를 들어 FOB조건의 경우 매수인은 운송계약을 체결하고 선박명, 선박지점, 인도시기 등을 매도인에게 통지하여야 한다.

3. 물품검사의 의무

물품을 수령하기 전에 물품이 계약과 일치하는지 여부를 조사하는 것도 매매계약 이행을 위한 매수인의 중요한 의무이다. 물품을 수령한 매수인이 지체 없이 물품의 상태를 검사하여야 하는 것은 대부분 국가에서 공통적으로 인정하는 매수인의 의무이다. 여기에서 '지체 없이'란 매수인이 물품을 검사하기 위한 기회를 확보한 뒤 실현 가능한 가장 짧은 기간 내에 검사를 마치고 통지를 해야 함을 의미한다. 물품의 품질검사는 당사자 간 정해진 기준에 따라 이루어지며 판단의 객관성을 보장하기 위해 국제적인 신뢰성을 가지고 있는 전문 검사기관에 맡기는 경우가 많다. 구체적으로 물품의 품질검사와 관련해 견품매매(sales by sample)가 가장 많이 활용되며 이 밖에도 표준품매매(sales by standard) 등이 활용되는 경우도 있다. 물품검사는 생산 단계에서의 검사, 선적 전 완제품 검사, 도착지에서의 검사로 나누어지며 구체적인 시기와 방법은 당사자 간 합의에 의해 결정된다.

매수인의 물품검사와 관련해 우리나라 상법에서는 매수인이 목적물을 수령한 후 지체 없는 검사를 실시해야 한다고 규정하고 있다. 만약 매수인이 하자 또는 수량 부족을 발견시에는 즉시 매도인에게 통지해야 하며 일반적으로 6개월 이내의 검사 및 통지를 규정하고 있다. 만약 해당 기간 내에 물품검사가 이루어지지 않으면 악의적인 경우를 제외하고는 매도인에 대한 매수인의 계약해제, 대금감액, 또는 손해배상 청구권 등이 상실된다고 규정하고 있다. 영국 물품매매법(SGA)에서는 매수인의 물품검사 의무와 관련해 별도의 합의가 없는 한 매수인은 매도인에 의해 물품이 인도될 때 물품이 계약과 일치하는가를 확인하기 위해 합리적인 시간을 매도인에게 요구할 수 있다고 규정하고 있다. 그리고 물품검사의 장소 및 시기는 물품의 인도장소 및 인도시기로 간주한다는 내용도 규정하고 있다. 영국 물품매매법(SGA)에 의하면 매수인은 물품을 검사 후 적절한 시기에 이의를 제기하지 않으면 물품을 거절할 수 없으며 다만 이 경우도 손해배상은 청구할 수 있다고 규정하고 있다.

미국 통일상법(UCC)에서는 물품검사 의무와 관련해 매수인은 매도인에 의한 물품인도 후 대금지급 전까지 합리적인 시기, 장소, 방법으로 해당 물품을 검사할 권리를 보유한다고 규정하고 있다. 미국 통일상법(UCC)에 의하면 물품 검사 비용은 매수인이 부담하지만, 물품이 계약과 일치하지 않는 경우 매도인에 대하여 검사비용을 청구할 수 있다. 매수인은 물품인수 거절에 대해 검사 후 즉시 매도인에게 통지하여야 하며 그렇지 않으면 효력이 상실된다. CISG에서는 목적물을 인도받은 매수인으로 하여금 실행 가능한 단기간 내에 물품을 검사하거나 또는 타인으로 하여금 검사하도록 규정하고 있다. 물품검사는 매수인의 상황을 고려하여 현실적인 기간 내 이루어져야 하며 계약이 물품의 운송을 포함하고 있는 경우에는 물품의 목적지 도착 후까지 검사의무가 연기될 수 있다. 예를 들어 CIF New York 조건의 경우 매수인은 물품이 수입항인 뉴욕에 도착시 검사를 실시한다. 또한 매수인이 검사를 위한 합리적인 기회가 주어지지 않은 상태에서 그 목적지가 변경된 경우에는 새로운 목적지에 물품이 도착된 후 검사를 실시할 수 있다. 검사결과 불일치가 발견되면 매수인은 합리적인 기간 내에 매도인에게 통지하여야 한다. 만약 그렇지 않으면 매수인은 관련 권리를 상실할 수도 있다.

4. 하자통지의 의무

매수인은 물품에 대해 검사를 실시한 후 하자가 발견되면 지체 없이 통지를 해야 한다. 하자통지도 넓게 보면 매매계약 이행을 위한 매수인의 의무에 포함된다. CISG에 의하면 검사결과 물품의 하자를 발견한 매수인은 지체 없이 이를 매도인에게 통지하여야 하며, 만약 그렇지 않은 경우 매수인은 물품의 부적합을 이유로 하는 계약해제나 보완 청구권을 행사할 수 없다. 물품검사를 위한 상당한 혹은 합리적 기간(reasonable time)이란 매수인이 해당 물품을 검사하기 위한 합리적인 기회를 확보한 시기부터 시작되며 실현 가능한 가장 짧은 기간을 말한다. 다만 이 기간은 어떠한 경우에도 물품이 현실적으로 매수인에게 인도된 날로부터 2년을 초과하지 못한다고 CISG에서는 규정하고 있다.

앞서 언급한 대로 우리나라 상법에서는 하자통지 기간을 최대 6개월로 인정하고 있다. 이를 고려하면 CISG 규정은 상당히 장기간을 인정하고 있음을 알 수 있다. 매수인이 하자통지를 함으로써 매도인의 책임을 확보한 경우에도 현실적으로 이를 추궁하기 위해서는 별도의 소송을 제기해야 하다. 이러한 제소기간은 하자통지 기간과는 별도로 정해진다. 1974년에 제정된 국제물품매매에 있어서의 제소기간에 관한 협약(Convention on the Limitation Period in the International Sale of Goods)에 의하면 매도인이 매수인에게 물품을 인도한 날 또는 매수인이 이행의 제공을 거절한 날로부터 시작하여 4년을 제소기간으로 정하고 있다.

제3절 무역계약의 불이행

1. 계약위반

매매계약 체결 후 계약을 이행하는 과정에서 고의적 혹은 불가항력적인 이유로 계약을 이행할 수 없는 경우 이를 무역계약의 불이행이라고 한다. 무역계약이 불이행되는 경우 계약내용에 따라 상호합의 혹은 법원의 판결에 따라 강제적으로 구제된다. 무역계약 불이행의 대표적인 경우는 계약위반, 담보위반, frustration 등이다. 이 중 계약위반은 약속자가 계약조건에 따라 의무를 이행하지 못한 것으로 계약위반의 유형에 따라 이행지체, 이행거절, 이행불능, 불완전 이행으로 나눌 수 있다.

1) 이행지체

이행지체는 매매계약 당사자가 계약기간 내 계약 이행을 할 수 있는 상황이지만 고의적으로 또는 과실로 계약 이행을 하지 않은 경우를 의미한다. 좀 더 구체적으로 이행지체의 조건은 첫째, 이행기가 도래해야 하며 둘째, 채무의 이행이 가능해야 하며 마지막으로, 이행지체에 대한 채무자의 귀책사유가 있어야 한다. 이행기에 있어서 확정 기한부 채무는 그 기한이 도래한 때, 불확정 기한부 채무는 그 기한이 도래하였음을 인지한 때, 기한이 없는 경우는 이행청구를 받은 때이다. 채무의 이행이 가능함을 판단하는 기준은 채무의 이행이 이행기에 가능함에도 불구하고 이행하지 않음으로써 이행지체가 되는 경우를 의미한다. 이와 함께 채무자의 귀책사유라 함은 채무자의 고의, 과실 혹은 신의성실 원칙상 이와 동일시할 수 있는 채무자, 법정 대리인, 이행 보조자의 고의 또는 과실을 의미한다. 우리나라 상법에서도 운송인, 운송 주선인, 창고업자, 선박 소유자 등이 그들의 운송수단, 창고 등을 사용하는 자의 과실에 대한 책임을 부담하는 것을 명문화하고 있다.

쌍무계약은 무역계약의 기본적인 성격이다. 즉 매도인과 매수인은 무역계약 이행을 위해 주어진 의무를 이행하여야 한다. 하지만 매매계약의 어느 한 당사자 또는 양 당사자가 주어진 자신의 의무를 이행하지 않는다면 이행지체로 간주되어 계약종료의 요인이 된다. 이행지체의 대표적 경우가 적시채무 불이행이다. 이는 매매계약 당사자가 계약의 의무를 지정된 시기에 이행하지 않은 것으로 계약위반에 포함된다. 물론 이 경우도 매매계약서에 계약 이행시기를 구체적으로 규정하지 않았다면 중대한 계약위반으로 간주되지 않는다. 단, 부당한 지연의 경우에는 중대한 계약위반에 포함된다.

매매계약에 있어서 이행지체는 계약을 종료시키는 요인이며 그 위반의 정도에 따라서 계약을 소멸하거나 존속시키는 상황으로 이어진다. 우리나라에서는 사소한 계약위반이면 계약은 존속하고 위반하지 않은 당사자에게 손해배상 청구권을 인정한다. 하지만 중대한 위반의 경우에는 계약해제는 물론 손해배상 청구권도 동시에 인정한다. 여기에서 언급된 사소한 위반과 중대한 위반의 개념은 채무자가 하자 있는 계약 이행을 했음에도 불구하고 채권자가 실질적인 이익을 얻은 경우는 사소한 위반에 포함된다. 하지만 계약 불이행이나 하자 있는 계약의 이행으로 채권자가 실질적인 이익을 얻지 못하는 경우는 중대한 위반이라 할 수 있다. 중대한 위반의 기준과 관련해 미국의 계약법인 Restatement of Law의 규정이 자주 참고된다. Restatement of Law에서는 계약을 위반하지 않은 당사자의 계약 이행으로 실질적으로 받는 이익의 정도가 크면 클수록 중대한 위반의 정도는 작아진다고 규정하고 있다. 또한 피해 당사자가 손해배상을 받은 정도가 클수록 중대한 위반의 정도는 작아지며 부분이행의 경우 이미 이행을 했거나 이행을 할 준비가 클수록 중대한 위반의 정도는 작아진다고 규정하고 있다. 이와 함께 계약 이행을 하지 않은 당사자의 태만이나 악행이 클수록 중대한 위반의 정도는 커지며 계약 이행을 하지 않은 당사자가 나머지 계약을 이행시 그 이행 정도가 클수록 중대한 위반의 정도는 작아진다고 규정하고 있다.

2) 이행거절

이행거절은 매매계약 이행 시기가 와도 자신의 의무를 이행할 의사가 없다고 행위로 표시하는 것을 의미한다. 쌍무계약인 무역계약에서 당사자 일방이 주어진 의무 이행시기 전후에 상관없이 채무를 이행할 의사가 없거나 불가능함을 표명하는 경우가 바로 이행거절이다. 대륙법계에는 없는 이행거절이 영미법상에서 계약위반의 한 유형으로 인정되는 이유는 이행을 거절한 당사자에게 이행시기까지 기다리거나 혹은 자신의 변제를 제공해야만 하는 불합리한 낭비를 제거하기 위해서이다. 이행거절은 시기 및 형태에 따라 명시적 이행거절, 묵시적 이행거절, 예상적 이행거절 등으로 나눌 수 있다. 명시적 이행거절은 명시적인 의사표시를 통해 이행거절을 표명하는 경우이다. 묵시적 이행거절은 합리적으로 그 의사를 추정할 수 있어야 한다. 계약 이행시기 이전 이행하지 않겠다는 것을 암시하는 경우는 예상적 이행거절에 포함된다. 예상적 이행거절의 경우 피해 당사자는 즉시 계약 이행을 거절 및 중지하고 소송을 제기할 수 있다. 이 경우 이행을 거절하는 자가 도피하거나 지급불능 사태는 어느 정도 막을 수 있지만 이행거절 여부를 예상적으로 판단하는 것은 현실적으로 어렵다.

이행거절과 관련 계약위반으로 인정되는 경우 피해 당사자는 지체 없는 계약해제를 통해 더 이상의 손해를 방지해야 한다. 물론 피해 당사자가 어느 정도 피해를 입더라도 계약을 존속시키는 것이 보다 많은 수익을 올릴 수 있다고 판단되면 계약 이행을 재요청할 수 있다. 이는 계약위반으로 불인정되는 경우이다. 즉 이행거절에 대한 효과는 이행거절을 하지 않은 당사자(피해 당사자)의 의사에 따라 달라질 수 있다. 계약거절의 철회는 이행거절 후 피해 당사자가 계약을 소멸시키거나 이행거절이 확정되었다는 의사표시를 하지 않은 경우에 한하여 이행거절을 철회할 수 있다.

3) 이행불능

이행불능은 매매계약에 의한 의무를 이행하는 것이 불가능하게 되는 것을 의미한다. 이행불능이 성립되기 위해서는 다음과 같은 요건이 충족되어야 한다. 첫째, 매매계약 체결 후 한 당사자의 책임 있는 사유로 인해 계약 이행이 불가능하게 되는 상태이어야 한다. 또한 당사자의 이행불능이 매매계약 당사자 간 무역계약의 체결이나 채무가 성립한 다음에 발생하여야 한다. 또한 계약당사자 중 어느 한 쪽의 귀책사유로 발생되어야 한다. 즉 제3자의 귀책사유인 경우 이행불능에 포함되지 않는다. 채무자 행위에 의한 이행불능은 이행기 전의 불능(anticipatory breach)과 이행기 후의 불능(actual and present breach)으로 나눌 수 있다. 또한 계약 성립 당초부터 불능인 원래의 불능과 그 후에 불능이 되는 후발적 불능으로 구분할 수 있다. 이행불능의 경우 피해 당사자는 전보배상을 요구할 수있다. 즉 계약금액이 아닌 현재 가치의 금액으로 손해배상 청구를 할 수 있다. 계약위반에서 이행불능과 이행거절의 차이는 이행불능에서는 상대방에게 명확하게 의사표시를 할 필요가 없지만, 이행거절은 명확하게 의사표시를 해야 한다.

2. 담보위반과 조건위반

담보(warranty), 조건(condition)이란 용어는 조건 및 담보약관과 관련하여 영미법계 국가에서 다양한 의미로 사용되고 있다. 따라서 용어해석과 관련해 혼란이 있는 것이 사실이다. 기존 판례를 참고하면 조건은 계약의 중요한 부분으로써 그 위반은 피해 당사자에게 계약의 이행을 거절할 권리를 부여한다. 물론 피해 당사자는 계약의 이행을 거절하지 않고 그 대신 손해배상을 청구할 수도 있다. 하지만 담보는 조건보다 덜 중요한 부분이거나 또는 계약의 보조적 부분에 포함되는 것으로 간주되어 왔다. 따라서 담보위반은 피해 당사자에게 계약거절 권한을 부여하지 않는다. 피해 당사자는 단지 손해배상 청구권을 행사할 수 있다.

3. Frustration(계약목적의 달성불능)

1) Frustration의 개념

Frustration은 매매계약이 체결되어 당사자가 각자의 의무를 이행하는 과정에서 예상치 못한 사태가 발생하여 계약의 이행이 불가능하게 된 경우이다. Frustration이 발생되면 계약은 자동적으로 소멸되고 당사자의 의무가 면책된다. Frustration 용어와 관련해 계약목적의 달성불능, 계약의 좌절 등이 있지만 통일된 번역 용어는 없는 현실이다. Frustration 개념과 관련해 Benjamin은 매매계약이 성립된 후 물품의 소유권이 매수인에게 이전되기 전에 어느 쪽도 채무 불이행 없이 계약의 법적 이행이 불가능하게 되든지, 이행이 요구되어진 상황이 계약체결시 예상하였던 것과는 현저하게 변하였기 때문에 이행할 수 없게 되는 경우 매매계약은 좌절된다고 규정하고 있다. Lord Simon에 의하면 frustration은 합법적으로 체결된 당사자의 합의가 합의의 근본을 변화시키지 않고 합의할 때에 예상한 것이 완전히 변해서 법률이 인정할 수 없을 정도의 중대한 장애나 사태가 발생함으로써 계약이 소멸되는 경우이다.

이행불능은 앞서 논의된 대로 계약 성립 시에 이미 실질적으로 계약 이행이 불가능한 상태인 원래의 불능과, 계약 성립시에는 계약의 이행이 가능하였으나 계약의 성립 이후 발생한 사태로 인하여 계약 이행이 불가능한 경우인 후

발적 이행불능으로 나눌 수 있다. Frustration은 일반적으로 후발적 이행불능에 포함되는 개념이다. 원래 영국은 엄격한 원칙주의를 적용하여 왔다. 즉 계약은 준수되어져야 한다고 보며 후발적 상황에 따른 면책을 주장할 수 없었다. 하지만 19세기 이후 엄격주의가 완화됨으로써 영국에서 frustration의 의미를 규정할 때 이행불능(impossibility of performance)과 계약목적의 달성불능(frustration of the purpose of contract)의 개념을 포함시킨다. 미국의 경우도 영국의 영향을 받아 초기에는 엄격한 보통법상의 원칙을 준수하다가 그 엄격성을 점차 완화시킴으로써 이행이 절대적으로 불능(impossibility)하게 된 경우와 계약 이행이 극도로 비현실적(impracticability)인 경우, 그리고 계약목적이 달성불능(frustration)한 경우에 계약 당사자의 면책을 인정하고 있다. 미국 통일상법(UCC)에서는 frustration과 관련해 우연한 사건의 발생에 의하여 인도의 지연이나 인도불능이 되어 계약 이행이 실현 불가능한 경우, 외국이나 자국 정부의 규정이나 지시에 의하여 계약 실행이 불가능하게 된 경우를 이행불능의 경우로 규정하고 있다. 하지만 미국에서 frustration 관련 통일규정은 아주 제한적이며 현실에서는 대부분 판례에 의존하고 있다.

2) Frustration 성립요건

Frustration이 성립되는 요건을 구체화하는 것은 쉽지가 않다. 다음의 경우에 일반적으로 frustration에 의해 계약이 좌절되었다고 주장할 수 있다. 하지만 이외에도 많은 사례가 있으며 대부분 판례에 의존하고 있다. 우선 계약목적물의 소멸로 인해 frustration이 발생될 수 있다. 영국 물품매매법(SGA)에 의하면 계약목적물이 소멸되기 위해서는 우선 특정물을 매매하기로 합의가 있어야 하며 이 합의에 따라 물품이 매수인이나 매도인의 어느 한쪽의 과실 없이 그리고 물품에 대한 위험이 매수인에게 이전되기 전에 멸실되어야 한다. 이 경우 frustration이 성립되고 매매계약이 무효가 된다. 이와 함께 전쟁으로 인해 매매계약이 불법적으로 된 경우와 관련 국가에서 해당물품의 수출입이 금지된 경우도 frustration에 해당될 수 있다. 또한 매매계약과 관련한 상황이 본질적으로 변하여 계약의 기초가 소멸하는 경우도 frustration에 해당된다. 이와 함께 수출입 허가 및 할당제에 의해 해당 물품의 수출입이 금지되는 경우도 frustration에 포함될 수 있다. Frustration 효과와 관련 해당 매매계약은 자동적으로 소멸되지만 이는 frustration 사태 이전의 법적 권리와 의무에는 영향을 주지 않는다. 즉 frustration과 관련 없는 당사자 간 기존채무는 유효하다.

읽기 2-3-2 무역계약 협상 전략

일반적으로 협상은 "자신이 협상자로부터 무엇을 얻고자 하거나 상대가 자신으로부터 무엇을 얻고자 할 때 발생하는 상호작용적인 의사소통 과정"(Richard Shell) 혹은 "상호이익이 되는 합의에 도달하기 위해 둘 또는 그 이상의 당사자가 서로 상호작용하여 갈등과 의견의 차이를 축소 또는 해소시키는 과정"(Moran & Harris)으로 정의될 수 있다. 무역계약이 성공하기 위해서는 경쟁력 있는 상품, 좋은 거래처와 함께 효율적인 절차가 충족되어져야 한다. 효율적인 절차의 핵심이 바로 성공적인 협상 전략이다. 무역계약과 관련해 다음의 협상 전략이 활용될 수 있다.

① 수용 협상 전략: 다소 불리하거나 상대의 주장을 받아주는 전략
② 경쟁 협상 전략: 협상성과를 얻기 위해 수단 방법을 가리지 않는 전략
③ 협동 협상 전략: 상호신뢰의 바탕하에 협상을 하는 전략
④ 회피 협상 전략: 무관심 상황에서 협상 자체를 하지 않으려는 전략
⑤ 타협 협상 전략: 서로 공평하다고 느끼고 이해하는 전략

국가별로 보면 미국의 경우 무역계약 협상과 관련해 인간적 관계보다는 일 자체를 중요시하며, 직접적으로 접근하는 경향이 강하다. 단독 협상을 좋아하며 단기간 성과를 중요시한다. 중동지역의 경우 개인적인 호감 없이는 거래가 이루어지기 어렵다. 또한 서로 동등한 입장에서의 협상 진행을 강조한다. 영국의 경우 규칙적이고 시간관념이 철저하다. 또한 예절과 에티켓을 매우 중요시한다. 미국인처럼 개방적이지 않으며 협상할 때 차분한 어조로 임하는 것이 필요하다.

프랑스의 경우 느긋하지 못하고 생활템포가 빠르지만 커피와 음식을 즐길 때는 여유롭다. 논리적이어서 협상시 이성적으로 대처하는 경향이 강하다. 프랑스인과 식사할 때는 협상과정 중이라도 사업적인 이야기를 삼가는 것이 중요하다. 독일의 경우 계약 내용에만 집중하는 경향이 강하며 상세한 계약 내용을 선호한다. 또한 서로의 직책을 부르는 것이 기본적인 예의이다.

제 4 절 무역계약의 종료

1. 계약종료의 개념

무역거래에서 계약종료의 의미는 여러 가지 사유로 인해 처음에 성립되었던 매매계약의 효력이 소멸하고 계약이 없었던 상태로 환언하게 된다는 것을 의미한다. 물론 매매당사자의 모든 권리나 의무는 계약종료로 인해 없어지게 된다. 일반적인 물품매매계약에서는 대부분의 계약이 정상적으로 이행되어 계약 이행에 의해 계약이 해제되는 동시에 그 효력도 소멸된다. 하지만 계약을 이행하는 가운데 당사자 일방이 불만이 있어 상사분쟁이 야기됨으로써 중재나 소송에 계류하게 되면 계약의 종료는 해당 소송이나 중재가 끝날 때까지 연장된다. 다음에서는 국제적 물품매매계약에서 구체적인 계약종료의 사례를 살펴보기로 한다.

2. 물품매매계약의 종료사유

1) 이행에 의한 소멸

매매계약 당사자가 주어진 권리와 의무를 완전히 이행함으로써 발생하는 가장 명백한 소멸의 경우이다. 이 때 완전계약(entire contract)시에는 이행방법이 완전하고 정확해야 하며 2회 이상 분할로 의무가 이행되는 계약(가분계약)의 경우는 약정된 분할수량의 인도와 대금지급이 완전하고 정확하게 이행되면 계약은 해제된다.

2) 합의에 의한 소멸

물품매매계약은 기존계약을 해제하기로 당사자 간 합의를 통해서도 효력이 소멸하게 된다. 합의에 의한 소멸은 계약상의 의무를 소멸시키는 효력이 있으며 어느 쪽의 의사에 의해 소멸하느냐에 따라서 상호해제와 단독해제가 있다. 상호해제(mutual recession)는 당사자 간 명시적 무효 합의에 의해 매매계약이 소멸되는 경우로써 원칙적으로 구두로도 무효 합의가 가능하지만 서면에 의한 경우가 대부분이다. 물품매매계약 체결 후에 발생되며 계약서의 계약해지 조항에 근거하여 매매계약이 소멸된다. 통상적인 쌍무계약 성격의 무역계약이 부분적으로 이행된 경우에 이루어지며 무효합의 조건에 따라서 보상여부는 결정된다. 단독해제(unilateral recession)는 물품매매계약의 한 당사자는 계약해제를 원하지만 다른 당사자는 계약 이행을 원하는 경우로 해제를 원하는 당사자는 합당한 법적 근거를 제시해야 한다. 일반적으로 단독해제의 경우 대부분 소송으로 이어진다.

3) 계약수정에 의한 부분소멸

국제적 물품매매계약이 체결된 이후 계약 당사자에 의해 계약내용이 수정되는 경우 해당되는 원래 계약내용은 무효화된다. 이 경우는 일반적으로 계약 전체가 아닌 부분적인 계약수정에 의한 소멸을 의미하며 당사자 간 상호동의와 약인이 필요하다.

4) 대물변제에 의한 소멸

대물변제에 의한 경우는 물품매매계약의 이행시점에 약인을 제공하여 계약을 소멸시키는 경우이다. 즉 물품매매계약에서 계약당사자 일방의 채무가 남아있는 경우 해당되는 부분에 대한 현물 약인을 제공해 채무가 소멸되는 경우이다. 또한 계약위반 후 유효한 합의에 의해 계약을 소멸시키는 경우도 여기에 포함된다.

5) 경개에 의한 소멸

경개에 의한 소멸은 물품매매계약에서 새로운 당사자가 기존의 당사자의 채무를 부담하고 편익을 받는 계약을 체결하는 경우로써 기존 당사자에 대한 계약이 소멸되는 경우이다. 경개에 의한 소멸이 성립되기 위해서는 모든 당사자 간 합의가 반드시 필요하다.

6) 계약대체에 의한 소멸

기존 물품매매계약을 이행하면서 위반 이전에 새로운 계약이 체결되어 원래 계약이 소멸되는 경우이다. 계약대체에 의한 소멸은 특성상 경개에 의한 소멸과 유사한 점이 있지만 당사자가 대체되지 않는 특성이 있다. 즉 계약대체에 있어서 기존 당사자의 대체가 이루어지면 경개에 의한 소멸에 포함된다. 영미법 국가에서는 계약대체에 의한 소멸과 경개에 의한 소멸을 별도로 구분하고 있지만 우리나라 민법에서는 경개에 의한 소멸에 계약대체에 의한 소멸을 포함시켜 규정하고 있다.

7) 기간경과에 의한 소멸

기간경과에 의한 소멸은 매매계약 기간경과에 의해 서로의 의무가 종료되어지는 경우를 의미한다. 즉 매매계약에 존속기한이 정해진 경우 그 기간이 만료될 때 계약관계가 해제된다. 이 경우에도 당사자에게 계약 갱신 권한을 부여하고, 갱신 청구가 있을 때 계약은 연속된다.

8) 계약위반에 의한 소멸

매매계약을 체결한 당사자의 책임 있는 사유로 중대한 계약위반이 발생한 때 상대방이 해제의 의사표시를 함으로써 계약이 해제될 수 있다. 선적의 불이행/지연 혹은 대금지급의 불이행/지연과 같이 고의적 혹은 과실로 이행을 하지 않는 이행지체는 매매계약을 종료시키는 요인이며 위반 정도에 따라서 계약이 소멸되거나 혹은 존속될 수 있다. 이행거절도 중대한 계약위반으로 피해 당사자의 판단에 따라 매매계약이 존속되거나 소멸된다. 채무자의 객관적인 사유로 이행이 불가능한 이행불능도 채권자는 계약해제를 할 수도 있고 경우에 따라 손해배상만을 청구하기도 한다.

9) 불가항력 및 Frustration에 의한 소멸

계약을 성립시킨 후 예상하지 못한 중대한 사태의 발생으로 계약의 이행이 불가능한 frustration의 경우 계약은 소멸된다. 이와 함께 처음부터 계약내용에 불가항력(force majeure) 조항을 삽입하고 이에 해당되는 사태가 발생되었을 때도 계약은 해제될 수 있다.

국제무역계약 이행 관련 연구 1

논문제목

무역거래 당사자 간 계약물품의 위험이전에 있어 CISG와 Incoterms 2010의 비교연구

저 자

강호경(경원대학교, 대한민국)
장효나(경원대학교, 대한민국)

간행논문집(발행연도)

무역보험연구(2011)

영문요약

Loss often occurs between international trading parties in international trade. Trade disputes commonly arise because of the loss that occurs between the parties. Therefore, the matter of when the risk is transferred from the buyer to the seller is an important part toward trade disputes. The parties frequently adopt the Incoterms 2010 rules and the CISG in international trade. This paper has compared and analyzed the two regulations named Incoterms 2010 rules which took effect on January 1, 2011 and the CISG in regards to the transfer of risks and summed up the differences between the two regulations. Indications as to place or destination can helpfully be further specified by stating a precise point in order to avoid doubt or argument.

국문요약

국제무역거래에서 당사자의 책임이 없는 위험으로 인하여 손해가 발생하는 경우가 많다. 이러한 위험으로 인하여 무역 분쟁이 흔히 발생한다. 따라서 위험이전시기 문제는 무역 분쟁 중 중요한 부분을 차지하여 왔다. 국제무역거래에서 당사자들이 흔히 채택하는 무역법규는 바로 Incoterms와 CISG이다. Incoterms와 CISG는 위험이전에 있어 대체적으로 일치하지만, 반드시 동일한 것은 아니다. 여기서 본고는 2011년 1월 1일에 발효된 Incoterms 2010상의 각 조건별 위험이전 및 CISG상의 위험이전 내용을 분석함으로써 두 법규의 차이점을 정리하였다. 두 법규를 사용하는 무역당사자들은 본고에서 검토할 내용을 명확히 이해함으로써 무역거래에서 발생할지도 모르는 분쟁을 사전에 예방할 수 있을 것으로 기대한다.

국제무역계약 이행 관련 연구 2

논문제목

무역계약의 불이행 및 이행불능에 관한 비교법적 연구

저 자

이춘삼(청주대학교, 대한민국)

간행논문집(발행연도)

무역학회지(2007)

영문요약

There are innumerable kinds of types and terms of contracts which serve in the international trade incurring countless cases of nonfulfillment of contractual obligations. Whether termination of the contracts or claim for a Compensation for loss is to be resorted to, that is, whether requirement to justify such actions could be provided against the Party of the contract, shall be determined according to the nature of type and extent of contractual obligation such is mot fulfill. Thus, it bears significant importance on carrying out terms of contract that the contractual obligations not fulfilled are classify and studied according to type and effect of each of them. It is intended by this study that, what is implied, in our existing law, by the term of nonfulfillment of contractual obligation, and what if meant, in the British and the U.S. law, by the term of "the breach of contract," and further, what is the difference between "nonfulfillment of contractual obligation" and "the breach of contract," shall be answered. It is also within the scope of this study that, if any claim for compensation for loss incurred by the nonfulfillment of the contractual obligation or the breach of contract were to be placed, the proper extent to be covered by such compensation shall be established, and that how a contract is terminated due to frustration shall be examined and analyzed.

국문요약

국제경제거래(international economic transaction)는 국내의 일반상업의 경우와는 달리 물품의 매매(sale of goods) 이외에도 용역, 기술, 자본 등의 국제적 이전을 목적으로 하며 또 그것은 외국에 있는 계약상대방과의 채권계약이라는 법률행위에 의하여 구체적으로 실현된다. 즉 국제계약은 상이한 국가영역에 영업소를 둔 당사자 간의 계약이기 때문에 국내에서 체결되는 일반계약과는 달리 상이한 언어, 문화, 상관습, 상이한 법률제도, 상이한 화폐와 외환관리제도, 상이한 주권국가 등과 같은 특수한 경제 환경의 장에서 이루어지므로 준거법(governing law) 문제, 주권적 간섭의 문제, 분쟁해결 문제, 계약서작성 문제 등 국내계약과는 다른 특성으로 계약위반 문제가 자주 발생한다. 본 연구에서는 우리나라에서의 계약위반, 즉 채무불이행이라는 말을 어떠한 의미로 해석 · 사용되고 있는가, 소위 영미에서 말하는 'Breach of contract' 와는 어떠한 차이가 있는가, 특히 우리나라에서의 채무불이행과 'Breach of contract'는 어떻게 분류되고 있는가를 고찰하고 이에 따른 손해배상의 범위와 손해배상액의 산정 및 frustration으로 인한 계약의 해제문제 등을 영미법계의 이론과 사례분석을 중심으로 분석하기로 한다.

국제무역계약 이행 관련 연구 3

논문제목

貿易契約 締結의 완성을 위한 글로벌 協商戰略-BRICs의 협상관습 差異를 中心으로

저 자

김동호(성균관대학교, 대한민국)
김거진(성균관대학교, 대한민국)
이수진(성균관대학교, 대한민국)
송여현(중앙대학교, 대한민국)

간행논문집(발행연도)

무역학회지(2010)

영문요약

The principle of parties "autonomy is one of general and dominant principles in an international trade contract. When we consider the determinants of negotiation outcomes, the negotiation is affected its result by their culture and custom. A negotiation has extensively been used a lot as a business process. As we negotiate with our clients, we have to check a lot of factors like strategies, their behaviors, culture shock and custom. That why most people have their different life and circumstance. The same words which are used in its contract have several meaning. Because the words are influenced by culture and own custom. Also most people abide by their social pattern. Each culture in the world follows its own customs and traditions. Therefore, when we have the negotiation of trade contract, we have to think these factors. Then the negotiation is leaded very successful. This dissertation examines the effects of the negotiators" personality and different culture and custom. On the point of a negotiating power, contracting parties are affected a lot by their usage. The culture which is influenced by contracting parties is possible to apply as a key point. So, this study will be analyzed these factors.

국문요약

본고에서는 문화 · 가치 차이에 따른 무역계약 협상전략의 문제를 고찰하고자 한다. 당사자 간의 협상력에 따라 협상의 결과가 달라질 수 있음을 고려할 때 협상당사자가 속한 사회의 관습의 형태와 협상당사자 개인에게 영향을 준 문화가 국제무역계약 등의 협상에서 중요 변수로 적용될 가능성이 있어 이러한 변수들이 협상에 미치는 영향을 분석하고자 하는 것이다. 이를 위하여 본고에서는 먼저 일반적 문제로서 무역계약에서 협상의 중요성을 살펴본 후 BRICs의 국가별 협상관행 특성을 파악 · 검토한다. 이어 이러한 논의를 기초로 성공적인 협상의 근간으로서 우리가 협상실무상 어떻게 대처하여야 하는지를 살펴보며, 특히 여기서는 BRICs의 국가별 문화특성과 협상관습을 들여다봄으로써 우리의 향후 주요시장에 속한 당사자와의 무역계약협상에서 우위를 가질 수 있도록 하기 위한 정보를 제공하고자 한다. 연구방법으로 본고는 연구의 성격상 문헌연구의 방법을 취한다.

국제무역계약 이행 관련 연구 4

논문제목

우리나라 기업의 적하보험계약 체결에 관한 실증 연구

저 자

구종순(충남대학교, 대한민국)
여희정(충남대학교, 대한민국)
동무성(충남대학교, 대한민국)

간행논문집(발행연도)

해운물류연구(2008)

영문요약

The purposes of this paper are i) to analyze the relationship between characteristics of Korean companies and the choice of cargo insurance conditions, ii) to analyze the relationship between the choice of cargo insurance conditions and the outcome. For these purposes, a theoretical model was designed as a descriptive form and 8 hypotheses were tested using the data collected from 138 Korean companies. As a result of this research, the followings are claimed: i) the export-import companies should try to choose efficiently cargo insurance conditions, ii) should make the organizational innovation to upgrade their information system, iii) should continuously educate their personnel on the marine insurance, iv) should decrease their costs by reducing the premium, V) should develop a strategy to increase their outcome by choosing the cargo insurance conditions.

국문요약

본 연구는 우리나라 138개 기업을 표본으로 하여 적하보험계약을 체결할 때 기업이 선정하는 적하보험조건은 기업의 특성과 어떠한 관계에 있으며 성과에는 어떤 영향을 미치는가를 분석한 것이다. 그 결과 기업의 규모, 수출입거래 기간 및 정보 활용도에 따라 적하보험조건의 선정에 유의적 차이가 있으며 또한, 수출입 담당자의 근무경력, 업무지식 수준 및 기업의 비용절감 전략도 적하보험조건 선정에 영향을 미치는 것으로 분석되었다. 이러한 적하보험조건 선정은 기업의 성과에도 영향을 미치는 것으로 검증되었다.

국제무역계약 이행 관련 연구 5

논문제목

Electronic intermediaries: research and practice of electronic intermediaries in export marketing

저 자

Hyuksoo Cho(Keimyung University, Korea)
Patriya Tansuhaj(Washington State University, USA)

간행논문집(발행연도)

Innovative Marketing(2011)

영문요약

This study investigates the use of an electronic intermediary(e-intermediary) in international commerce. Specifically, this paper aims to provide a comprehensive understanding of an e-intermediary regarding the growth of e-commerce in export marketing. An e-intermediary is a typical form of e-commerce. The popularity of e-commerce allows market intermediaries to connect between manufacturers and customers around the world using advantage of a computer network's capacity to reduce transaction costs. As a result, e-intermediaries are playing an important role in international commerce. Based on two theoretical foundations, this study provides some propositions regarding e-intermediary use. First, it is intended to justify intermediary use in electronic international commerce from the transaction cost analysis, arguing that intermediaries can make the market transactions easier and more efficient by reducing coordination costs. The resource-based view is another theory that can confirm the e-intermediary use in the international commerce. This study can justify the e-intermediary use from the resource-based view showing specific internal resources that contribute to the choice of the e-intermediary use.

국문요약

본 연구는 국제통상 분야에서 e-무역상사(전자무역업체) 이용에 대해 분석하고 있다. 구체적으로 전자상거래 성장과 관련하여 수출마케팅 분야의 e-무역상사 이용 전반에 대한 이론적 분석을 실시하고 있다. 전자상거래의 발달은 생산자와 해외고객 간 효과적인 의사소통을 가능하게 하였다. 그 결과 국제통상 분야에서 e-무역상사가 중요한 역할을 담당하고 있다. 본 연구에서는 거래비용이론, 자원기반이론을 바탕으로 e-무역상사 이용 전반에 관한 이론적 분석을 실시하고 있다. 거래비용이론을 통해 e-무역상사 이용효과에 대해 이론적으로 분석하고 있으며, 자원기반이론을 활용해 e-무역상사 이용요인에 대해 이론적인 분석을 실시하고 있다.

참고연구 2-2

Electronic Intermediaries: Research and Practice of Electronic Intermediaries in Export Marketing

By

Hyuksoo Cho (Keimyung University, Korea)

Patriya Tansuhaj (Washington State University, USA)

I. Introduction

The Internet is becoming an important medium for market transactions. The Internet has motivated firms to participate in e-commerce, because it can reduce costs in market transactions. Early literature regarding e-commerce insisted that direct exchanges via the Internet might lower transaction costs incurred (Narayandas et al., 2002; Sarkar et al., 1995). In export marketing, it was believed that an exporter of one country could trade directly with customers of other countries via its online catalogs or Internet exchange at a much lower transaction cost than incumbent distributors could match (Narayandas et al., 2002). If the expectations were true, market intermediaries who interpose themselves between manufacturers and customers must have disappeared. However, there are still diverse intermediaries in the export marketing.

Interestingly, a few researchers argue that the use of an intermediary may reduce transaction costs in e-commerce (Sarkar et al., 1995). Finding the ideal buyer or supplier in e-marketplaces can be extremely time consuming and costly. Moreover, finding relevant sources in the "virtual jungle" is a hard challenge for non-experienced users (Ancel, 1999). Small and medium exporters usually do not have enough resources and experience regarding foreign markets (Peng and Ilinitch,

1998). Small and medium exporters also face significant uncertainty in electronic international commerce. According to the literature reviews, an e-intermediary can be an effective alternative for them to reduce transaction costs regarding uncertainty in electronic international commerce. In other words, electronic intermediation plays an important role to reduce transaction costs in export marketing as a direct Internet-based exchange does.

This study begins with an assessment of current electronic international commerce. In specific, the phenomenon of expanded e-commerce in export marketing is first described. Also, various roles of e-commerce and e-intermediary in export marketing are discussed with major research questions and scope of this study. Following the sections, a detailed explanation of a traditional export intermediary is provided. An e-intermediary is a new export intermediary in international commerce. Therefore, many functions and roles are shared between electronic and traditional intermediaries. This study translates the concept of a traditional export intermediary into the study of an e-intermediary, which is not studied synthetically. This study also compares roles of the traditional intermediary with those of an e-intermediary in export marketing. Finally, theoretical underpinnings of the e-intermediary in the export marketing are identified and discussed.

II. Major Research Questions and Scope of the Study

The emergence of an e-intermediary is an outcome of the development of e-commerce (Trabold, 2002; Chalmin, 1987). Considering its characteristics, an e-intermediary is an appropriate market intermediary for small and medium exporters who lack the necessary knowledge and resources to engage in international commerce. This study aims at better understanding an e-intermediary in export marketing. Despite a short history, many exporters are using e-intermediaries to penetrate the global market. The question then arises as to led them to

Figure 1. Modeling e-intermediary use in export marketing

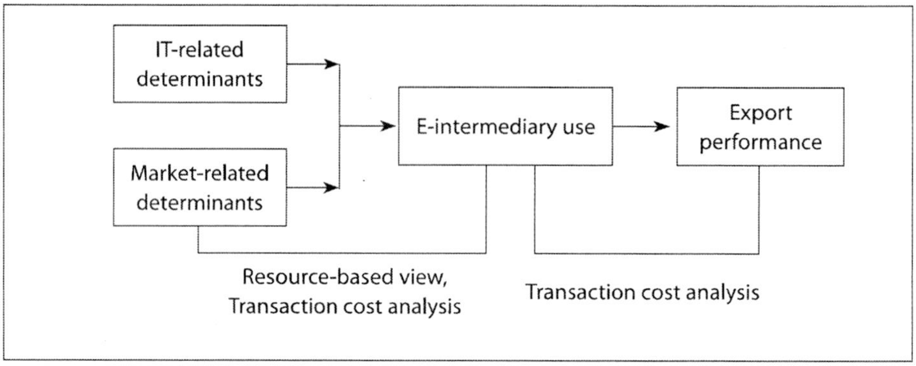

use e-intermediaries? Also, are exporters using e-intermediaries better than those who don't? If so, why does this occur? To answer these questions, two theoretical foundations are applied. Based on the resource-based view and the transaction cost analysis, determinants of e-intermediary use in export marketing are investigated. Also, based on the transaction cost analysis, the relationships between e-intermediary use and export performance (focusing on transaction costs) are investigated. The scope of this study is illustrated in Figure 1. Next, detailed explanations of traditional and electronic export intermediaries are provided.

III. Traditional Intermediaries in Export Marketing

1. Emergence of traditional intermediaries

An export oriented e-intermediary is an export intermediary in the electronic international commerce. Therefore, it must be preceded to study a traditional export intermediary before investigating an e-intermediary in detail. Despite its importance, there has been little theoretical and empirical research about the traditional export intermediary (Peng and Ilinitch, 1998; Leonidou and Katsikeas, 1996). The export intermediary is defined as a specialist firm that functions as the export department of several manufactures in noncompetitive lines (Trabold, 2002; Root, 1994; Chalmin, 1987). Most small and medium businesses were away from exporting due to their limited resources and lack of knowledge regarding foreign markets as well as the perceived risk and uncertainty surrounding international sales (Peng and Ilinitch, 1998; Ilinitch, Peng, Eastin, and Paun, 1993). Nevertheless, exporting is still regarded the most appropriate strategy for small and medium businesses to enter the global market (Bowyer, 2002). The export intermediary can be an efficient alternative to locate and negotiate with foreign customers for small and medium businesses intimidated by the challenges associated with exporting (Lee and Danusutedjo, 2000; Peng, 1998).

The export intermediary was originated in the largest Japanese trading conglomerates, known as Sogo Shosha (Peng and Ilinitch, 1998). Sogo Shosha helped members of their respective industrial groups, known as the Keiretsu, penetrate foreign markets (Kotabe, 1984). By the early 1980s, export intermediaries handled approximately 50 percent of Japan's exports (Kotabe, 1984; Yoshihara, 1982). Throughout the 1970s and 1980s, many countries encouraged the development of local versions of Sogo Shosha (Peng and Ilinitch, 1998). Governments in several countries, including Korea, Taiwan, Thailand, Turkey, China, and the U.S., used legislation to spur the development of indigenous export intermediaries (Peng and Ilinitch, 1998; Amine, 1987; Cho, 1987). However, the results of these government-supported export intermediary development efforts varied from country to country (Brewer, 1993). South Korea and Turkey commanded 51 percent and 38 percent of their countries' total exports (Cho, 1987). However, in other countries, the results were not successful (Peng and Ilinitch, 1998; Root, 1994).

Despite many media to facilitate a direct exchange, the export intermediary is still used by many exporters. Moreover, some social and institutional factors mitigate against the elimination of traditional intermediaries (Sarkar, Butler, and Steinfield, 1995). Inertia to keep traditional intermediation, the importance of human touch, regulatory concerns, and the significant limitations of current Web technologies also contribute to the use of traditional intermediaries in export marketing. The export oriented e-intermediary stems from the traditional export intermediary. A type of the e-intermediary is not formalized due to its short history. Therefore, reviewing types of the traditional export intermediary may be helpful to understand the type of the e-intermediary in export marketing.

2. Types of traditional intermediaries

There are several types of traditional export intermediaries: commissioned agents, export management companies (EMCs), export trading companies (ETCs), and ETC cooperatives (Lee and Danusutedjo, 2000; De Noble et al., 1989; Perry, 1989; Amine, 1987; Amine et al., 1986; Bello and Williamson, 1985). Commissioned agents act as brokers, linking product or service with a specific foreign buyer. Generally, the agent or broker will not fulfill the orders, but rather will pass them for acceptance (De Noble et al., 1989). EMCs act as the offsite export department, representing a company's product to prospective oversea purchasers (Lee and Danusutedjo, 2000; Perry, 1989). Hiring an EMC is often a viable option for small and medium exporters that lack the time and expertise to break into international markets on their own (Amine et al., 1986). Sometimes, EMCs assist in arranging export financing for the exporters but they do not generally assure payment to the manufacturers (Lee and Danusutedjo, 2000; Perry, 1989). ETCs perform many of the functions of EMCs, but they tend to be demand-driven and transaction-oriented, acting between buyers and sellers.

Sogo Shosha is a typical ETC. ETCs can be classified into several types such as General Trading Companies (GTCs), Export Trading Companies (ETCs), Federated Export marketing Groups (FMGs), and etc. (Amine, 1987). Among them, GTCs and ETCs are representative ones. GTCs were historically involved in generalized import-export activities. Mitsui (Japan), SCOA (France), East Asiatic (Denmark), Jardine Matheson (Hong Kong) are examples of GTCs (Amine, 1987). ETCs were designed to promote growth of exports. Daewoo (Korea), Interbrass (Brazil), and Sears World Trade (U.S.) are examples of ETCs (Amine, 1987). Unlike GTCs, ETCs are export oriented rather than import intermediaries.

3. Roles of traditional intermediaries

Literature identifies several roles of the traditional export intermediary. Well-managed search costs, lack of privacy, incomplete information, contracting risk, and pricing are typical roles of the traditional intermediary in export marketing (Resnick et al., 1994). Reducing coordination costs, addressing problems of asset specificity, and promoting standardization are also important roles of the export intermediary (Malone et al., 1987). Theoretically, the Transaction Cost Theory (TCA) is closely associated with the roles of the traditional export intermediary. Williamson (1996), a typical transaction cost theorist, argues that the costs of contracting, enforcing the contracts, and dealing with unforeseen circumstances are the motivations to use an export intermediary. According to the literature review, the roles of the traditional export intermediary can be classified as follows.

First, traditional export intermediaries provide useful market information to exporters to assist them in identifying and taking full advantage of business opportunities. Through their global networks and drawing on their experiences in carrying out international trade transactions, traditional export intermediaries are able to gather and analyze information quickly and accurately. Moreover, traditional export intermediaries provide updates on business trends, market conditions and individual commodities and products, as well as, advice on legal matters and local business customers to assist exporters in realizing the potential of their products (Lee and Danusutedjo, 2000). Second, traditional export intermediaries aggregate buyer demand or seller products to achieve economies of scale or scope and to reduce bargaining asymmetry (Bailey and Bakos, 1997; Resnick et al., 1994). Third, traditional export intermediaries protect exporters and sellers from the opportunistic behaviors of other participants in a market by becoming an agent of trust (Bailey and Bakos, 1997). Fourth, traditional export intermediaries facilitate the market by reducing operating costs (Bailey and Bakos, 1997; Malone et al., 1987). Fifth, traditional export intermediaries can match buyers and sellers effectively. Sixth, traditional export intermediaries sometimes provide credit supervision as well as financing. A critical obstacle of the development of international trade is a lack of credit information on potential buyers and sellers (Lee and Danusutedjo, 2000). Export intermediaries overcome this problem while sharing a portion of the risk of trade transactions (Lee and Danusutedjo, 2000). Finally, to facilitate export transactions, traditional export intermediaries utilize a range of financing schemes such as assisting clients in use of letter of credit financing, providing goods on credit to buyers while paying sellers on delivery, and offering installment payment arrangements (Lee and Danusutedjo, 2000).

4. Benefits and costs of traditional intermediaries

The roles of traditional export intermediaries bring several benefits for exporters. First, products gain exposure effectively in international markets with little or no commitment of staffs and resources from the company (Lee and Danusutedjo, 2000). Traditional intermediaries' experience and well-established networks of contracts may allow exporters to gain faster access to international markets than they could through establishing a relationship with a foreign-based partner (Bailey and Bakos, 1997). Also, traditional intermediaries lower or eliminate export start-up costs and therefore the risks associated with exporting (Peng and Ilinitch, 1998). Although exporters may loose part of their profit margins from exporting, the economies of scale realized through increased production may offset the loss or be of higher beneficial (Malone et al., 1987). However, there are still some costs from the use of traditional export intermediaries. Exporters may loose some control over the way in which their products are marketed or serviced, as well as, some profit margin from exporting (Lee and Danusutedjo, 2000).

Ⅳ. Electronic Intermediaries in Export Marketing

1. Emergence of e-intermediaries

An e-intermediary in export marketing stems from the traditional export intermediary. Traditional and electronic intermediaries are sharing a few common roles. However, there are still several differences between them. Most of all, an e-intermediary is based on the Internet and its graphical interface, the World Wide Web that originates and accelerates e-commerce (Prasad et al., 2001). The e-intermediary is thus an outcome of the development of the e-commerce. E-commerce is predicted to have tremendous growth into the 21st century. Given the projections that e-commerce will grow astronomically, firms of all sizes must become proactive in not only seeking out Internet opportunities, but in determining ways to exploit this revenue generating medium (Chrusciel, 2000). Early literature of e-commerce argued that companies would take advantage of direct electronic links, and, in the process, intermediaries would be eliminated (Bailey and Bakos, 1997; Sarkar et al., 1995).

However, e-commerce is a double-edged sword. On one hand, a direct Internet-based exchange may lower transaction costs (Narayandas et al., 2002). On the other hand, the intermediaries can make the market transactions easier and more efficient, which also decrease transaction costs (Sarkar et al., 1995). In particular, many scholars agree with the necessity of intermediaries in electronic international commerce. For exporters, finding the ideal foreign customer in e-marketplaces can be extremely time consuming and costly (Lee and Danusutedjo, 2000). Also, widely available information infrastructures of intermediaries will reinforce the position of exporters in electronic international commerce (Sarkar et al., 1995).

The e-intermediary refers to an electronic third party, providing the IT and business infrastructure to facilitate the completion of commercial transaction over interorganizational computer networks (Clark and Lee, 1999). Lee and Danusutedjo (2000) define the e-intermediary as a Business-to-Business (B2B) global Internet marketplace achieving cost-effective international trade through the Internet. In export marketing, the following websites are the e-intermediaries for exporters: www.alibaba.com, www.ec21.com, www.ecplaza.net, www.ecplaza.net, www.bestsme.com, ww.export.gov, and www.cometotrade.com. In export oriented e-intermediaries, exporters and customers place bids and offers via terminals connected to the host computer of the intermediary, instead of coming to a physical market site. In many industries, exporters rely on an e-intermediary not simply to extend credit and fulfill smaller orders but to generate demand for their products (Narayandas et al., 2002). Also, the use of e-intermediaries can increase efficiency for researching, bargaining, and monitoring in electronic international commerce. Therefore, the e-intermediary is expected to bring significant change in the economics of marketing channels and the structure of distribution in export marketing (Clark and Lee, 1999).

2. Roles of e-intermediaries

In export marketing, tradition and electronic intermediaries share many common roles, including aggregation, facilitation, market information provision, and credit supervision (Goldsby and Eckert, 2003; Narayandas et al., 2002). However, degrees of the role are different between them. Also, there are some unique roles of e-intermediaries. First, e-intermediaries enhance the access to decision-making information by exploiting the use of contemporary technology in export marketing. Unlike traditional ones, e-intermediaries provide access 24 hours, 7 days/week, and 365 days/year. Second, e-intermediaries provide the collection of many demands from buyers and many products from sellers effectively via the Internet. Moreover, e-intermediaries provide an ongoing search for new potential customers in export marketing (Chrusciel, 2000). Third, e-intermediaries exist to support exchanges between exporters and customers by aggregating transactions to create economies of scale and scope (Clark and Lee, 1999). Fourth, e-intermediaries help to avoid "Deadweight" costs (lost cost due to unsuccessful searching) (Chrusciel, 2000). Literature agrees that the most critical role is to reduce transaction costs in international commerce. Economic efficiency is thus a major contribution for the use of e-intermediaries to export (Prasad et al., 2001; Lee and Danusutedjo, 2000; Clark and Lee, 1999; Benjamin and Wigand, 1995). Fifth, e-intermediaries provide assurances of maintaining honesty, integrity, reliability, and legitimacy to the economic transactions (Chrusciel, 2000). E-intermediaries prevent opportunistic behaviors and unfair trade practices by establishing policies and rules to build trust among market participants (Chrusciel, 2000; Clark and Lee, 1999). Two assumptions about human behaviors in the TCA are opportunism and bounded rationality (Williamson, 1991). When electronic export intermediaries can deliver verified information and keep that information transparent to the players in the exchange, they become an opportunism-reducing influence. In general, the information sharing capabilities of an e-intermediary should greatly reduce the problem of bounded rationality (Goldsby and Eckert, 2003). Finally, there are some other value-added roles. Exporters can introduce / identify uniqueness of services and products, provide detailed product specifications, makes available a forum for advertising and marketing new or existing products in the e-intermediaries. Also, e-intermediaries provide a forum for multiple products, monitoring of transaction data, and promote new technology after being tested (Chrusciel, 2000; Bakos, 1991).

3. Benefits and costs of e-intermediaries

An e-intermediary is originated and developed from e-commerce that is the fastest growing facet of Internet. Therefore, the e-intermediary is closely associated with the Internet. The Internet's provision of low-cost and efficient interconnectivity has had a dramatic influence on the way in which business conducted. The Internet offers small and medium firms a level playing field in relation to their larger competitors (Prasad et al., 2001). The Internet can reduce the traditional importance of scale economies, make global advertising more affordable, and extend small and medium firms' market reach globally (Prasad et al., 2001; Kotler, 2000; Quelch and Klein, 1996). Also, the Internet allows small and medium firms to communicate widely with individuals or trading partners as any large competitors are able (Poon and Swatman, 1997). As a consequence, the Internet accelerates the internationalization of small and medium businesses. Effective use of the Internet thus would provide even the smallest company with a low cost "gateway" to the global market (Stevenson and Hamill, 2002). The benefits of the Internet have something in common with those of e-intermediaries.

Reducing transaction costs from easier and more efficient market transactions is argued to be the typical benefit of the e-intermediary. In export marketing, e-intermediaries' functions that benefit buyers include assistance in search and evaluation, need assessment and product matching, risk reduction, and product distribution/delivery (Clark and Lee, 1999). Buyers execute transactions based on electronic information without inspecting products, thus encountering risks of uncertain product qualities for the buyers (Clark and Lee, 1999). E-intermediaries' functions that benefits exporters include creating and disseminating product information and creating product awareness, influencing consumer purchases, providing customer information, reducing exposure to risk, and reducing costs of distribution through transaction scale economies (Sarkar et al., 1995). Trading relationships formed by the e-intermediary may imply high degree of trust, which in turn may reduce transaction costs because expensive contractual or legal expenses to control opportunistic behaviors can be avoided (Zucker, 1986). Most of all, the elimination of geographical and social barriers is the most important benefit with the increase in productivity, efficiency, effectiveness and the accuracy of electronic transactions (Soon et al., 2002; Bakos, 1997).

However, there are some problems from the e-intermediary use in export marketing. Credibility is a very important factor in channel working relationships, in particular, for international commerce (Hessler, 1996). In electronic relationships, face-to-face communication is rare, which induces the lack of credibility. Payment is another concern in electronic export intermediaries. In the trading world, there are several types of payment terms such as cash in advance, letter of credit (L/C), drafts, and open accounts (Lee and Danusutedjo, 2000). Among them, L/C is the most popular. In general, traditional export intermediaries offer full service to assist buyers and sellers regarding this payment issue. Opening an L/C through the Internet is already possible by connecting the e-intermediaries to banks that offer exporting services. Nevertheless, it is still limited and rare. Also, the majority of small and medium businesses' Web sites are badly designed, with weak content, poor functionality and interactivity, and provide no real value to new or potential customers (Stevenson and Hamill, 2002). In the case of e-intermediaries, exporters usually communicate with foreign customers via their Websites. Also, language and cultural barriers can be the factors preventing the use of e-intermediaries in export marketing (Lee and Danusutedjo, 2000). Next sections discuss the theoretical backgrounds of e-intermediary use in export marketing.

V. Theoretical Underpinnings of Electronic Export Intermediary Use

Early academicians in e-commerce gave consideration to the question of why firms participate in the e-commerce. While few authors claim to base their works on specific theories, their thoughts are primarily embedded in the Transaction Cost Analysis (TCA). The TCA focuses on a firm's choice between internalized, vertically integrated structures, and the use of external market agents for carrying out activities that constitute its value system (Sarkar et al., 1995). Using a direct Internet-based exchange has been justified by the TCA, arguing that lower transaction costs are incurred via the direct electronic exchange (Bailey and Bakos, 1997). According to this argument, firms would take advantages of direct electronic links, and this would result in intermediaries being eliminated. However, market intermediaries are still playing an important role in e-commerce. Therefore, this study is intended to justify intermediary use in electronic international commerce from the TCA, arguing that intermediaries can make the market transactions easier and more efficient by reducing coordination costs.

The Resource-Based View (RBV) is another theory that can justify the e-intermediary use in the international commerce. The RBV focuses on internal analysis such as firm strengths and weaknesses deepening firm resources. Resource-based theorists argue that firm resource contributes to the choice of a marketing strategy (Barney, 1991). Firm resources are also strengths that firms can use to conceive of and implement their marketing strategies (Barney, 1991). The use of e-intermediaries is a marketing strategy for an exporter in international commerce. According to the RBV, internal resources of the exporter must influence whether to use the e-intermediary. Therefore, this study can justify the e-intermediary use from the RBV, showing specific internal resources that contribute to the choice of the e-intermediary use. Table 3 summarizes the two rationales. Next, a detailed explanation of two theories is provided. Also, we suggest some propositions on determinants and effects of e-intermediary use based on the two theoretical foundations.

1. The transaction cost analysis

The transaction cost analysis belongs to the "New Institutional Economics" paradigm, which has replaced traditional neoclassical economics that emphasized profit maximization. While neoclassical economics views a firm strictly as a production function, the transaction cost analysis views the firm as a governance structure, focusing on efficiency (Rindfleisch and Heide, 1997). The initial movement of the transaction cost analysis is attributed to Coase (1937), who focused on macro aspects, stating that firms and markets are alternative governance structures that differ in their transaction costs. Since then, the transaction cost theorists have focused on micro aspects within firm boundaries more than within the market. Williamson (1991) suggests that transaction costs include both the direct costs of managing relationships and the possible opportunity costs of making inferior governance decisions. This study aims to investigate determinants and effects of e-intermediary use at the firm level, thus corresponding to Williamson's approach regarding unit of analysis.

Williamson's micro framework rests on the interplay between two main assumptions of human behavior (bounded rationality and opportunism) and two key dimensions of transaction (asset specificity and uncertainty). Bounded rationality means that decision makers have constraints on their cognitive capabilities and limits on their rationality (Rindfleisch and Heide, 1997). These constraints become problematic in an uncertain environment. Opportunism represents that decision makers may seek to serve their self-interest, and that it is difficult to know who is trustworthy and who is not. Most transaction cost theorists argue that lower transaction costs are incurred via a direct Internet-based exchange in e-commerce (Bailey and Bakos, 1997; Sarkar et al., 1995). This study, then, suggests that a market intermediary also plays an important role to decrease transaction costs. Small and medium exporters do not have enough resources and experience regarding foreign markets; it is a challenge for them to find the ideal foreign customer in the "virtual jungle" (Ancel, 1999; Peng and Ilinitch, 1998). Therefore, they may face high coordination costs in electronic international commerce (Sarkar et al., 1995). Participating parties may then exchange product or price information efficiently via an e-intermediary. Furthermore, exporters can obtain an ongoing search for new potential customers in the e-intermediary (Chrusciel, 2000). As a consequence, e-intermediary use may help exporters decrease coordination costs in electronic international commerce. These arguments lead to the following proposition:

Proposition 1.1: The more efficient market transactions via e-intermediary use, the lower coordination costs in export marketing.

Exporters seldom talk to foreign customers face to face. From an exporter's point of view, it may be quite challenging to monitor or safeguard against opportunistic behaviors of foreign trade parties. An e-intermediary provides the assurance of maintaining honesty, integrity, reliability, and legitimacy in the economic transaction. An e-intermediary may prevent opportunistic behaviors and unfair trade practices by establishing policies and rules to build trust among market participants (Chrusciel, 2000; Clark and Lee, 1999). Exporters can thus decrease costs for monitoring or safeguarding against opportunistic behaviors, which corresponds to the transaction cost analysis' concept. Therefore, assumptions and key concepts of the transaction cost analysis give a systematic explanation for using an e-intermediary in electronic international commerce. Based on the theoretical reviews, this research thus proposes the following:

Figure 2. Transaction costs in electronic intermediary use

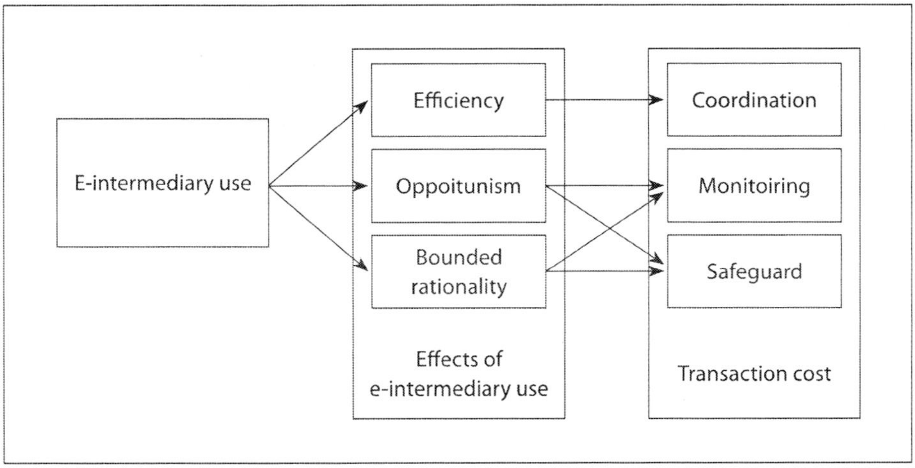

Proposition 1.2: The less opportunism via e-intermediary use, the lower monitoring or safeguard costs in export marketing.

Proposition 1.3: The less bounded rationality via e-intermediary use, the lower monitoring or safeguard costs in export marketing.

Figure 2 illustrates the conceptual relationships between e-intermediary use and transaction costs regarding the transaction cost analysis. Drawing on the transaction cost analysis, we suggest that effects of e-intermediary use may decrease three types of transaction costs: coordination costs, monitoring costs, and safeguard costs. Accordingly, we derive a research model [Figure 2].

2. The resource-based view

Internal analysis regarding strengths and weaknesses are fundamental to the resource-based view. This perspective is based on two assumptions. First, firms within an industry may be heterogeneous depending on their own resources. Second, the resources may not be perfectly mobile across firms (Barney, 1991). Resources are usually classified into three categories: physical capital, human capital, and organizational capital resources (Barney and Hesterly, 1996). The resources may be classified into tangible and intangible resources (Barney, 1991). Resource-based theorists argue that firms enable themselves to improve their efficiency and effectiveness by using the resources (Peteraf, 1993; Barney, 1991). Concepts of the resource-based view may apply in explaining e-intermediary use in international commerce. An e-intermediary is a medium for exporters to participate in electronic international commerce formed in world wide web (Clark and Lee, 1999). Therefore, knowledge and experience about IT (Information Technology) are required for exporters to use an e-intermediary effectively. Also, IT knowledge and experience may be considered unique firm resources that are valuable, rare, difficult to imitate, and non-substitutable by other competitors regarding the resource-based view (Barney and Hesterly, 1996). E-intermediary use can be a strategy for exporters, especially small and medium exporters, to export their products around the world. Resource-based theorists then argue that a firm's resources contribute to the choice of the firm's strategy (Grant, 1995). These arguments lead to the following propositions:

Proposition 2.1: IT knowledge is positively associated with e-intermediary use in export marketing.

Proposition 2.2: IT experience is positively associated with e-intermediary use in export marketing.

A certain level of foreign market knowledge and experience is also prerequisites to using an e-intermediary effectively. A firm is said to have a competitive advantage when it is implementing a value creating strategy not simultaneously being implemented by any current or potential competitor (Peteraf, 1993). A firm is said to have a sustainable competitive advantage when it is implementing a value creating strategy not simultaneously being implemented by any current or potential competitor and when other firms are unable to duplicate the benefits of this strategy (Peteraf, 1993). Resource-based theorists recommend that firms discover their own valuable, rare, and costly-to-imitate resources and utilize them in the market where the resources can be best exploited. They argue that a firm's marketing strategy is chosen regarding its internal resources (Barney, 1991). Furthermore, firm resources are strengths that firms can use to conceive of and implement their marketing strategies (Barney, 1991). An e-intermediary can help exporters to provide various products or services efficiently and meet customers' needs effectively, which consist with the roles of marketing strategy (Stevenson and Hamill, 2002). E-intermediary use thus can be a marketing strategy for exporters to penetrate the global market. In sum, internal resources such as knowledge and experiences regarding foreign markets may influence whether to use a marketing strategy such as e-intermediary use in export marketing. These arguments lead to the following propositions:

Proposition 2.3: Foreign market knowledge is positively associated with e-intermediary use in export marketing.

Proposition 2.4: Foreign market experience is positively associated with e-intermediary use in export marketing.

Figure 3. Firm resources in electronic intermediary use

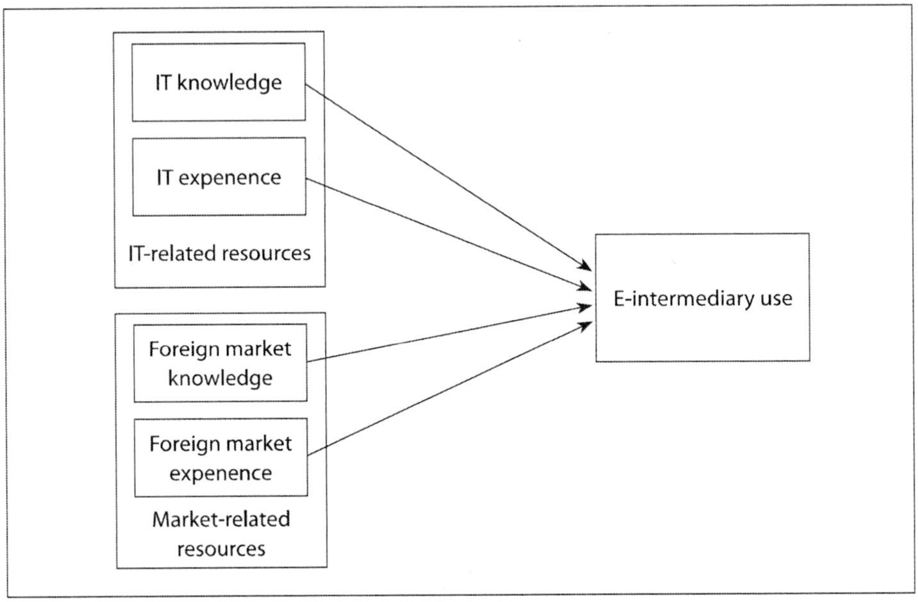

Figure 3 illustrates the conceptual relationships between firm resources and e-intermediary use regarding the resource-based view. Drawing on the resource-based view, we suggest that resources that exporters possess can be used to conceive of and implement marketing strategy, e-intermediary use. Accordingly, we derive a research model [Figure 3].

VI. Theoretical and Managerial Contributions

1. Theoretical contributions

An e-intermediary is an alternative export-oriented market intermediary that serves as an e-marketplace to connect exporters and foreign customers as well as provide market information. With the development e-commerce, an e-intermediary is playing an important role in export marketing. Nevertheless, no research makes an analysis in-depth of the e-intermediary. This study provides important theoretical implications to the literature on the e-intermediary in export marketing. This study uses the transaction cost analysis and resource-based view to explain the emergence and effects of an e-intermediary. First, this study justifies the emergence of the e-intermediary through the two theories. This study applies the transaction cost analysis to explain an indirect export intermediary unlike previous research that emphasized direct Internet-based exchange in e-commerce. Specifically, this study shows how e-intermediary use makes market transactions easier and more efficient, which decreases coordination costs. The roles of e-intermediary may encourage exporters to use it. The resource-based view is also used to justify the emergence of e-intermediary. IT and marketing capabilities are regarded as heterogeneous firm resources, which influence whether to use a marketing strategy. E-intermediary use can be considered an effective marketing strategy for exporters to participate in electronic international commerce. Particularly, an e-intermediary helps small and medium exporters compete with their larger competitors in the global market. Therefore, exporters' choice to use an e-intermediary may depend on their own internal resources. Second, this study uses the transaction cost analysis to explain the effects of e-intermediary use. The transaction cost analysis helps explain how e-intermediaries prevent opportunistic behaviors and unfair trade practices. Also, the theory can justify how reduced monitoring or safeguard costs through reduced opportunism and bounded rationality make market transactions efficient. Reviewing the theoretical implications assists in understanding how an e-intermediary may help exporters to penetrate the global market. This study is one of the first to provide the theoretical establishment of an e-intermediary. It is hoped that this assessment of the domain of e-intermediaries will provide a useful reference and further exploration of the topic. This study is a conceptual work. If this conceptual research can be proved by empirical works, the findings of this study will become even more influential.

2. Managerial contributions

This study is particularly significant for small and medium exporters who wish to enter into the global market. The development of e-commerce allows exporters many opportunities to trade directly with foreign customers. A direct Internet-based exchange was believed by many traders and researchers to be the most efficient exporting channel. However, this type of exchange involves high risk. It is extremely time consuming, risky, and costly for small and medium exporters to find the ideal customer in electronic international commerce due to their limited foreign market knowledge and experience. A traditional export intermediary may be an effective alternative for them to decrease these problems but it can involve high cost, such as commission and agent fees. This study indicates an e-intermediary as a hybrid-exporting channel, combining a traditional intermediary and a direct Internet-based exchange. An e-intermediary provides low-cost and efficient interconnectivity, balancing between risk and cost. Furthermore, an e-intermediary can reduce the traditional importance of scale economies and make global advertising more affordable (Prasad et al., 2001). An e-intermediary thus offers small and medium exporters a level playing field in relation to their larger competitors. As a consequence, the internationalization of small and medium businesses can be accelerated by use of an e-intermediary. Since e-commerce presents both opportunities and threats to exporters, they need to recognize how such opportunities and threats may affect their marketing and business practices. An e-intermediary may be a realistic alternative to balance between the opportunities and the threats in electronic international commerce. We hope the findings of this study will help decision makers understand the effective strategy and exporting channel to penetrate the global market.

VII. Conclusion

The advent of the Internet has generated significant interest in e-commerce. Development of e-commerce is expected to bring changes in the economics of marketing and distribution channels by creating a new generation of market intermediary called an e-intermediary. This study highlights how an e-intermediary will allow small and medium exporters to effectively participate in the global market. Drawing on the resource-based view and transaction cost analysis, we suggest that which resources may contribute exporters to use an e-intermediary. Also, we discuss the effects of e-intermediary use to decrease transaction costs. Accordingly, we derive two research models. In general, previous e-commerce literature has insisted that a direct exchange via the Internet might lower transaction costs incurred. The literature, however, has neglected the role of a market intermediary in electronic international commerce. An e-intermediary is expected to bring significant changes to the economics of marketing channels and the structure of distribution in export marketing. Particularly, this study provides theoretical justifications of the determinants and effects of an e-intermediary. Knowing more about how e-intermediaries can play an important role in international commerce will not only enhance the integration of major theories, but will also provide a firmer basis for our knowledge about the emerging intermediation in global trade.

References

Amine, Lyn S. (1987). "Toward a Conceptualization of Export Trading Companies in World of Export Trading Companies in World Markets," Advances in International Marketing, 2, 199-238.

Ancel, Bernard (1999). "Using the Internet: Exploring International Markets," International Trade Forum, 1, 14.

Bailey, Joseph P. and Yannis Bakos (1997). "An Exploratory Study of the Emerging Role of Electronic Intermediaries," International Journal of Electronic Commerce, 1(3), 7-20.

Bakos, J. K. (1991). "Reducing Buyer Search Costs: Implications for Electronic Marketplaces," Management Science, 43(12), 1676-1692.

Barney, J. B. (1991). "Firm Resources and Sustained Competitive Advantage," Journal of Management, 17, 99-120.

Barney, J. B. and W. Hesterly (1996). "Organizational Economics: Understanding the Relationship between Organizations and Economics Analysis," In Clegg, S. R., C. Hardy, and W.R. Nord (Eds.), Handbook of Organization Studies, London: Sage, 115-147.

Bartels, Andrew (2003). 'IT Trends 2003, Midyear Update: B2B and B2C E-Commerce', Forrester Research. http://www.forrester.com

Benjamin, R. and R. Wigand (1995). "Electronic Markets and Virtual Value Chains on the Information Superhighway," Sloan Management Review, (Winter), 62-72.

Bowyer, Dale (2002). "Going Global, Part II-A Three-Part Series Covering Tips, Advice, and Resources to Help You Turn Your Company into a Global Presence on the Internet," Small Business News. http://www.smallbusinessnewz.com/smallbusinessnewz-13-20020423GoingGlobalPartII.html (accessed April 12, 2003).

Brewer, Thomas L. (1993). "Government Policies, Market Imperfections, and Foreign Direct Investment," Journal of International Business Studies, 24, 101-120.

Chalmin, Philippe (1987). "Traders and Merchants. Panorama of International Commodity Trading," Chur: Harwood Academic Publishers.

Cho, Dong-Sung (1987). The General Trading Company. Lexington, MA: Lexington Books.

Chrusciel, Don (2000). "The Internet Intermediary: Gateway to Internet Commerce Opportunities," Journal of Internet Banking and Commerce, 5, 1.

Chrusciel, Don and M Zahedi (1999). "Seller-Based vs. Buyer-Based Internet Intermediaries: A Research Design," AIS AMCIS, 99(August).

Clark, Theodore H. and Ho Geun Lee (1999). "Electronic Intermediaries: Trust Building and Market Differentiation," Proceedings of the 32nd Hawaii International Conference on System Science.

Coase, Ronald (1937). "The Nature of the Firm," Economica, 4(November), 386-405.

Goldsby, Thomas J. and James A. Eckert (2003). "Electronic Transportation Marketplaces: A Transaction Cost Perspectives," Industrial Marketing Management, 32, 187-198.

Grant, R. M. (1995). Contemporary Strategy Analysis. Blackwell Publisher Inc. Oxford, UK.

Hessler, Dennis (1996). "The New Exporting Intermediary's Biggest Mistake," http:www.importtexporthelp.com/mistak.htm

Ilinitch, Anne Y., Mike W. Peng, Ivan Eastin, and Dorothy Paun (1993). "Developing Intangible Resources: The New Battleground for Export Success for Small and Mid-Size Firms," CINTRAFOR Monograph Series. Seattle: University of Washington School of Forest Resources.

MITI in the Context of the Japanese "'Trade or Die' mentality," Columbia Journal of World Business, 19, 33-42.

Kotler, Phillip (2000). "Marketing Management," 10th ed. Englewood Cliffs, NJ: Prentice Hall.

Lee, Hyungtae and Dobry Danusutedjo (2000). "Export Electronic Intermediaries," American University: Washington D.C. http://www.american.edu/carmel/dd9306a/right.html

Leonidou, Leonidas C. and Constantine S. Katsikeas (1996). "The Export Development Process: An Integrative review of empirical Models," Journal of International Business Studies, 27(3), 517-551.

Martinsons, Maris G. (2002). "Electronic Commerce in China: Emerging Success Stories," Information & Management, 39(7), 571-579.

Narayandas, Das, Mary Caravella, and John Deighton (2002). "The Impact of Internet Exchange on Business-to-Business Distribution," Journal of the Academy of Marketing Science, 30(4), 500-505.

Palmer, Jonathan W. (1995). 'Electronic Commerce: Enhancing Performance in Specialty Retailing', Electronic Markets, 15 (May): 6-8.

Paris, Roland (2001). Global Taxation and the Transformation of the State', Working Paper. http://wc.wustl.edu/workingpapers/Paris.pdf (accessed January 20, 2004).

Peng, Mike W. and Anne Y. Ilinitch (1998). "Export Intermediary Firms: A Note on Export Development Research," Journal of International Business Studies, 29(3), 609-620.

Peng, Mike W. (1998). "Behind the Success and Failure of U.S. Export Intermediaries: Transactions, Agents, and Resources," Westport, CT: Quorum.

Peteraf, Margaret (1993). "The Cornerstones of Competitive Advantage: A Resource Based View," Strategic Management Journal, 14(3), 179-199.

Poon, Simpson and Paula M.C. Swatman (1997). "Small Business Use of the Internet: Findings from Australian Case studies," International Marketing Review, 14(5), 385-402.

Prasad, V. Kanti, K. Ramamurthy, and G. M. Naidu (2001). "The Influence of Internet-Marketing Integration on Marketing Competencies and Export Performance," Journal of International Marketing, 9(4), 82-110.

Quelch, John A. and Lisa R. Klein (1996). "The Internet and International Marketing," Sloan Management Review, 38(3), 60-75.

Rindfleisch, Aric and Jan B. Heide (1997). "Transaction Cost Analysis: Past, Present, and Future Applications," Journal of Marketing, 61(4), 30-54.

Root, Franklin R. (1994). "Entry Strategies for International Markets," 2nd ed. Lexington, MA: Lexington Books.

Sarkar, Mitra Barum, Brian Butler, and Charles Steinfield (1995). "Intermediaries and Cybermediaries: A Continuing Role for Mediating Players in the Electronic Marketplace," Journal of Computer-Mediated Communication, 1(3). http://www.ascusc.org/jcmc/vol1/issue3/sarkar.html

Searing, Marjory (2001). "Commerce Department E-Exports Services," World Trade, 14(2): 48.

Soon, Lisa, Yi-Ping Phoebe Chen, and Alan Underwood (2002). "A Case Study on A Virtual Export Trade Community," AUSWEB. http://ausweb.scu.edu.au/aw02/papers/refereed/soon/paper.html

Stevenson, Alan and Jim Hamill (2002). "Internet Forum," International Marketing Review, 19(3), 323-326.

The Beacon Council (2000) 'International Data: Exports / Imports', http://www.beacon-council.com/010301.asp

Trabold, Harald (2002). "Export Intermediation: An Empirical Test of Peng and Ilinitch," Journal of International Business Studies, 33(2), 327-344.

U.S. Department of Commerce (2002) 'U.S. Foreign Trade Highlights', http://www.ita.doc.gov/td/industry/otea/usfth/aggregate/H02t01.html

Williamson, Oliver E. (1991). "Strategizing, Economizing, and Economic Organization," Strategic Management Journal, 12, 75-94.

Yoshihara, K. (1982). "Sogo Shosha: The Vanguard of the Japanese Economy," Oxford: Oxford University press.

Zapf, Mariko (2000) 'Global Online Exports to Soar to $1.4 Trillion In 2004', Forrester Research', http://www.forrester.com/ER/Press/Release/0,1769,433,FF.html

Zucker, L. (1986). "Production of trust: Institutional Sources of Economic Structure: 1840-1920," In Staw, B. & L. Cummings (Eds.). Research in Organizational Behavior. 8, 53-111.

__________ (2011), "E-Commerce and E-Business/Concepts and Definitions," Wikibooks, http://en.wikibooks.org/wiki/E-Commerce_and_E-Business/Concepts_and_Definitions

참고문헌

노택환 · 김진삼 · 조현정 · 서민교(2011), 국제통상의 이해, 박영사.

옥선종 · 박영태 · 김웅진(2008), 최신 무역계약론, 두남출판사.

이봉수(2010), 무역실무, 두남출판사.

조영정(2010), 무역학개론, 박영사.

강호경 · 장효나(2011), "무역거래 당사자 간 계약물품의 위험이전에 있어 CISG와 Incoterms 2010의 비교연구," 무역보험연구, 12(4), 125-152.

구종순 · 여희정 · 동무성(2008), "우리나라 기업의 적하보험계약 체결에 관한 실증 연구," 해운물류연구, 59, 225-244.

김동호 · 김거진 · 이수진 · 송어현(2010), "貿易契約 締結의 완성을 위한 글로벌 協商戰略-BRICs의 협상관습 差異를 中心으로," 무역학회지, 35(4), 319-339.

김한수(2012), 무역실무, http://ifins.com.ne.kr/17trade/t100.htm

이춘삼(2007), "무역계약의 불이행 및 이행불능에 관한 비교법적 연구," 무역학회지, 32(2), 105-125.

Cho, H.S. and P. Tansuhaj(2011), "Electronic intermediaries: research and practice of electronic intermediaries in export marketing," *Innovative marketing*, 7(3), pp.40-51.

제 4 장

국제무역 해상보험

제 1 절 해상보험의 개념

1. 위험의 개념

"No risk, no insurance"에서 의미하는 바와 같이 보험의 본질적인 대상은 바로 위험이다. 보험의 시작은 이러한 위험의 체계적인 관리에서 비롯되었다. 위험은 2가지 접근방식으로 정의할 수 있다. 우선 위험은 일종의 손실발생의 가능성(chance of loss)이다. 이는 독일 및 미국학자의 견해로써 구체적으로 다음과 같이 위험에 대해 정의하고 있다. "부적절한 사고를 발생시키는 우연이 위험이다"(Lehmann, 1928), "지불저해 또는 우연사고의 가능성이 위험이다"(Stadler, 1932), "손실발생 가능성의 경영, 경제적 존재 혹은 현상이 위험이다"(Lisowsky, 1948), "특정행위에 따른 유해한 결과의 발생 여부가 위험이다"(Haynes, 1985). 이와 함께 위험에 대해 손실에 관한 불확실성(uncertainty concerning loss)으로 접근하기도 한다. 구체적으로 다음과 같이 정의하고 있다. "위험은 손실의 발생빈도와 규모의 예측결여로 인한 불확실한 상태이다"(Crane, 1984). 일반적으로 가능성(chance, possibility)은 존재의 유무가 아니라 유무의 중간상태라 할 수 있고, 불확실성(uncertainty)은 존재의 유무에 대해 예측할 수 없기 때문에 조성되는 상태이다.

분류기준에 따라 다양한 위험의 형태가 있다. 우선 위험의 발생결과에 따라 순수위험(pure risk)과 투기위험(speculative risk)이 있다. 순수위험은 잠재적 이익이 포함되어 있지 않은 순수한 손실발생의 위험을 의미하며 발생결과는 반드시 손실로 이어진다. 순수위험은 개인, 기업, 모든 사회조직에서 발생되는 현상이며 동일한 환경하에서 반복되어 발생하는 경향이 있다. 이 때문에 순수위험에 대해서는 경험적 자료가 존재한다. 순수위험은 개별단위로 보면 우연적 · 불규칙적 성격이 강하지만 집단으로 관찰하면 위험발생의 규칙성을 발견할 수 있다. 따라서 순수위험의 발생 빈도와 손실규모는 어느 정도 예측이 가능하다. 투기위험은 잠재이익과 손실이 혼재하는 위험을 의미하며 위험의 결과가 손실 혹은 이익으로 나타날 수 있다. 투기위험은 인간이 창출하는 인위적인 위험이며 그 특징을 감안할 때 보험의 대상이 아니다.

위험은 발생배경과 원인에 따라 정태위험(static risk)과 동태위험(dynamic risk)으로 나눌 수 있다. 정태위험은 정상적인 경제적 · 사회적 활동에서 발생되는 자연현상 혹은 인간의 과실에 의한 위험을 의미한다. 예를 들어 기업의 위험 중 자신의 물리적 손실, 사기 및 범죄에 의한 손실, 수익 감소에 따른 재산상의 손실, 경영자의 사망 및 질병 등이 정태위험에 포함된다. 일반적으로 정태위험의 발생결과는 대부분 손실로 연결된다. 동태위험은 생산양식의 변화, 소득수준의 변화, 기술혁신, 경영방식의 개선, 산업구조의 변동 등 주로 급변하는 경제, 사회에서 발생되며 동시다발적 성격을 가지고 있다. 동태위험은 정태위험에 비해 손실강도가 높게 나타나며 예측과 통제가 불가능하다. 발생결과는 손실과 이익의 양면적인 성격을 가지고 있다. 마지막으로 주관적 위험(subjective risk)과 객관적 위험(objective risk)이 있다. 주관적 위험은 개인의 성격, 정신상태, 감각 등으로부터 파생되는 심리적인 불확실성을 의미한다. 반면에 객관적 위험은 우연과 불가항력에 의해 발생하는 위험을 의미한다. 객관적 위험은 통계학적으로 측정이 가능하다.

이러한 위험은 보험을 포함한 다양한 수단에 의해 관리될 수 있다. 위험관리 방안 중 가장 간단한 방법은 위험의 회피이다. 위험의 회피는 손실발생의 가능성이 있는 재산, 활동 등을 회피함으로써 위험을 관리하는 방법이다. 잠재적 이익과 같은 여러 가지 변수가 존재하기 때문에 위험관리에 있어서 최선의 방법은 될 수 없다. 위험의 분산은 위험 단위 수를 분산시켜 최대 가능 손실규모를 축소하는 위험관리 방안이다. 구체적으로 장소적 · 기술적 · 시간적으로 위험을 분산할 수 있다. 위험의 통제는 위험이 발생할 확률을 줄여서 발생빈도를 감소시키거나 또는 발생된 손실의 규모를 축소하는 방법이다. 손실의 원천을 제거하는 통제적 활동이라 할 수 있다. 위험의 보유는 손실의 일부 또는 전부에 대한 재무적 보전을 제3자를 통하지 않고 기업 스스로 이행하는 위험관리 방안이다.

2. 보험의 본질

보험은 다수의 사람으로부터 기금을 모아서 미래에 손실을 입는 소수의 당사자에게 해당 기금을 분배하는 제도이다. 경제적 측면에서 보험은 위험의 결합을 통하여 불확실성을 확실성으로 전환하고 경제적 손실에 대한 위험을 감소시키는 제도이다. 법적 측면에서 보험은 법적 계약을 통하여 손실을 보상하는 법률적 제도이며 사회적 측면의 보험은 기금의 형성을 통하여 소수의 손실을 다수가 부담하는 제도이다. 또한 수리적으로 보면 보험은 확률의 원리를 이용하여 손실을 예측하고 분배하는 제도이다. 보험은 안정성의 제고, 능률의 향상, 신용도의 증가, 예방활동의 증가라는 긍정적인 기능이 있다. 하지만 보험은 보험비용의 발생, 보험사기의 유발, 무관심의 증가, 보상금의 과잉청구와 같은 부정적인 측면도 동시에 포함하고 있다. 보험이 성립되기 위해서는 위험의 동질성과 다수성, 보험사고의 명확성, 보험사고의 우연성, 위험의 보편성 등이 충족되어져야 하며 확률과 대수의 법칙으로 대변되는 과학성도 보험이 성립되기 위한 핵심 기반이다.

보험의 분류를 보면 보험 정책적 관점에서 공보험과 사보험으로 나눌 수 있다. 공보험은 국가 또는 공공단체가 공적인 국가정책을 실현하기 위해 운영하는 보험이다. 건강보험, 산업재해 보상보험 등이 대표적인 공보험이다. 사보험은 사적 · 경제적 관점에서 민간기업의 형태로 행해지는 보험을 의미한다. 화재보험, 자동차보험, 해상보험 등이 사보험에 포함된다. 보험은 경영주체에 따라서 공영보험과 사영보험으로 나눌 수 있다. 공영보험은 국가나 기타 공법인이 경영하는 보험이며, 사영보험은 영리를 목적으로 개인이나 사법인이 운영하는 보험이다. 또한 보험의 목적물에 따라서 인보험과 물건보험(재산보험)이 있다. 인보험은 사람을 대상으로 하는 보험이며 생명보험, 질병보험, 상해보험 등이 여기에 포함된다. 물건보험은 물건이나 기타의 재산을 대상으로 하는 보험으로 예를 들어 화재보험, 운송보험, 해상보험, 항공보험, 도난보험, 자동차보험 등이 여기에 해당된다. 보상방법에 따라서 손해보험과 정액보험으로 나눌 수 있으며 손해보험(실손보험)은 손실액만큼 보상하는 보험이고, 정액보험은 약정된 금액을 지급하는 보험이다. 이 밖에 보험가입의 자유에 따라서 강제보험과 임의보험이 있다. 대표적인 강제보험은 우리나라의 의료보험이다. 마지막으로 원보험과 재보험이 있다. 원보험은 보험자가 피보험자로부터 직접 인수한 보험이며 재보험은 특정 보험자가 인수한 보험계약상의 책임 전부 또는 일부를 다른 보험자가 인수하는 보험을 의미한다.

3. 해상보험의 의의

보험은 보험자(insurer)가 손해보상을 약속하고 이에 대해 피보험자(insured)는 보험료의 지불을 약정하는 것이다. 일반적으로 해상보험은 해상사업과 관련하여 발생하는 손해를 보상하는 경제적 제도로써 해상보험 계약을 통해 법적으로 시행된다. 영국 해상보험법(The Marine Insurance Act, MIA)에서는 다음과 같이 해상보험을 정의하고 있다.

> "A contract of marine insurance is a contract whereby the insurer undertakes to indemnify the assured, in manner and to the

> extent thereby agreed, against marine losses, that is to say, the losses incident to marine adventure."

MIA 정의에 의하면 해상보험은 사회경제적 제도로써 해상보험 계약을 통해 구체적으로 시행된다. 또한 보험자와 피보험자 간 합의를 바탕으로 보험계약의 내용이 결정되며 해상사업에 수반되는 손실, 즉 해상위험으로 인하여 발생할 수 있는 손실을 보험자가 보상하는 제도이다. 우리나라 상법에서는 보험에 대해 다음과 같이 정의하고 있다. "보험계약은 당사자 일방이 약정한 보험료를 지급하고 상대방이 재산 또는 생명이나 신체에 관하여 불확정한 사고가 생길 경우에 일정한 보험금액이나 기타의 급여를 지급할 것을 약정함으로써 효력이 생긴다." 또한 해상보험자의 책임에 대해서는 "해상보험 계약의 보험자는 항해 사업에 관한 사고로 인하여 생길 손해를 보상할 책임이 있다"라고 규정하고 있다. 우리나라 상법 규정에 의하면 해상보험 계약은 당사자 일방이 약정한 보험료를 지급하고 상대방은 항해사업에 관한 사고로 인하여 생길 재산상의 손해를 보상할 것을 약정함으로써 효력이 생긴다.

영국 해상보험법(MIA)에서는 해상보험의 범위와 관련해 다음과 같이 규정하고 있다.

> "A contract of marine insurance may, by its express terms, or by usage of trade, be extended so as to protect the assured against losses on inland waters or on any land risk which may be incidental to any sea voyage."

즉 해상보험은 해륙혼합의 위험에 대해 부보할 수 있으며 구체적으로 해상위험, 육상위험, 내수로 위험이 해상보험의 대상이 될 수 있다. 해상보험의 대표적 특성은 해상보험의 국제성이다. 해상보험은 기본적으로 국제무역의 해상운송과 밀접한 관련이 있으며 외국 보험자와의 빈번한 재보험거래도 해상보험의 국제성을 반영하고 있다. 또한 해상보험은 역사적으로 영국을 중심으로 발전되었기 때문에 영국의 법률과 관습이 적용되는 특성을 가지고 있다. 해상보험과 관련해 대표적인 법률은 영국 해상보험법(MIA)이다. 영국 해상보험법(MIA)은 영국에서 발생한 해상보험 관련 각종 판례를 정리한 것으로 해상보험에 관한 영국의 성문법이다. 대부분의 국가들도 이 법을 원용하여 자국 해상 관련 법률을 제정하고 있다. 우리나라에서는 보험사업의 공공성 및 국민파급 효과를 고려하여 상법, 보험업법, 보험업법 시행령 등을 통하여 금융감독원에서 보험사업을 관리 · 감독하고 있다.

해상보험의 보험 목적물(subject-matter insured), 즉 보험계약이 체결될 수 있는 대상은 선박, 수출입 화물, 운임 등이다. 따라서 해상보험의 종류는 부보대상에 따라 선박보험, 적하보험, 운임보험 등으로 나눌 수 있다. 선박보험(hull insurance)은 선박과 항해에 필요한 모든 물건을 대상으로 하며, 선체 및 기관보험이 해당된다. 선박건조 보험은 건조에서 인도까지 제반 손해를 대상으로 하는 보험이며 선박 불가동 손실보험은 선박이 운항하지 못하게 되었을 경우의 손실을 보상하는 보험이다. 적하보험(cargo insurance)은 화물을 대상으로 하는 보험이며 운임을 대상으로 하는 운임보험(freight insurance)도 있다. 해상보험은 보험기간에 따라 기간보험, 항해보험, 혼합보험으로 나눌 수 있다. 기간보험은 일정한 기간을 보험자의 책임 기간으로 하는 보험이며 항해보험은 특정 항구에서 다른 특정 항구까지를 보험자의 책임 구간으로 하는 보험이다. 혼합보험은 일정 항해 및 일정 기간을 동시에 보험기간으로 정하는 보험이다.

제2절 해상보험의 역사

1. 모험대차

초창기 무역업자는 자본 부족으로 화물이나 선박을 담보로 금융업자로부터 자금을 융자해 사업을 진행하였다. 그 당시 미비한 항해기술과 선박시설 때문에 해상사업은 일종의 모험사업이었다. 이 때문에 무역업자는 항해가 성공하면 원금에 높은 이자를 금융업자에게 지불해야 했다. 이러한 무역업자와 금융업자의 자본의 거래를 모험대차라 하며 오늘날 해상보험의 유래로 간주되고 있다. 담보물이 선박인 경우는 선박모험대차였으며 적하모험대차는 담보물이 화물인 경우였다. 1236년 이자징수를 죄악시하는 교회법에 따라서 모험대차도 금지되었다. 또한 13세기 후반에는 무역업자도 어느 정도 자본이 축적됨에 따라 금융거래가 아닌 항해가 실패할 경우 보상받는 제도에 대한 필요성이 요구되었다. 이러한 배경으로 기존의 모험대차에서 변형된 모험대차가 등장하게 되었다.

변형된 모험대차의 첫 번째 유형은 모험대차와 소비대차를 병행하는 방식이다. 소비대차는 매매계약의 일방(무역업자)이 금전 혹은 기타 대체물의 소유권을 상대방(금융업자)에게 이전할 것을 약속하고, 이에 상대방은(금융업자) 동종, 동질, 동량의 물건을 반환할 것을 약정하는 계약이다. 무역업자와 금융업자는 모험대차 계약을 체결할 때 반대방향으로 동액의 소비대차 계약을 체결하였다. 초기에는 금전을 주고받았지만 점차로 형식적인 계약만 체결하였다. 모험대차-소비대차 병행방식에서 항해를 하기 전 금융업자는 무역업자와 모험대차 계약을 체결한다. 즉 금융업자는 무역업자에게 돈을 빌려 준 입장이 된다. 동시에 무역업자는 금융업자와 소비대차 계약을 체결한다. 소비대차 계약에 따라 무역업자는 금융업자에게 돈을 빌려 준 입장이 된다. 항해가 무사히 종결되면 모험대차 계약과 소비대차 계약이 모두 이행된 것으로 간주한다. 그러나 해상사고가 발생하면 모험대차 계약만 무효화시킨다. 그리고 소비대차 계약이 유효한 것으로 간주하여 금융업자는 무역업자에게 대부금을 상환해야 한다. 이는 무역업자가 해상사고에 의해 입은 손해를 금융업자가 보상하는 결과가 된다. 오늘날 해상보험의 성격과 유사하다. 금융업자는 소비대차 계약의 체결시에 무역업자에게 수수료를 사전에 징수한다. 만약 해상사고가 없으면 이 수수료는 금융업자의 몫이 된다. 오늘날의 보험료와 유사한 성격이다. 그리고 소비대차 계약은 오늘날 해상보험 계약과 유사한 측면이 있음을 알 수 있다.

두 번째 변형된 모험대차는 매매계약으로 가장하는 방식이다. 이 방식에서 금융업자는 항해 전 무역업자로부터 선박이나 화물을 매입하는 가상의 계약을 체결한다. 항해가 무사히 종료되면 가상의 매매계약을 무효로 하고 해상사고로 인해 손해가 발생하면 금융업자는 가상의 매매계약에 따른 금액을 무역업자에게 지급한다. 즉 금융업자가 무역업자의 손해를 보상해 주는 결과가 된다. 가상의 매매계약을 체결하면서 무역업자는 상당한 수수료를 금융업자에게 지급한다. 만약 해상사고가 없으면 이 수수료는 오늘날 보험료처럼 금융업자의 몫이 된다. 모험대차와 소비대차를 병행하는 방식보다는 간단하고 오늘날의 해상보험 제도와 아주 유사하다.

오늘날 해상보험과 변형된 모험대차를 비교해 보면 소비대차 계약이나 가상매매 계약은 오늘날 해상보험 계약과 유사하며 해당 계약의 매매금액이 오늘날 보험금액 혹은 보험가액의 성격을 가지고 있다. 그리고 소비대차 계약이나 가상매매 계약체결시에 금융업자가 징수하는 수수료는 오늘날 보험료의 성격과 유사하다. 마지막으로 소비대차 계약 혹은 가상매매 계약에 대한 매매대금 지급은 현재 해상보험의 보험금 지급이라 할 수 있다.

2. 영국 해상보험의 등장과 발전

해상보험은 바다를 무대로 활동했던 상인 간 유행했던 상관습이 점차 변형 · 발전되어 온 제도이다. 따라서 해상보험의 역사적 배경에는 앞서 논의된 변형된 모험대차와 함께 다양한 학설이 있다. 역사적으로 과학적 형태의 보험료 지급은 1250년경 이탈리아 플로렌스 지방에서 유래되었다. 14~15세기 해도나 나침반과 같은 항해도구의 발달과 선박의 대형화 등 해상운송이 발달하면서 해상위험을 담보하기 위한 해상보험의 필요성이 인식되었다. 이에 이탈리아 상인을 중심으로 해상보험 거래가 번창하게 되었다. 이 당시 보험계약은 오늘날의 보험계약과 유사한 형태였다. 보험자는 해상사고시 피보험자에게 손해보상을 약속하고 그 대가로 먼저 보험료를 받는 형식이었다. 이 당시 보험증권 서식은 영국 해상보험 증권을 통해서 오늘날까지 계승되고 있다. 지중해 지역에서 유래된 해상보험 제도는 15세기경 이탈리아의 롬바드(Lombard) 상인에 의해 다른 나라로 전파되었다. 스페인, 포르투갈에서 해상보험 거래가 활성화되었으며 스페인 바르셀로나 조례가 최초의 체계적인 보험계약법의 유래이다. 이때부터 해상보험은 손해보상을 목적으로 하며 도박과는 다른 계약의 원칙이 확립되었다. 이후 해상보험 제도는 벨기에, 영국 등으로 전파되었다.

오늘날 영국은 해상보험을 비롯한 모든 보험의 글로벌 중심지이다. 영국의 로이즈(Lloyd's)는 보험의 대명사가 되었다. 역사적으로 보면 영국의 보험과 금융은 해외에서 이주해 온 외국 상인에 의해 발전되었다. 금융과 보험은 12세기경 이탈리아에서 온 롬바드 상인, 무역은 북유럽 한자동맹 상인에 의해 발전되어 왔다. 즉 영국 원주민이 아닌 외국 상인에 의해 오늘날 영국 해상보험의 기초가 확립되었다. 이 당시 영국 원주민은 주로 농업에 종사하였다. 당시 영국에서 활동한 롬바드(Lombard) 상인은 6~12세기 이탈리아의 상권을 장악한 게르만 민족의 후손이며 13세기부터 벨기에, 프랑스, 영국 등에 정착하며 통상을 시작하였다. 이들은 금융을 포함해 해상보험, 고리대금업까지 영위하였다. 영국에 정착한 롬바드 상인은 유태인과 함께 상거래를 주도하였으며 유태인 추방 후 영국 금융과 보험업을 통제하게 된다. 17세기 영국 보험증권을 보면 당시 영국 런던 롬바드가에서 사용되는 보험증권의 내용이 이용되었다. 하지만 배타적인 상행위로 인해 롬바드 상인은 영국 원주민의 반감을 초래했으며 엘리자베스 여왕 즉위 후 롬바드인의 상행위가 제한되고 탄압받았다. 그 결과 롬바드인이 해외로 이주하였으며 금융과 보험 실권이 영국인으로 이양되었다.

한자(Hansa) 상인은 14~15세기경 북유럽 주요 상업도시가 정치적 · 사업적 목적으로 만든 동맹이며 이후 영국의 무역을 장악하였고 영국의 양모수출을 독점하게 된다. 하지만 배타적인 상행위 때문에 영국 원주민의 반감을 초래했으며 엘리자베스 여왕 이후 모든 한자 상인은 영국에서 추방되었다. 한자 상인의 추방 후 영국의 왕립 거래소인 로열 익스체인지(Royal Exchange)가 개소하여 해상보험이 이곳에서 이루어지게 되었다. 로열 익스체인지는 로이즈 커피점이 개점될 때까지 1세기 이상 영국 해상보험의 중심역할을 하였다. 1597년 엘리자베스 여왕의 한자 상인 추방 이후 영국인이 해상보험 거래를 담당하게 된다. 이후 약 100년간 로열 익스체인지를 중심으로 해상보험 거래가 이루어졌다. 하지만 17세기 말부터 커피점이 유행하였으며 이 당시 커피점은 단순한 휴식처가 아니라 정치, 경제, 사회, 문화 등을 논의하고 실제로 관련 거래가 이루어지는 장소였다. 이 중 에드워드 로이드(Edward Lloyd)가 운영하는 커피점은 해상보험 계약이 체결되거나 선박, 화물 등의 매매거래가 직접 이루어지는 장소였다. 이때부터 영국의 해상보험은 로이즈를 중심으로 발전되게 되었다.

3. 로이즈(Lloyd's)

모든 보험의 대명사인 로이즈는 대략 17세기경부터 발전되었으며 당시 커피점은 일반시민 휴식처인 동시에 상거래의 장소이자 정부 비판의 장소였다. 해상보험 거래에 관심이 있는 사람이 많이 모였던 커피점이 에드워드 로이드가 경영한 커피점이었다. 이 커피점은 선박의 선착장에 위치해 상인의 정보센터나 상담 장소로 이용되었다. 이 당시 로이즈는 직접 보험거래는 하지 않았고 커피점 고객을 위해 템즈강(the Thames River) 선착장에서 가져온 뉴스를 제공하였다. 당시 해사정보를 수집, 편집하여 발간한 뉴스가 오늘날 Lloyd's News의 시작이었다. 18세기 이후 로이즈 커피점의 번영으로 정치가의 당락에 관해 내기를 하는 도박보험이 성행하였으며 신로이즈는 기존 로이즈와의 차별을 통해 해상사업의 중개업무와 해상보험의 인수업무를 취급하게 되었다. 1771년 신로이즈는 위원 중 앵거스틴(Angerstein)이 정부와 합의해 로열 익스체인지 내에 사무실을 마련하면서 로이즈는 획기적으로 변화되었으며 커피점 시대는 끝나고 보험거래소 역할의 로이즈가 새롭게 시작되었다. 앵거스틴(John Julius Angerstein)은 '로이즈의 아버지'(Father of Lloyd's)라고 불릴 정도로 로이즈의 발전에 지대한 공을 세웠다. 이후 1871년 영국 의회에서 로이즈 법(Lloyds Act)이 제정되었으며 로이즈는 법인체로서 운영되었다.

로이즈의 조직을 보면 우선 로이즈 조합(Corporation of Lloyd's)이 있다. 기본적으로 로이즈는 회사형태가 아니고 개인 보험업자의 집합체이다. 따라서 기관조직이 필요하고 이 역할을 하는 조직이 바로 로이즈 조합이다. 로이즈는 1871년에 제정된 법에 의해 로이즈 조합으로서 법인화되었지만 여전히 개인 보험업자의 연합체이다. 법인으로서 로이즈 조합은 회원인 개인 보험업자의 재력과 신용도를 보증하거나 책임지는 일이 없다. 단지 보험거래에 필요한 장소를 제공하고 보험증권의 날인 등의 보험 관련 서비스를 제공하고 있다. 로이즈 위원회(Committee of Lloyd's)는 대외적으로 로이즈를 대표하는 기관으로 16명의 운영위원으로 구성되어 있다. 운영위원은 개인 보험업자인 영업회원에서 선출되며 1명의 의장과 2명의 부의장으로 구성된다. 의장은 로이즈의 유일한 대변자 역할을 하게 된다. 16명의 운영위원은 일반적으로 매년 3명씩 교체되었다. 로이즈 위원회는 보험을 인수하는 영업업무를 제외한 모든 행정업무를 수행하며 대외적으로는 로이즈를 대표하며 대내적으로는 로이즈 회원을 징계할 수 있는 통제기능이 있다. 하지만 로이즈 위원회도 보험계약조건이나 보험요율 등 보험영업 업무에 관해서는 개인 보험업자를 간섭할 수 없다. 로이즈 평의회(Council of Lloyd's)는 로이즈 운영의 공정성과 대외적인 공신력을 제고하기 위하여 1982년에 신설된 기구로써 내부규정 강화에 따른 제반 행정업무를 처리하고 있다. 25명의 위원 중 16명은 실무 전문위원이고 나머지는 전문위원 6명, 타 업계 및 학계인사 3명으로 구성되어 있다. 로이즈 평의회 의장은 로이즈 위원회의 부의장을 겸직하고 있다.

로이즈는 회원의 성격에 따라서 영업회원(underwriting member), 비영업회원(non-underwriting member), 준회원(associator)으로 나눌 수 있다. 영업회원은 보험계약을 인수하는 개인 보험업자로서 일명 Name이라고 한다. 개별적으로 보험계약을 인수하지 않고 회원이 모여 신디케이트(syndicate)를 형성하고 이 신디케이트가 보험을 인수하게 된다. 신디케이트의 가입자 수는 제한이 없으며 가입자 수가 많을수록, 가입자의 재력이 클수록 신디케이트의 보험인수 능력은 커진다. 각 신디케이트를 대표하는 간사 보험자(active underwriter)가 실무적으로 영업활동을 한다. 간사 보험자는 로이즈 빌딩에서 보험 중개인(로이즈 브로커, Lloyd's broker)으로부터 보험계약을 인수한 후 이를 신디케이트 구성원에게 할당한다. 분담률은 각자 재력에 따라 사전에 결정되어 있다. 비영업 회원은 로이즈 브로커(Lloyd's broker)와 외부 가입자를 포함하며 로이즈 브로커는 보험 중개인으로서 피보험자를 대리하여 보험자와 직접 보험계약을 체결하게 된다. 일반적으로 해상보험은 내용이 복잡하고 전문적인 지식이 요구되므로 등록된 로이즈 브로커를 통해서 계약을 체결하는 것이 합리적이다. 외부가입자는 로이즈에서 제공하는 정보와 참고서적 등을 사용할 수 있는 타 보험회사이며 준회원은 해상보험에 대해 전문적인 지식을 제공하는 법률가, 해손 정산인, 회계사 등이다. 로이즈 대리점(Lloyd's Agent)은 세계전역의 주요항구에 위치하고 있으며 로이즈를 대리하여 보험계약을 인수하기 위한 것이 아니고 로이즈를 비롯한 모든 보험자에게 관련 서비스를 제공하는 역할을 한다. 주로 조난중인 선박을 지원하고 보험사고가 발생시 손해조사를 위한 조사관을 지명하고 검정보고서를 발급한다. 또한 각 항구에서 일어나는 해운정보를 모아 정기적으로 영국의 로이즈에게 송부하게 된다. 로이즈 보험증권 발행실(Lloyd's Policy Signing Office : LPSO)은 로이즈에서 발급하는 모든 보험증권을 심사·제작한다. 로이즈 브로커는(중개인) 피보험자(고객)로부터 위임받은 위험을 각 신디케이트의 간사와 접촉하여 희망하는 간사 보험자로부터 슬립이라는 조그만 서류에 서명을 받는다. 인수가 완료되면 이 슬립과 필요한 계산서를 보험증권 발행실에 제출하여 보험증권을 받는다. 마지막으로 로이즈 손해 사정실(Lloyd's Underwriter Claim Office : LUCO)은 보험사고에 대해 손해의 원인을 분석하여 보상유무를 결정하고 보험금을 지급하는 당사자이다.

로이즈는 개인 보험업자의 집합체라는 특성이 있다. 대부분의 국가에서 보험자는 주식회사의 형태이며 개인 보험업자는 법으로 허용치 않고 있다. 영국에서는 보험계약을 체결할 수 있는 재력만 있으면 누구든지 보험자가 될 수 있으며 1969년부터는 외국인에게, 1970년부터는 여성에게도 허용하고 있다. 현재 30,000명 정도의 개인 보험업자가 영국에서 활동하고 있다. 물론 로이즈에서는 공신력 향상을 위해 개인 보험업자를 감시하여 파산을 사전에 방지하고 있다. 신규인 경우 상당한 보증금을 예탁시키고 있다. 로이즈 개인 보험업자는 각자 특정한 보험 분야에 주력하여 안정적인 보험운영을 하고 있다. 로이즈의 두 번째 특성은 중개인을 통한 보험계약의 체결이다. 로이즈에서 보험계약 체결을 위해서는 반드시 로이즈에 등록되어 있는 로이즈 브로커를 통해야 한다. 로이즈 브로커는 해상보험에 대해 전문지식을 가진 당사자로서 충분한 경험과 능력으로 피보험자의 자문에 충분히 응할 수 있어야 한다. 이러한 로이즈 브로커를 이용하면 보험계약 체결 관련 부대비용이 오히려 절감될 수 있다. 마지막으로 로이즈는 재보험 위주의 보험계약에 주력하고 있다. 물론 원보험도 취급하지만 대부분 전 세계에서 들어오는 재보험을 운영하고 있다.

제 3 절 해상보험 계약

1. 해상보험 계약의 개념

해상보험은 보험자와 보험 계약자 간 체결되는 해상보험 계약에 의해, 보험 계약자는 소정의 보험료를 부담하고 보험자는 이에 대한 대가로 손해보상을 약정하는 제도이다. MIA(영국 해상보험법)에 의하면 보험자의 손해보상은 우발적인 보험사고를 전제로 하고 보험사고의 발생구간은 해상운송뿐만 아니라 연계되는 내수로 운송 혹은 육상운송 구간도 포함함을 명시하고 있다. 이러한 해상보험의 모든 내용은 당사자 간 체결되는 해상보험 계약에 의해 구체화된다. 해상보험 계약은 다른 계약과 마찬가지로 계약이 성립되고 효력이 발생하기 위해서는 기본요건이 충족되어져야 한다.

해상보험 계약 성립의 첫 번째 조건은 청약(offer)과 승낙(acceptance)을 통한 상호 간 합의이다. 해상보험 계약에서 청약은 보험 청약자가 일정한 보험계약을 맺을 것을 목적으로 보험자에게 행하는 의사표시이고, 승낙은 일정한 보험계약의 청약에 응하여 보험자가 보험계약의 성립을 목적으로 행하는 의사표시이다. 즉 보험 청약자는 보험계약을 맺을 것을 보험자에게 청약하고 보험자가 이를 승낙해야만 보험계약이 합법적으로 성립된다. 해상보험 청약은 구두(oral)로도 가능하나 혼란과 분쟁을 방지하기 위해 대부분 서면으로 작성됨을 원칙으로 한다. 실무에서 해상보험 계약의 청약에는 보험계약 청약서가 이용된다. 보험계약 청약서에는 보험 계약자가 기재해야 할 사항과 보험자가 보험 계약자에게 질문하는 질문표가 인쇄되어 있다. 보험 청약자(보험 계약자)가 성실히 답변하고 적성 후 보험료와 함께 제출하면 보험계약의 청약으로 간주한다. 물론 청약서 내용에 허위사실이 기재되어 있으면 사기 혹은 고지의무 위반으로 간주되어 계약이 무효화된다. 보험자는 보험 청약자가 제출한 보험계약 청약서의 내용을 검토하고 승인함으로써 보험이 성립되고 효력발생이 발생된다. 보험자에 의한 보험료 납부 영수증 발급이 실질적인 승낙의 표시이다. 해상보험 계약의 내용을 법적으로 증명하는 해상보험 증권은 통상 한 달 뒤 발급된다.

해상보험 계약 성립의 두 번째 조건은 대가지불, 즉 약인이다. 즉 해상보험 계약이 성립되고 효력이 발생하기 위해서 합법적인 약인 또는 대가지불이 있어야 한다. 상거래에서 매도인이 계약물품을 인도(경제적 손실)한 대가로 매수인으로부터 받는 매매대금(경제적 이익)이 전통적인 약인의 개념이다. 이 개념이 손익설에 의한 약인이다. 하지만 근래에는 약속에 대한 경제적 대가지불을 약인으로 규정하고 있다. 이러한 약인에 대한 접근방법이 거래설이다. 즉 거래설에 의하면 계약에서 약속자의 약속대가로 수약자가 지불하는 금전적 서비스가 약인이다. 해상보험 계약 성립을 위한 약인은 손익설보다는 거래설에 의해 접근하는 것이 합리적이다. 보험자는 장차 보험사고가 발생할 때 피보험자가 입는 경제적 손실을 보험계약조건에 따라 보상해 줄 것을 약속하고 보험 계약자는 이러한 약속의 대가로 보험료(약인)를 지급하게 된다. 이러한 성격의 계약이 유상계약이다. 해상보험 계약은 대가지불이 있어야만 하는 유상계약의 일종이므로 보험자로부터 손해보상을 받기 위해서는 먼저 보험 계약자가 보험료(약인)를 지불해야 하며, 대가지불이 없는 무상계약에서는 손해보상을 받을 수 없다. 해상보험 계약 성립의 세 번째 조건은 합법성이다. 합법성에 의하면 불법적인 목적(공익과 사회의 건전성을 해치는)의 계약은 무효이며 도박의 목적이나 밀수품, 마약 등을 부보하기 위한 계약도 무효이다. 또한 해상보험 계약 당사자가 법적으로 유자격자이어야 한다. 보험자는 합법적인 보험 대리점, 보험회사, 개인 보험업자를 의미한다. 보험 계약자는 성인을 의미하며 미성년자, 금치산자, 알코올 중독자 등에 의한 계약은 무효이다.

2. 해상보험 계약의 당사자

보험자(insurer, assurer, underwriter)는 보험계약을 인수하고 이에 따라 보험 계약자에게 손실보상을 약속하는 당사자이다. insurer, assurer의 어원은 불확실한 미래를 확실하게 보장해 주는 당사자에서 출발하였으며 underwriter는 사업 협정서 등의 하단에 기명날인하고 그 내용을 책임지는 당사자의 의미이다. 보험자는 일반적으로 회사의 형태이지만 로이즈처럼 개인 보험자도 있다. 보험사업의 공공성 때문에 보험자의 자격에 대해 대부분의 국가에서 별도로 규정하고 있다. 우리나라의 경우 보험자가 되기 위해서는 300억원 이상 자본금 또는 기금을 납입하여야 한다. 보호 예탁금은 금융감독원에 예탁하여야 한다. 보험의 대명사인 로이즈는 개인 보험업자의 연합체이며 영국은 전통적으로 로이즈와 같은 개인 보험업자에 의해 해상보험이 발전되어 왔다. 1871년 제정된 로이즈법에 의해 외견상 법인체인 로이즈 조합이 있다. 로이즈는 해상보험으로 출발하였으며 손해보험, 인보험 등 모든 보험의 세계 중심적 역할을 하고 있다. 재보험 및 타 보험자가 인수를 꺼리는 위험을 취급하고 있는 것도 로이즈의 특징이다.

보험 계약자(policy holder)는 자기의 명의로 보험자와 보험계약을 체결하고 보험료를 지불할 의무가 있는 당사자이다. 계약체결의 당사자로서 계약상의 의무를 부담하게 된다. 피보험자(insured, assured)는 손실이 발생한 경우에 보험계약에 의해 보상을 받을 수 있는 당사자이다. 손해보상을 청구하기 위해서 피보험자는 보험 목적물에 대해 특정인이 갖는 금전적 이해관계인 피보험이익을 가져야 한다. 보험 계약자와 피보험자는 동일한 경우가 많지만 다른 당사자인 경우도 있다. 예를 들어 CIF조건의 경우 해상보험 계약자는 매도인이 되지만 피보험자는 매수인이다. 즉 CIF조건에 의해 매도인이 매수인을 위해 해상보험 계약을 체결하게 된다. 우리나라에서는 보험 계약자와 피보험자를 구분하고 있지만 영국의 경우는 피보험자의 개념 속에 보험 계약자의 의미를 포함시키고 있다.

많은 보험계약이 보험 대리점, 보험 모집인, 혹은 보험 중개인을 통해서 체결되고 있다. 우리나라 상법에 의하면 보험 대리점(insurance agent)은 일정한 보험자를 위하여 보험계약의 체결을 대리하거나 중개하는 것을 영업으로 하는 독립된 상인이다. 보험 대리점은 보험계약의 체결권을 가지는 보험체약 대리점과 중개만을 하는 보험중개 대리점으로 나눌 수 있다. 일반적으로 손해보험의 경우 주로 보험체약 대리점이 이용되며 생명보험인 경우 특수한 성격으로 보험계약 체결권을 보험자에게 집중시킬 필요로 해서 보험중개 대리점이 많이 이용된다. 우리나라의 보험업법에서는 보험 대리점을 보험체약 대리점으로 한정하고 있다. 보험 대리점은 법적으로 보험자의 권한을 대행하는 당사자로서 보험자와 동일한 위치에 있다.

보험 모집인(insurance salesman)은 특정 보험자를 위하여 계약체결을 중개하는 당사자이다. 보험 대리점과는 달리 독립적인 영업활동을 하지 않고 특정 보험자에게 종속되어 보험모집 활동을 한다. 물론 보험자와의 계약에 의해 일정한 권한을 가질 수 있지만 대체로 보험가입을 권유하고 보험 청약서를 받아 보험자에게 전달하는 정도의 권한을 가지고 있다. 보험 모집인은 보험자를 대신해서 보험계약을 체결할 수 없으며 보험료 징수도 불가능하다. 보험 중개인(insurance broker)은 독립적으로 영업활동을 하며 보험가입을 원하는 당사자를 위해 보험자와 접촉하여 보험가입을 알선하게 된다. 보험 중개인은 피보험자를 대리하고 피보험자로부터 위촉받은 권한을 대행한다. 보험 중개인은 보험 모집인과 역할이 유사하지만 특정 보험자에 종속되지 않고 독립적으로 영업활동을 한다. 또한 보험 중개인은 보험자가 아니라 피보험자를 위해서 활동한다. 우리나라에서는 보험 중개인의 활동이 제한적이지만 영국, 네덜란드, 독일 등에서는 활발히 활동하고 있다. 로이즈 브로커가 대표적인 보험 중개인이다. 로이즈는 반드시 등록된 보험 중개인(로이즈 브로커)을 통해서만 계약체결이 가능하다. 로이즈 브로커는 피보험자의 지시에 충실한 단순 중개인이 아니라 전문지식을 보유하고 최적의 보험조건을 알선하는 전문적인 대리인이다.

3. 해상보험 계약의 법적 성격

해상보험 계약은 무역계약처럼 다음의 법적 성격을 가지고 있다. 우선 해상보험 계약은 낙성(합의)계약의 성격이 있다. 즉 해상보험 계약은 당사자 합의만으로 성립되는 계약이다. 당사자 일방이 청약을 하고(피보험자가 보험에 가입하고 싶다는 의사표시) 이에 상대방의 승낙이 있으면(보험자가 이를 승낙시) 계약이 성립된다. 만약 당사자 합의 이외에 특별한 법률사실, 물건의 인도, 기타 급부 등이 있어야만 계약이 성립된다면 이를 요물계약이라고 한다. 요물계약은 낙성계약의 상대적인 개념으로 해상보험 계약으로는 인정하지 않는다. 보험자의 보험증권 교부, 보험 계약자의 보험료 납입 등은 보험자의 책임개시를 위한 요건이지 보험계약 성립 자체에 영향을 미치는 요건은 아니다. 해상보험 계약의 두 번째 법적 성격은 불요식계약이다. 불요식계약은 계약 성립을 위해 당사자 간 합의 이외엔 다른 특별한 요건이 필요 없는 계약을 의미한다. 하지만 일반적으로 보험 계약자는 보험계약 체결시 청약표시로 청약서에 필요사항을 기재하고 날인한다. 이를 보험자가 승낙함으로써 보험계약이 체결된다. 즉 해상보험 계약은 점차 요식화되고 있다고 할 수 있다.

해상보험 계약의 또 다른 성격은 유상계약이다. 유상계약이란 계약의 효과로써 당사자가 상호대가를 치른다는 의미이다. 해상보험 계약에서는 피보험자 혹은 보험 계약자가 보험료를 부담하고(급부행위) 이에 대해 보험자는 손해보상(반대급부)을 약정하게 된다. 유상계약의 상대적인 개념은 무상계약으로써 이는 해상보험 계약에 포함되지 않는다. 해상보험 계약은 쌍무계약의 성격도 가지고 있다. 쌍무계약이란 계약의 효과로써 당사자가 서로 채무를 부담하는 계약이다. 보험 계약자가 보험료를 지불함으로써 보험자의 위험부담이 동시에 채무로써 발생된다. 양 당사자의 채무는 서로 구속관계에 있다고 할 수 있다. 해상보험 계약은 도박과 같이 당사자에게 우연히 발생하는 불확실한 사건과 관련이 있기 때문에 사행계약의 성격도 가지고 있다. 이와 함께 해상보험 계약은 당사자 간 신의성실의 원칙에 입각해 체결하는 최대선의의 계약이며 계약내용이 당사자 일방에 의해 정해지고 상대방은 이 내용을 승인함으로써 효력이 발생되는 부합계약이다. 실제 불특정 다수와의 보험계약 체결로 인해 일방적으로 보험자는 작성된 보험약관을 제시하고 보험 계약자는 이를 포괄적으로 승인함으로써 계약이 성립된다. 마지막으로 해상보험 계약은 영리를 목적으로 하는 상행위 계약의 성격과 보험기간에 걸쳐 지속되는 계속계약의 성격을 가지고 있다. 주식회사 형태를 갖춘 보험회사나 개인 보험업자가 이윤을 추구하기 위하여 보험을 인수하고 보험계약을 체결하게 된다. 매매거래는 1회의 급여로서 계약관계가 종료하지만 해상보험 계약은 보험기간 동안 계속해서 존재하는 계속계약의 성질을 가진다.

읽기 2-4-1 수출보험의 종류

수출보험은 수출과 같은 국제매매 거래에서 발생되는 위험을 대비하기 위한 보험이다. 일반적인 민간보험으로는 보호되지 않는 부분이 많기 때문에 정부 혹은 정부기관이 중심이 되어 해당보험을 운영하고 있다. 크게 단기성 보험과 중장기성 보험으로 나눌 수 있다.

1. 단기성 보험

① 단기수출보험: 수출대금 결제기간이 2년 이내인 수출계약에 해당되는 보험으로써 계약체결 후 수출이 불가능하거나 수출대금을 받을 수 없는 경우의 손실을 보상

② 중소기업Plus+보험: 수입자 위험, 신용장 위험, 수입국 위험 등 보험 계약자가 합의한 담보위험에 의한 손실이 발생한 경우 보험금액 범위 내에서 보상

③ 농수산물수출보험: 농수산물 수출계약 후 수출이 불가능하게 되거나 수출대금을 받지 못할 경우, 국내가격 변동으로 손실이 발생한 경우 보상

④ 문화수출보험: 수출이 계획된 문화상품(영화, 드라마, 게임, 공연 등)의 제작과 관련한 투자 혹은 융자 관련 손실이 발생한 경우 보상

2. 중장기성 보험

① 중장기수출보험: 결제기간이 2년을 초과하는 수출계약에 해당되는 보험으로써 계약체결 후 수출대금 관련 손실이 발생한 경우 보상

② 수출보증보험: 금융기관이 해외공사계약 또는 수출계약과 관련하여 수입자에게 보증서(Bond)를 발급하고 보증채무의 이행시에 발생하는 손실을 보상

③ 해외투자보험: 주식취득 등 해외투자 후 원리금, 배당금 등을 회수할 수 없게 되는 경우 보상

(한국무역보험공사 자료 참고)

제 4 절 고지와 담보

1. 피보험자의 고지의무

1) 고지의무의 개념

해상보험에서 보험자는 보험 목적물의 손실발생 가능성을 측정하여 보험계약 체결 여부를 결정하고 보험료도 산정하게 된다. 하지만 보험자가 수많은 피보험자의 보험 목적물에 대해 정확한 특성 및 위험 정도를 파악하는 것은 현실적으로 어렵다. 또한 적하보험의 경우 목적물의 실제 조사가 현실적으로 불가능한 경우도 있다. 예를 들어 FOB조건으로 계약을 체결한 경우 매수인이 자국의 보험자와 해상보험 계약체결시 모험 목적물은 수출국에 있기 때문에 보험자가 현실적으로 보험 목적물을 조사하는 것이 어렵다. 따라서 보험계약의 체결 여부와 합리적인 보험료 산정을 위해서는 피보험자가 보험 목적물의 구체적 사항에 대해 보험자에게 알려 주어야 한다. 이러한 피보험자의 의무가 고지의무이다. 영국 해상보험법(MIA)에서도 피보험자는 보험계약이 체결되기 전 자기가 알고 있는 모든 중요한 사항(material circumstances)을 보험자에게 고지해야 할 의무가 있다고 규정하고 있다. 해상보험 계약에서 고지의무의 당사자는 피보험자, 보험계약자(피보험자와 보험 계약자가 다른 경우) 또는 피보험자의 대리인이다.

피보험자가 고지의무를 이행할 때 보험 목적물의 모든 사항에 대해 고지할 필요는 없다. 다만 보험계약을 체결할 당시 보험료를 확정하거나 보험자의 보험계약 인수 여부를 결정하는 데 영향을 미칠 수 있는 중요 사항을 고지해야 한다. 하지만 중요한 문제에 대한 기준이 모호하고 특정 보험계약에 따라 중요한 사항이 달라진다. 또한 보험 전문지식이 없는 피보험자가 보험계약의 중요한 사항을 판단하는 것이 어렵다. 따라서 대부분의 보험에서는 보험계약 청약서에 인쇄되어 있는 질문 사항을 고지의무와 관련 중요사항으로 간주하고 있다. 우리나라 상법에서도 피보험자의 고지의무와 관련해 보험자가 서면으로 질문한 사항을 중요한 사항으로 간주하고 있다. 예를 들어 적하보험의 경우 운송 선박명, 화물의 종류, 포장상태, 항로, 환적 여부가 중요한 사항에 포함되며, 선박보험의 경우 선박의 종류, 국적, 건조연도, 톤수, 재질 등이 중요한 고지의무 대상이다.

고지의무 이행 시기는 일반적으로 보험계약이 체결되기 전이다. 따라서 계약이 성립되는 시점에서 피보험자의 고지의무는 종결된다. 고지의무는 보험계약의 체결 여부와 보험료 산정에 영향을 미치므로 보험계약 성립 전에 이행하는 것이 합리적이다. 피보험자의 고지의무 이행방법에는 제한이 없다. 구두나 서면으로 정확하게 보험자에게 전달하면 된다. 현실적인 고지의무 이행방법은 보험계약 청약서를 이용하는 것이다. 보험계약 청약서에는 보험자가 알고 싶어 하는 내용이 질문형식으로 인쇄되어 있어서 그 질문에 답하는 것이 고지의무를 이행하는 것이 된다. 다만 영국 해상보험법(MIA)에 의하면 다음의 사항에 대해서는 보험자가 특별히 질문하지 않는 한 피보험자가 고지할 필요가 없다.

첫 번째 사항은 위험감소 요인이다. 해당보험 계약과 관련해 위험이 감소되는 사항은 보험자에게 별도로 고지할 필요가 없다. 다만 위험이 현저히 감소한 경우 그 사실을 보험자에게 통보하고 보험료 환불을 받을 수 있다. 두 번째 사항은 보험자가 알고 있는 것으로 간주되는 내용이다. 보험자가 보험 목적물의 성질이나 상태와 관련해 통상적으로 알고 있을 것으로 간주되는 사항은 고지할 필요가 없다. 예를 들어 일반적 상관습, 통상적인 약관, 무역법규에 관한 사항, 보험증권에 명시된 선적방법과 하역방법, 통상적인 갑판적재, 새로 형성된 무역관습, 전쟁의 임박 사실 등에 대해서는 피보험자가 보험자에게 고지할 필요가 없다. 세 번째 사항은 보험자가 고지의무를 면제한 내용이다. 마지막으로 담보(warranty)에 의한 내용도 고지할 필요가 없다. 해상보험 계약에서 담보는 보험기간 동안 피보험자가 피보험자에 대해 지켜야 할 약속이다. 담보에 포함된 사항은 보험자가 이미 알고 있기 때문에 별도 고지가 필요가 없다.

2) 고지의무의 위반

피보험자는 계약체결시 알고 있는 모든 중요한 사항을 최대선의의 원칙에 따라 보험자에게 고지하여야 한다. 하지만 이를 위반하면 불고지 혹은 부실고지에 해당되어 피보험자는 이에 대한 책임을 져야 한다. 피보험자가 중요한 사항을 보험자에게 실수로 알리지 않은 경우를 불고지라고 한다. 고의적으로 알리지 않은 경우는 은폐에 해당된다. 또한 피보험자의 진실하지 않은 고지를 부실고지 혹은 허위진술이라고 한다. 이 모두는 고지의무 위반에 해당된다. 해상보험 계약은 최대선의의 계약이기 때문에 어느 일방이라도 이를 준수하지 않으면 보험계약은 취소가 된다. 영국 해상보험법(MIA)에 의하면 피보험자의 고지의무 위반에 대해 보험자의 보험계약 취소 권한이 인정된다. 물론 이는 보험자의 재량권에 속한다. 보험자가 계약취소를 위해서는 불고지 혹은 부실고지의 사항이 중요한 사항에 속하는 것을 스스로 입증해야 한다. 입증으로 인해 보험계약이 취소되면 그 계약은 무효가 되고 보험료는 환불된다. 이미 지급한 보험금에 대해서는 보험자가 반환청구를 할 수 있다. 이러한 취소권 행사시기에 대해 영국 해상보험법(MIA)에서 구체적으로 규정하고 있지는 않지만 판례에 의하면 즉시 이루어져야 한다. 우리나라 상법에 의하면 고지의무 위반에 대하여 보험자는 보험사고의 발생 전후를 불문하고 보험계약을 해지할 수 있음을 규정하고 있다. 해지시점 이전까지의 보험계약은 유효하다. 즉 보험자는 해지시점까지의 보험료를 반환할 필요는 없다. 우리나라 규정에 의하면 보험자의 계약해지권은 고지의무 위반을 인지한 날로부터 1월 이내 그리고 보험계약이 성립한 날로부터 3년 이내에 행사되어야 한다.

고지의무 위반과 관련한 용어를 정리하면 다음과 같다. '무효'는 법률행위가 그 효력요건을 충족하지 못하기 때문에 당사자가 의도한 효과가 발생하지 않음을 의미한다. 법률효과가 절대로 발생하지 않는 점에서 사후 추인에 의하여 유효가 되는 '취소'와 다른 개념이다. '취소'는 일단 유효하게 성립한 법률행위의 효력이 어떤 이유에서 당사자 일방의 의사표시에 의하여 소멸되는 것이다. 취소사유 발생시 취소를 할 수도 있고 하지 않을 수도 있다는 점에서 '무효'와 구분된다. '해제'는 이미 유효하게 성립한 계약의 효력을 소급적으로 소멸시켜 계약이 처음부터 없었던 것과 같은 법률효과를 발생케 하는 계약 당사자의 일방적 의사표시이다. '해지'는 계약의 효력을 장래에 향하여 소멸케 하는 당사자 일방의 의사표시이다. '실효'는 권리자가 장기간 권리를 행사하지 않음으로 인해 오히려 권리를 행사하는 것이 신의원칙에 반하여 권리를 행사하지 못하는 것이다.

2. 담보(Warranty)

1) 담보의 개념

해상보험 계약체결시 담보가 조건부로 포함되는 경우가 많다. 피보험자가 보험계약과 관련되는 조건을 약속하거나, 어떤 사실의 유무에 대해 입장을 표명하는 것을 담보라고 한다. 전자는 약속담보(promissory warranty)이며 후자는 긍정담보(affirmative warranty)이다. 영국 해상보험법(MIA)에는 '약속담보'만을 담보로 인정하고 있다. 200년 전 해상보험에서 시작된 담보는 피보험자로 하여금 담보 관련 내용을 실행하도록 하여 보험사고 방지와 피보험자 주의를 환기시킬 수 있다. 즉 담보는 보험사고 방지를 위한 보험자의 간접적인 통제방식이라 할 수 있다.

2) 담보의 위반과 허용

담보는 기본적으로 피보험자가 보험자에게 행하는 약속이므로 엄격하게 충족되어져야 하고 이를 '담보충족의 엄격성'으로 규정하고 있다. 피보험자가 담보를 위반한 시점부터 해당 보험계약은 무효가 된다. 영국 해상보험법(MIA)에서는 담보위반 이후 발생되는 손해에 대해 보험자는 아무런 책임이 없음을 규정하고 있다. 이는 담보위반과 손실이 인과관계가 없는 경우도 포함한다. 예를 들어 일정 항로에서만 항해를 해야 하는 담보조건이 있는 경우 해당 항로를 벗어나 항해 후 약속된 항로로 돌아온 다음 사고가 발생되었더라도, 항로를 벗어난 시점에서 이미 담보를 위반했기 때문에 보험자는 면책된다. 영국 해상보험법상(MIA)에서 보험자는 담보위반의 시점부터 계약의 해지권을 가진다. 물론 해지권 행사 전의 계약은 유효하다. 담보위반에 대한 입증은 원칙적으로 그것을 주장하는 보험자 책임이다.

하지만 이러한 담보위반이 허용되는 경우도 있다. 구체적으로 사정의 변경으로 담보가 해당 계약에 적합하지 않은 경우, 담보를 충족시키는 것이 법률에 위배되는 경우, 그리고 담보위반이 보험자에 의해 묵인되는 경우에는 담보위반이 허용된다. 예를 들어 2차 세계대전 중에는 선박 항해시 반드시 무장을 갖추어야 하다는 담보조건이 있었다. 하지만 보험기간 중 전쟁이 끝난 경우 선박의 무장이 불필요하고 오히려 무장을 하는 것이 특정국 법에 위배될 수 있었다. 따라서 이런 경우는 선박이 무장을 갖추지 않아도 보험자가 담보위반을 주장할 수 없었다. 또 다른 사례를 보면 과적한 상태에서 선박이 출항한 후 부득이 다른 항에 기항하여 화물 일부를 양하하고 이에 대해 보험자의 동의를 얻어 항해를 계속하다가 사고가 난 경우, 보험자는 담보위반을 주장할 수 없다. 물론 과적한 상태의 출항은 내항성 담보조건을 위반한 경우지만 기항 항에서 화물 일부를 양하하고 보험자의 동의를 얻은 것은 이미 보험자가 해당 담보위반을 묵인한 경우이다. 따라서 해당 부분에 대해 담보위반은 적용되지 않는다. 원칙적으로 피보험자가 담보위반시 이에 대한 허용 여부는 보험자의 의사에 좌우된다.

영국 해상보험법(MIA)에 의하면 피보험자의 고지의무 위반과 담보위반에 대해 보험자의 권한은 달라진다. 영국 해상보험법(MIA)은 피보험자의 고지의무 위반과 관련해 고지를 하지 않은 사항이 계약의 중요한 사항인 경우에 한하여 보험자가 계약을 취소할 수 있음을 규정하고 있다. 하지만 담보위반의 경우 사항의 중요성에 관계없이 보험자는 계약을 취소할 수 없다. 다만 보험자는 보험계약을 해지할 수 있다. 계약해지가 성립되면 이후의 계약은 무효화된다.

3) 담보의 종류

담보는 크게 명시적 담보와 묵시적 담보로 나눌 수 있다. 명시적 담보(expressed warranty)는 보험증권에 기재되어 있는 담보조건을 의미한다. 예를 들어 항해제한 담보(sailing warranty), 보험 목적물 부보상한선에 관한 담보, 안전 담보(warranty of good safety), 선원 수에 관한 담보(warranty as to number of crew), 중립 담보(warranty as to neutrality) 등이 명시적 담보에 포함된다. 항해제한 담보는 선박이 운항해서는 안 되는 해역을 명시한다. Arctic warranty, Bering Sea warranty, Baltic warranty 등은 겨울철 항해가 금지된 지역에 대한 명시적 담보이다. 보험 목적물 부보상한선에 관한 담보는 사고예방을 환기시킬 목적으로 목적물의 일부를 부보대상에서 제외하는 담보조건이다. 예를 들어 선박가액의 1/5은 부보하지 않는다는 담보조건의 경우, 해당 손해에 대해서는 피보험자 스스로 책임을 진다. 안전 담보(warranty of good safety)는 보험 목적물이 특정 일자에 정상적인 상태에 있거나 안전한 상태에 있을 것으로 하는 조건이다. 묵시적 담보(implied warranty)는 보험증권상 명시되어 있지는 않지만 피보험자라면 당연히 지켜야 할 약속이다. 내항성 담보와 적법 담보가 대표적이다. 내항성 담보(warranty of seaworthiness)는 보험 목적물이 항해를 견딜 수 있는 감항능력과 통상적인 해상고유의 위험에 대처할 수 있어야 한다는 약속이다. 적법 담보(warranty of legality)는 해상보험의 합법성에 관한 약속이다.

제5절 해상보험료

1. 해상보험료의 개념

1) 해상보험료의 의의

보험료는 보험계약이 성립되고 효력이 발생되기 위한 중요한 부분이다. 법률적 측면의 해상보험료는 보험자로부터 손해보상의 약속을 받는 대가로 보험 계약자 혹은 피보험자가 부담하는 약인이다. 즉 해상보험 계약의 약속자(해상 보험자)의 약속(손해보상)의 대가로 수약자가(해상보험 계약자 혹은 피보험자가) 지불하는 금전적인 서비스가 바로 보험료이다. 경제적 측면의 보험료는 보험단위의 가격 혹은 원가를 의미한다. 피보험자 입장에서는 상품가격의 개념이고, 보험자 입장에서는 상품원가의 개념이다. 즉 해상보험 계약에서 보험료는 해당 보험 목적물의 손실 발생률과 기대이익 등을 기초로 산정되는 가격이다. 해상보험료는 보험 목적물의 보험금액과 보험요율에 의해 구체적으로 결정된다. 보험료는 보험금액에 보험요율을 곱한 금액이다.

2) 해상보험료의 구성

해상보험료는 순보험료(net premium)와 부가보험료(loading premium)로 구성되어 있다. 순보험료는 보험료 중에서 피보험자의 손해를 보상하기 위한 부분이며 정미보험료라고도 한다. 순보험료는 해당 보험 목적물의 손해발생 빈도와 손해발생 규모를 추정해서 산정된다. 부가보험료는 경상경비(사업비), 보험자의 적정이윤, 안전 적립금(예측한 사고발생률을 초과하여 사고발생)에 해당되는 보험료이다. 순보험료는 보험자가 통제할 수 없는 성격의 보험료이다. 즉 과거 손해발생률을 근거로 한 것이기 때문에 원칙적으로 보험자 간 차이가 있을 수 없다. 하지만 부가보험료는 상당 부분을 보험자가 통제할 수 있다. 부가보험료는 보험자 간 차이가 발생하고 보험자의 경쟁력을 유지하는 수단이기도 하다.

3) 해상보험료의 지급시기 및 당사자

해상보험 계약에서 보험료 지급은 당사자의 중요한 의무이다. 해상보험증권에서는 보험료를 지급해야만 보상받을 수 있음을 규정하고 있다. 보험료 지급의무가 있는 당사자는 보험 계약자, 피보험자, 보험 중개인(영국의 경우 보험 계약자란 용어를 사용하지 않음) 등이다. 로이즈처럼 보험 중개인(Lloyd's broker)에 의해 보험이 체결되는 경우 해상보험료 지급은 중개인이 책임진다. 보험 중개인은 법적으로 피보험자를 대리하고 피보험자의 의무를 승계하게 된다. 만약 피보험자가 중개인에게 보험 관련 경비를 지급하지 않으면 보험 중개인은 보험증권의 유치권을 행사할 수 있다.

보험계약은 낙성계약이기 때문에 보험자와 피보험자 간 의사합의로도 계약이 성립되지만 보험자의 책임은 보험료가 납부된 이후에 개시된다. 실무에서는 보험계약 청약서와 1회의 보험료 납부를 청약의 의사표시로 간주한다. 보험계약 청약서에서도 1회의 보험료 납부를 보험자의 책임개시 시점으로 명시하고 있다. 피보험자의 보험료 지급시기와 보험자의 보험증권 발행의무는 원칙적으로 동시조건이다. 즉 보험자는 보험료의 지불 또는 지불보증이 있을 때까지 보험증권을 발행할 의무를 부담하지 않는다. 보험증권은 보험계약 내용을 법적으로 증명하며 보험증권이 발행되어야만 피보험자는 이를 근거로 손해보상을 청구할 수 있다. 보험료는 대부분 선불되지만 상관습에 의해 후불되는 경우도 있다. 예를 들어 적하보험 계약이 체결될 때까지 보험료가 확정되지 못하는 경우 보험료 지불을 조건부로 보험증권이 발행될 수 있다. 하지만 보험계약이 체결된 후에도 보험료를 납부하지 않으면 계약의 효력이 상실될 수 있다.

2. 보험요율의 산정

1) 보험요율의 산정원칙

보험료는 직접적으로 보험금액과 보험요율에 의해 산출된다. 보험요율의 첫 번째 산정원칙은 적정성이다. 적정성은 보험요율이 보험자가 약속한 손해보상을 이행할 수 있을 만큼 충분해야 하고 가격 경쟁력을 유지할 수 있도록 적정해야 함을 의미한다. 두 번째 원칙인 공평성은 동일한 위험에 노출되어 있는 집단에 대해서는 같은 수준의 보험요율이 적용되어져야 함을 의미한다. 물론 동일한 집단이지만 보험금액이 큰 경우 보험요율이 할인될 수 있다. 세 번째 원칙은 안정성이다. 보험요율이 자주 변동되면 피보험자의 혼란이 가중되고 투기의 성격이 될 수 있다. 따라서 보험요율은 일정 기간 안정되어 있어야 한다. 물론 보험요율은 안정성을 바탕으로 하지만 필요한 경우 변경될 수 있어야 한다. 이를 신축성이라고 한다. 마지막으로 보험요율은 사고방지를 유도할 수 있도록 산정되어야 한다.

2) 보험요율의 산정방식

보험요율의 산정시 가장 많이 이용되고 있는 방식은 등급별 요율 산정방식(class rating)이다. 이는 등급별로 요율을 산정해 같은 등급에서는 동일한 평균치 요율을 적용하고, 등급 간에는 차등요율을 적용하는 방식이다. 실무에서는 위험등급에 따라 보험요율의 체계를 책(manual)으로 만들어 제공하고 있다. 우리나라의 경우 대한손해보험협회에서 작성한 해상적하보험 요율서가 있다. 이와 함께 위험을 개별적으로 평가하여 그 특성에 맞는 요율을 산정하는 개별 요율 산정방식(individual rating)이 있다. 이는 같은 등급이라도 동일한 요율을 적용하는 것이 불공정한 경우 개별 위험의 특수성과 경험을 토대로 개별 요율을 산정하는 방식이다. 개별 요율 산정방식은 다시 예정표 요율 적용방법(schedule rating plan)과 판단 요율 적용방법(judgment rating plan)으로 나눌 수 있다. 예정표 요율 적용방법은 등급별로 표준요율을 산출한 다음 개별 위험의 물리적 특성에 따라 보험요율을 증가 또는 감소시키는 방법이다. 요율의 증감은 미리 정해진 예정표 요율을 따른다. 판단 요율 적용방법은 통계자료가 아니라 보험자의 경험과 지식에 의존하여 개별적으로 요율을 산정하는 방식이다. 경험 자료가 부족하거나 보험 목적물 위험의 성격이 너무 이질적이어서 등급분류가 어려운 경우에 적용된다. 자유요율제도는 보험자의 경험이나 육감을 토대로 보험요율을 산정, 독자적으로 이용하는 방식이다. 보험자 간 차이가 발생되고 보험자 간 경쟁을 유도할 수 있지만 지나친 경쟁으로 덤핑이 초래될 수도 있다. 로이즈를 비롯한 대부분의 선진국은 자율요율제도를 채택하고 있다. 협정요율제도는 보험자 상호 간 보험요율을 협정하거나 법률에 따른 소정의 방식에 의해 보험요율이 결정된다. 보험자 입장에서는 안정적인 운영을 할 수 있지만 보험자 상호 간 경쟁은 저해된다.

3) 보험요율에 영향을 미치는 요소

적하보험 요율산정에 있어서 보험조건이 가장 중요한 부분이다. 즉 보험자의 담보위험과 보상범위를 한정하는 보험조건에 따라서 보험요율이 달라진다. 화물의 종류, 성질, 포장상태, 적부방법 등도 적하보험 요율산정에 영향을 미친다. 유리제품, 정밀기계 등은 충격에 약하고 포장하지 않고 선적된 물품은 밀봉된 경우보다 손해 가능성이 높다. 또한 갑판적화물은 비바람, 파도 등과 같은 외부환경에 직접적으로 노출된다. 따라서 이러한 요인도 적하보험 요율산정에 영향을 미친다. 운송요구(선박)와 운송구간 및 계절도 중요한 요소이다. 보험요율의 산정시 운송선박은 적격선박인 것을 기본조건으로 한다. 적격선박이 아닌 경우 적하보험료는 할증된다. 구체적으로 LR(Lloyd's Register),

ABS(American Bureau of Shipping) 등이 적격선박임을 나타내는 지표이다. 우리나라 한국선급협회에서 인정하는 KR(Korean Register)도 세계 10대 선급에 포함된다. 참고로 선박보험 요율도 적하보험의 경우처럼 보험조건, 선박의 상태(선종, 선령, 톤수, 재질, 국적, 선급), 운항구역(특수 위험한 구역인 경우 추가 보험료 부과) 등에 의해 결정된다.

3. 보험료의 종류

보험자가 영수한 총 보험료 중에서 아직 경과되지 않은 보험기간에 해당되는 보험료를 미경과 보험료라고 한다. 그리고 경과한 부분을 경과 보험료라고 한다. 보험자의 입장에서 경과 보험료는 자산이지만 미경과 보험료는 부채에 해당된다. 보험료는 일반적으로 선불된다. 그러나 선박보험료의 경우 매우 거액이어서 선주는 일시불보다는 분할 보험료를 선호한다. 이를 연지급 보험료라고 한다. 적하보험에서 보험자가 담보하는 기본조건은 ICC(Institute Cargo Clause) A, ICC B, ICC C 등이다. 선택한 기본조건에서 담보하지 않는 위험에 대해 보상을 원하는 경우 별도의 보험료를 지급하고 부보할 수 있다. 이를 부가조건 보험료라고 한다. 예를 들어 ICC A조건으로 적하보험 계약을 체결한 경우 전쟁이나 동맹파업에 의한 손해는 보험자가 보상해 주지 않는다. 하지만 ICC A including War/Strike조건으로 계약을 체결하면 해당되는 위험을 부보할 수 있다. ICC A에 대한 기본보험료 외 전쟁이나 동맹파업 부분에 해당되는 보험료를 부가조건 보험료라고 한다. 마지막으로 추가 보험료는 본래 계약의 범위를 벗어나는 특정사건에 대해 보험자가 이를 계속 담보하는 조건으로 보험계약이 유지될 수 있다. 이에 상응하는 보험료는 추후에 별도로 계산되는데 이러한 보험료를 추가 보험료라고 한다. 이 밖에 보험자, 피보험자 간 합의를 통한 환급의 사유가 발생시 지급되는 환급 보험료도 있다.

제 6 절 해상위험

1. 해상위험의 개념

1) 해상위험의 의의

해상보험 계약은 기본적으로 해상위험에 수반하여 발생하는 손실을 보상해 주는 계약이다. 해상위험이란 항해에 기인 또는 부수하는 위험을 의미한다. 영국 해상보험법(MIA)에서는 해상 고유의 위험, 화재, 전쟁위험, 해적, 표도, 강도, 포획, 나포, 선원의 악행 등의 위험과 동종의 위험 또는 보험증권에 기재되는 기타 일체의 위험을 해상위험으로 규정하고 있다. 항해에 기인하는 위험은 항해가 원인이 되어 우연히 발생하는 해상 고유의 사고를 의미한다. 예를 들어 폭풍우, 태풍 등으로 인하여 선박이 좌초, 침몰되어 화물이 파손되는 경우가 해당된다. 항해에 부수하여 발생하는 위험은 항해를 하지 않더라도 발생할 수 있는 위험을 의미한다. 화재, 선원의 악행, 전쟁 등에서 유발되는 위험이 포함될 수 있다. 해상위험은 단순히 해상운송에서 발생되는 위험뿐만 아니라 관련 내수로 운송, 육상운송에서 발생하는 위험까지 포함되는 포괄적인 위험을 의미한다.

2) 담보위험과 면책위험

보험자는 해상위험에서 발생되는 모든 손해를 보상해 주지 않는다. 해상위험은 보험자의 부보 여부에 따라 담보위험과 면책위험으로 구분된다. 담보위험(peril insured against)은 보험자가 보상해 주는 위험으로써 담보위험의 범위는 보험조건에 의해 달라진다. 보통 담보위험의 범위가 커질수록 보험요율이 상승한다. 보험증권에 담보하는 위험이 구체적으로 명시되고 그로 인한 손해만을 보험자가 보상해 주는 원칙을 열거책임주의라고 한다. 적하보험에서 ICC B, ICC C조건은 열거책임주의를 적용하고 있다. 반면에 면책위험(excepted perils)은 손해가 발생하더라도 보험자가 책임지지 않는 위험을 의미한다. 담보위험이 아닌 위험은 자동적으로 면책위험이 된다. 면책위험은 법에 의해서 규정될 경우도 있고 보험약관에 의해 정해지기도 한다. 법정 면책위험의 경우도 대부분 보험약관에 포함된다. 면책위험의 범위가 클수록 보험요율은 낮아진다. 열거책임주의의 상대적인 개념으로써 보험증권에 면책위험을 명시하고 이를 제외한 나머지 모든 위험에 의한 손실을 담보할 것을 약속하는 원칙을 포괄책임주의라고 한다. 적하보험에서 ICC A조건은 포괄책임주의 원칙이 적용된다.

3) 보험자의 보상원칙

보험자는 모든 손해가 아닌 담보위험에 근인하여(proximately) 발생하는 손해만을 보상한다. 이러한 원칙을 근인주의라고 한다. 구체적으로 해상사고가 발생하면 사고를 야기한 근인을 찾아 근인이 담보위험에 포함되는지 면책위험에 포함되는지 조사하게 된다. 근인이 담보위험에 포함되면 보험자가 보상하고 면책위험에 포함되면 보상하지 않는다. 근인(proximate cause)은 사고를 야기한 많은 원인 중 시간적으로 가까운 원인이 아니라 지배력과 효과를 고려하여 가장 중요한 원인을 의미한다. 예를 들어 선원이 고의로 선박 바닥에 구멍을 내 해수가 들어와 침몰한 경우 시간적으로 가장 가까운 원인은 해수 침입이지만 실질적 원인은 선원의 악행이다. 선원의 악행은 일반적으로 조건에 상관없이 면책위험에 포함되기 때문에 이 경우는 보험자가 보상해 주지 않는다. 하지만 여러 가지 원인이 복합적으로 작용한 경우 근인의 규명이 어려울 수도 있다.

2. 해상위험의 변경

1) 위험변경의 의의

해상보험 계약체결시 보험자는 보험 목적물의 위험을 측정, 평가하여 보험계약 인수 여부와 보험료를 산정한다. 따라서 평가위험이 보험기간 동안 변화하지 않을 것을 기본으로 한다. 만약 해당 평가위험이 계약체결 후 변동되면 이를 위험의 변경이라고 한다. 위험의 변경 중 위험의 감소는 보험자 입장에서 유리하지만 위험이 증가한 경우 보험자는 불리하다. 대부분의 법에서 위험이 변경되는 시점에서 보험자의 보상책임을 해지시키거나 보험자에게 보험을 취소할 권리를 부여하고 있다. 위험의 변경은 피보험자의 행위 혹은 불가항력에 의해 발생되며 후자의 경우 일정한 조건하에서 보험자가 계속 담보할 수도 있다. 전자의 경우 보험자는 면책되고 보험계약은 취소된다.

2) 이로(Deviation)

이로는 선박이 정당한 사유 없이 항로를 벗어나는 경우를 의미한다. 영국 해상보험법(MIA)에 의하면 항로가 보험증권상 명시되고 그 항로를 이탈한 경우 혹은 항로가 명시되어 있지는 않지만 통상적이고 관습적인 항로를 이탈한 경우가 이로의 정의이다. 합리적인 이유 없이 정해진 항로를 벗어난 경우 보험자는 보상책임에서 면제된다. 영국 해상보험법(MIA)에서는 이로 후 손해발생 전에 본래의 항로로 복귀했다 하더라도 보험자 책임 면제를 규정하고 있다. 제한적으로 이로가 허용되는 경우는 다음과 같다. 영국 해상보험법(MIA)에 의하면 보험증권상 특약으로 인정된 경우, 선장 및 고용주의 힘이 미치지 못하는 사정으로 일어난 경우, 명시 또는 묵시 담보조건을 충족하기 위하여 합리적으로 필요한 경우, 선박 또는 보험 목적물의 안전을 위하여 합리적으로 필요한 경우에 이로가 허용되고 있다. 이 밖에 인명 및 조난선을 구조하기 위해 불가피한 경우, 선상에 있는 자의 치료를 위해 합리적으로 필요한 경우도 예외적으로 이로가 허용된다. 일반적으로 이로는 화주하고는 상관없이 발생된다. 따라서 선의의 피보험자(하주) 보호를 위해 협회적하약관(ICC)에서는 어떠한 이로가 발생하더라도 보험자의 책임은 계속된다고 규정하고 있다. 즉 적하보험에서는 이로가 영향을 미치지 않는다. 협회기간약관(ITC-Hull)에서는 이로가 보험조건 및 추가 보험료에 대한 합의가 이루어진 경우에 한해서 허용된다.

3) 항해의 지연

선박의 기간보험에서는 보험자의 책임기간이 명시된다. 항해보험에서는 보험자가 선박이 곧 항해할 것을 전제로 특정 항에서 다른 항까지 부보를 결정한다. 따라서 항해보험에서 선박은 적절한 기간 내 항해를 개시해야 한다. 항해보험을 가입한 선박이 적절한 시기에 항해를 개시하지 않으면 이를 항해의 지연이라고 하며 보험자는 계약을 취소할 수 있다. 적절한 기간이란 일정기간이 아니라 보험계약 관련 정황에 따라 달라진다. 항해의 지연도 해상위험이 변경되는 경우로써 일반적으로 허용되지 않지만 다음의 경우는 예외적으로 허용된다. 영국 해상보험법(MIA)에 의하면 항해지연을 보험계약 체결 전 보험자가 알고 있었고 이를 피보험자가 증명시 항해의 지연은 허용된다. 또한 보험증권상의 특약에 의하여 인정된 경우, 선장 및 그의 고용주의 힘이 미치지 못하는 사정으로 인하여 일어나는 경우, 명시 또는 묵시담보를 충족하기 위하여 합리적으로 필요한 경우, 선박 또는 보험 목적물의 안전을 위하여 합리적으로 필요한 경우, 인명을 구조하기 위하여 혹은 인명이 위험에 빠질 염려가 있는 조난선을 구조하기 위한 경우, 선상에 있는 자의 치료를 하기 위하여 합리적으로 필요한 경우는 예외적으로 항해의 지연이 허용된다.

4) 항해의 변경과 선박의 변경

항해의 변경은 보험증권상에 명시된 출발항 혹은 목적항이 변경되는 경우이다. 항해의 변경도 해상위험이 변경되는 경우로써 항해의 변경 순간부터 별도의 합의가 없는 한 보험자는 면책된다. 하지만 적하보험의 경우 항해의 변경이 피보험자 의사와 상관없이 발생하는 경우가 많기 때문에 선의의 피보험자를 보호하기 위해서 변경을 허용하는 경우가 있다. 구체적으로 협회적하약관(ICC)에 의하면 보험이 개시된 후 목적지가 피보험자에 의해 변경된 경우 보험자에게 지체 없이 통지하고, 추후에 협정되는 보험료 및 보험조건에 의하여 계속 담보될 수 있다. 협회기간약관(ITC-Hulls)에서도 즉각 통지와 보험조건 및 추가 보험료 합의를 전제로 계속 담보가 이루어질 수 있다.

선박의 변경은 약정된 선박이 아닌 다른 선박에 화물이 적재되는 경우이다. 선박과 같은 운송수단은 보험료와 보험체결 여부에 중요한 영향을 미친다. 따라서 선박의 변경은 위험의 변경에 해당되어 보험자는 면책된다. 영국 해상보험법(MIA)에 별도의 규정은 없지만 보험자의 동의 없는 선박의 변경은 부실

고지에 해당되며 보험자는 보험계약을 취소할 수 있다. 하지만 우리나라 상법에서는 불가항력인 경우 즉각 통지와 보험조건이나 추가 보험료에 대한 보험자와의 합의를 전제로 보험자의 책임이 계속될 수 있음을 규정하고 있다. 협회적하약관(ICC)에서도 어쩔 수 없는 사정에 의한 강제양륙, 재선적 또는 환적 등에 대해서 보험자의 위험부담이 계속됨을 규정하고 있다.

3. 적하보험의 담보위험

1) 구협회적하약관

로이즈 보험자협회와 런던 보험자협회에서 제정한 협회적하약관은 1982년 개정을 기준으로 구협회적하약관, 신협회적하약관으로 구분되고 있다. 구협회적하약관은 총 14조로 구성되어 수송, 항해변경, 공동해손, 감항성 승인, 동맹파업, 포획, 나포 등에 대해 규정하고 있다. 구협회적하약관은 ICC TLO(Total Loss Only), ICC FPA(Free from Particular Average), ICC WA(With Average), ICC AR(All Risks)조건으로 구성되어 있다. 5조 담보약관을 제외하고는 조건별로 내용의 차이가 없다. ICC AR조건이 부보범위가 가장 넓으며 ICC TLO조건은 전손만을 보상한다.

ICC FPA(분손부 담보조건)조건은 담보위험에 의한 모든 전손을 보상한다. 해상위험을 전손과 분손으로 나눌 수 있으며 분손은 다시 공동해손과 단독해손으로 구분된다. ICC FPA조건으로 적하보험 계약의 체결시 공동해손은 부보되지만 단독해손은 부보되지 않는다. 하지만 보험 목적물을 적재한 선박이나 부선의 침몰, 좌초, 대화재 등 특정 단독해손에 대해서는 인과관계 유무를 불문하고 보상한다. ICC WA(분손 담보조건)조건은 ICC FPA조건에서 보상의 대상이 되지 않는 단독해손 가운데 보험증권에 기재된 면책률을 초과하는 분손을 보상한다. ICC AR(전위험 담보조건)조건은 담보위험에 의한 보험 목적물의 멸실 혹은 손상의 모든 위험을 부보한다. 하지만 항해의 지연, 보험 목적물의 고유의 하자, 불내항성, 전쟁, 동맹파업 등에 기인한 손실은 보상하지 않는다.

2) 신협회적하약관

협회적하약관(ICC)은 1912년 최초로 제정되어 해상운송과 보험환경의 변화에 따라 지속적으로 개정되었다. 1982년 개정된 약관을 신협회적하약관이라고 한다. 이후 27년 만인 2009년에 신협회적하약관은 다시 개정되어 사용되고 있다. 신협회적하약관은 담보위험, 면책위험, 보험기간, 보험금 청구, 법률 및 판례, 피보험이익, 손해경감 등에 대해 총 19조로 구성되어 있다. 이 중 핵심은 담보위험에 대해 규정하고 있는 1조(위험약관)이다. 이 밖에 면책위험은 4조(일반 면책약관), 5조(불내항, 부적합 면책약관), 6조(전쟁 면책약관), 7조(동맹파업 면책약관)에 규정되어 있다. 1조, 4조, 6조 약관을 제외하고는 조건별로 차이가 없다. 신협회적하약관은 ICC A, ICC B, ICC C조건으로 구성되어 있다. ICC A조건이 부보범위가 가장 넓은 조건이며 ICC C조건의 부보범위가 가장 제한적이다.

ICC A조건은 과거 ICC AR(All Risks, 전위험 담보)조건을 체계적으로 정리한 것이다. ICC A조건은 포괄책임주의 원칙이 적용된다. ICC A조건은 1조인 위험약관에 담보위험이 아니라 면책위험의 내용이 명시되어 있다. 즉 ICC A조건에서는 4조(일반 면책약관), 5조(불내항, 부적합 면책약관), 6조(전쟁 면책약관), 7조(동맹파업 면책약관)에 규정된 면책위험을 제외한 위험에서 발생되는 모든 손실을 보험자가 보상한다. 면책위험 중 6조, 7조에 규정된 위험은 특약을 통해 부보가 가능하다. 예를 들어 ICC A조건으로 전쟁 및 동맹파업 부분에 대해 부보하기를 원한다면 ICC A with War/Strike조건으로 해상적하보험 계약체결이 가능하다. 물론 특약에 대한 부가조건 보험료가 추가로 발생된다.

협회적하약관에서는 ICC FPA조건이 가장 먼저 출현하였다. 이후 분손을 부담하는 ICC WA조건이 제정되었으며, 보험자의 담보범위를 확장하는 추세에 따라 1951년에 ICC AR조건이 제정되었다. ICC B조건은 과거 ICC WA(With Average, 분손 담보)조건을 계적으로 정리한 것이다. ICC B조건은 열거책임주의 원칙이 적용된다. ICC B조건의 1조에는 구체적인 담보위험이 열거되어 있다. 따라서 ICC B조건에서는 4, 5, 6, 7조 면책약관에서 규정하는 위험을 제외하고 1조에서 규정하는 위험에서 비롯된 손실에 대해 보험자가 보상한다. ICC

B조건에서는 전손과 함께 다음에서 규정하는 분손에 대해 보험자가 보상한다.

1.1 화재 또는 폭발
1.2 선박 또는 부선의 좌초, 교사, 침몰 또는 전복
1.3 육상운송용구의 전복 또는 탈선
1.4 선박, 부선 또는 운송용구와 물 이외의 타 물체와의 충돌 또는 접촉
1.5 피난항에서의 적하의 양하
1.6 지진, 분화 또는 낙뢰
2.1 공동해손 희생
2.2 투하 또는 파도에 의한 갑판상의 유실
2.3 선박, 부선, 선창, 운송용구, 컨테이너, 리프트 밴 또는 보관소에 해수, 호수 또는 하천수의 유입
3. 선박 또는 부선에 선적 또는 양하작업 중 해수면으로 낙하하여 멸실되거나 추락하여 발생된 포장당 전손

ICC C조건은 과거의 ICC FPA(Free from Particular Average, 분손부 담보)조건을 체계적으로 정리한 것이다. 4, 5, 6, 7조 면책약관에서 규정하는 위험을 제외하고 1조에서 규정하는 위험에 대해 보험자가 부보한다. ICC C조건에서 보험자는 전손에 대해 기본적으로 부보한다. 또한 ICC C조건에서 부보하는 분손은 ICC B조건과 유사하지만 다음의 위험에서 발생되는 분손은 제외된다.

① 지진, 분화, 낙뢰
② 갑판유실
③ 본선, 부선, 선창, 운송용구, 컨테이너, 리프트 밴 또는 보관장소에 해수, 호수 또는 하천수의 유입
④ 추락손

지금까지 논의된 ICC A, ICC B, ICC C조건의 담보위험을 〈표 4-1〉과 같이 정리할 수 있다.

■ 표 4-1 ■ 신협회적하약관 담보위험

담보위험 (1조)	개별 조건에서 부보 여부		
	ICC A	ICC B	ICC C
화재 · 폭발	○	○	○
본선 · 부선의 좌초, 교사, 침몰, 전복	○	○	○
육상 운송 용구의 전복 · 탈선	○	○	○
본선 · 부선 · 그 밖의 운송용구의 물 이외 타 물체와의 충돌 · 접촉	○	○	○
본선 · 부선 · 선창 · 운송용구 · 컨테이너 · 리프트 밴 · 보관 장소에 의해 해수, 호수, 하천수의 침입	○	○	×
추락손	○	○	×
그 밖의 모든 위험에 의한 멸실 · 손상	○	×	×

4. 적하보험의 면책위험

1) 영국 해상보험법(MIA) 면책위험

해상보험에서 보험자가 면책되는 위험은 영국 해상보험법(MIA)과 협회약관에 명시되어 있다. 구협회적하약관의 5조에는 위험약관과 면책약관이 같이 규정되어 있었다. 신협회적하약관에서는 4, 5, 6, 7조에 면책위험이 별도로 규정되어 있다. 영국 해상보험법(MIA)의 면책위험은 신협회적하약관 4조(일반 면책약관) 내용과 유사하며 구체적으로 다음과 같이 규정하고 있다.

- 피보험자의 고의적인 불법행위
- 항해의 지연(delay)으로 인한 손해
- 통상적인 자연소모
- 통상적인 누손 및 파손
- 보험 목적물의 고유의 하자 또는 성질
- 쥐 혹은 벌레에 의한 손해
- 담보위험에 근인하지 않는 기관 손해

2) 일반 면책위험(General Exclusions)

신협회적하약관 4조(일반 면책약관)의 내용은 다음과 같다.

- 피보험자의 고의적인 불법행위
- 통상의 누손, 중량 또는 용적의 통상적인 손해, 자연소모
- 포장 또는 준비의 불완전 혹은 부적합
- 보험 목적물의 고유의 하자 또는 성질
- 항해의 지연으로 인한 손해
- 선주, 관리자, 용선자, 운항자의 파산 혹은 재정상의 채무 불이행
- 원자력, 핵분열, 핵융합 또는 이와 비슷한 전쟁무기의 사용

영국 해상보험법과 협회적하약관 일반 면책위험을 〈표 4-2〉와 같이 비교할 수 있다.

신협회적하약관의 일반 면책위험은 조건별로 유사하지만 제3자의 불법행위에 대해서는 차이가 있다. ICC B, ICC C조건에서는 해당위험이 일반 면책위

■ 표 4-2 ■ 영국 해상보험법 면책위험과 협회적하약관 일반 면책위험

면책사항	영국 해상보험법	협회적하약관
피보험자의 고의적인 불법행위	○	○
지연	○	○
자연소모	○	○
통상의 누손	○	○
통상의 파손	○	-
통상의 부족손	-	○
고유의 하자나 성질	○	○
쥐 혹은 벌레	○	-
기관손해	○	-
포장의 불완전	-	○
선주 등의 파산	-	○
원자 핵무기	-	○

험에 포함되지만 ICC A조건에서는 포함되지 않는다. 즉 제3자의 불법행위에 의한 손실은 ICC A조건에서는 보험자가 보상한다. 하지만 ICC B, ICC C조건에서는 보상하지 않는다.

3) 불내항, 부적합 면책위험(Unseaworthiness, Unfitness Exclusion)

해상보험 계약에서 내항성을 갖추는 것은 묵시담보조건이다. 위반시점부터 보험계약은 무효화되며 보험자는 면책된다. 하지만 내항성을 갖추는 것은 하주와는 직접적인 관련이 없다. 따라서 선의의 피해자를 막기 위해 피보험자가 운송용구에 선적시 불내항성을 알고 있을 경우에 한하여 보험자의 면책이 규정되고 있다. 신협회적하약관 5조에서는 구체적으로 다음의 면책위험을 규정하고 있다. 신협회적하약관의 불내항, 부적합 면책위험의 내용은 ICC A, ICC B, ICC C조건에서 모두 동일하다.

- 본선 또는 부선(craft)의 불내항
- 본선 또는 부선, 컨테이너 또는 리프트 밴이 보험 목적물의 안전한 수송에 부적합한 경우로 인하여 발생하는 멸실, 손상 또는 비용

4) 전쟁 면책위험(War Exclusion)

전쟁과 관련된 위험으로부터 기본적으로 보험자는 면책된다. 하지만 앞서 논의된 면책위험과는 달리 전쟁위험은 특약에 의해 부보가 가능하다. 신협회적하약관 6조에서는 구체적으로 다음의 면책위험을 규정하고 있다.

- 전쟁, 내란, 혁명, 반역(rebellion), 반란(insurrection) 또는 이로 인하여 생기는 국내 투쟁 또는 교전국에 의한 적대행위
- 포획, 나포, 강류, 억지 또는 억류와 이러한 행위의 결과 또는 이러한 행위를 하고자 기도한 결과
- 유기기뢰(derelict mines), 어뢰, 폭탄 기타 유기된 전쟁무기

신협회적하약관의 전쟁 면책위험은 조건별로 차이가 있다. 최근에 해적행

위에 의한 위험이 크게 증대되었다. ICC A조건에서는 해적행위에 의한 위험이 전쟁 면책위험에서 제외된다. 하지만 ICC B, ICC C조건에서는 해적행위에 의한 위험이 면책위험에 포함된다. 즉 해적행위에 의한 손실은 ICC A조건에서는 보험자가 보상하지만 ICC B, ICC C조건에서는 보험자가 보상하지 않는다.

5) 동맹파업 면책위험(Strikes Exclusion)

동맹파업에 의한 위험은 기본적으로 면책위험에 속하지만 전쟁위험처럼 특약을 통해 부보가 가능하다. 신협회적하약관 7조에서는 구체적으로 다음의 면책위험을 규정하고 있다. 신협회적하약관의 동맹파업 면책의 내용은 ICC A, ICC B, ICC C조건에서 모두 동일하다.

- 동맹파업자, 직장폐쇄 노동자 또는 노동쟁의, 폭동 또는 소요에 가담한 자에 의해 발생된 것
- 동맹파업, 직장폐쇄, 노동쟁의, 폭동 또는 소요의 결과로 발생된 것
- 폭력주의자 또는 정치적 동기를 가지고 행동하는 자에 의해서 발생된 것

국제무역 해상보험 관련 연구 1

논문제목

영국 해상적하보험에 있어서 담보위험의 확장에 관한 연구

저 자

이원근(대구대학교, 대한민국)

간행논문집(발행연도)

해운물류연구(2012)

영문요약

The Insurance Condition(insurable interest, perils covered, insurance period, insurable loss) in English Cargo Insurance has been changing through the amendment of Insurance Polish and Insurance Clauses continuously. In this paper, alteration of Perils insured in English Marine Cargo Insurance had been studied taking a focus in expansion side. The results obtained through this research is as follows. First, when Perils Clause had appeared initially in England was in 1563 that James Ypswyche Policy has been established and with the beginning from this time, Perils insured has been enumerated. Second, Perils insured enumerated on Lloyd's S.G Policy in 1779 was insured all. Third, in Old Institute Cargo Clause, Perils insured had been added Total Loss in loading, transshipment, discharge, explosion, discharge of cargo at a port of distress and War Risk, Strike Risk as form of special stipulation each other. Fourth, in New Institute Cargo Clause, with advancement of Inland Transportation System, risks such as overturning or derailment of land conveyance, earthquake, volcanic eruption has been added.

국문요약

영국 해상적하보험에 있어서 보험조건(피보험이익, 피보험위험, 보험기간, 피보험손해)의 변화는 보험증권 및 보험약관의 개정을 통하여 지속적으로 이루어져 왔다. 본고에서는 그 중 피보험위험, 즉 담보위험에 한정하여 그 확장에 대하여 살펴보았다. 1779년의 Lloyd's S.G Policy 생성 이전 위험약관이 등장하기 이전에는 모든 위험이 담보위험이 되었기 때문에 담보위험의 확장은 발생하지 않았으며 위험약관 등장 이후에는 부담하는 위험이 열거되기 시작하면서 비로소 담보위험의 확장이 성립하게 되었다. 담보위험의 확장은 적하보험약관이 제정되면서부터 본격적으로 나타나기 시작하였으며 대부분이 종류적 확장의 형태를 취하고 있다. 형태별로 분류해 보면 면책위험으로 분류되어 담보되지 않았던 전쟁, 동맹파업 등의 위험이 특별약관의 형식을 빌려 담보되었고 기타 부가위험, 전 위험 담보조건의 약관으로 담보의 확장이 이루어졌다. 1982년 이후의 신협회적하약관의 제정 이후에는 육상위험이 명확히 되면서 담보위험의 확장이 이루어졌다.

국제무역 해상보험 관련 연구 2

논문제목

신용장거래와 해상보험서류의 관계에 관한 연구

저 자

한낙현(경남대학교, 대한민국)
최병권(경남대학교, 대한민국)

간행논문집(발행연도)

국제상학(2011)

영문요약

In most cases, the trade being one in which the buyer is experienced, the buyer will have no difficulty in specifying the cover that he requires. In other cases it is important that he should give appropriate consideration and seek advice as necessary. The terms to be used in specifying terms of insurance cover can be highly technical. In such cases the requirement should be stated in the L/C with precision but without undue complexity. Article 28 of the UCP 600 provides that the insurance document must indicate the amount of the insurance coverage. Absent any indication of the required coverage, there must be coverage for at least 110% of the CIF value of the goods. If the CIF value of the Incoterms 2010 rules cannot be determined from the documents, there must be cover for 110% of the invoice value or the amount demanded under the L/C, whichever is the greater. The purpose of this study aims to analyse the relation of the L/C transaction and marine insurance document in the international trade contract with UCP 600 and Incoterms 2010 rules.

국문요약

우리나라 보험회사의 대부분이 채택하고 있는 영문화물 보험증권은 런던 보험업자협회(Institute of London Underwriters(ILU), 현재의 런던 국제보험인수협회(International Underwriting Association of London(IUA))가 제정한 보험증권과 ICC에 기초하고 있지만, 1963년에 제정된 ICC를 채택하는 Lloyd's S.G. Form과 1982년에 제정되고

2009년에 개정된 ICC에 기초한 MAR Form의 두 가지가 있는데, 현재 우리나라에서는 이들 모두가 이용되고 있는 것이 실정이다. 본 연구에서는 UCP에서 취급되고 있는 보험서류란 어떠한 것을 의미하고 있는지에 대하여 분석한다. 또한 1963년 ICC와 1982년, 2009년 ICC를 비교분석한 후 UCP 600에서 요구하고 있는 최저부보조건 등을 분석하여 그 유의점을 도출하고 있다. 더욱이 이와 관련된 기존의 연구에서는 주로 신용장거래와 해상보험서류를 분리한 연구가 중심이었는데, 본 연구에서는 UCP 600상의 신용장거래와 해상보험서류의 관계를 중심으로 연구하고 있는 것에 기존의 연구와는 차이가 있다.

국제무역 해상보험 관련 연구 3

논문제목

해상적하보험에서 통지의무의 문제점에 관한 고찰

저 자

김희길(동명대학교, 대한민국)

간행논문집(발행연도)

한국무역상무학회지(2010))

영문요약

According to the commercial law in Korea, a marine cargo insurance contractor(policyholder, insured person, agent) has the duty to disclose risks before establishing an insurance contract and the obligation to notify changes in risks after before establishing the contract. Marine cargo insurance policy clauses include one about the obligation to notify changes in risks. This clause assumes that an insurance contract should be implemented according to what has been answered to the important questions asked by the insurer in connection with the insurant's duty to disclose before establishing an insurance contract, and it stipulates that, if any change in what has been disclosed should be notified to the insurer since it is regarded as a change in risks. Neglecting the obligation to notify may lead to the termination of the appropriate insurance contract by the insurer. The problems here concern the clauses about changes in risks and about the obligation to notify. The problems are like these. Can it be that the circumstances which might be seen in the past as changes in risks according to the territorial sea laws and institute cargo clauses stipulated long ago are considered as such still today? And a marine cargo insurance policy till valid when changes in risks have not been properly notified by the original discloser of risks to the insured who currently holds the marine cargo insurance policy, which, unlike other insurance policies, is a marketable security? In Korea, the commercial law has a clause the obligation to notify changes in risks established based on the territorial sea laws and institute cargo clauses. In this regard, this study aims to consider if the clause still valid today or not and, if not, to propose alternatives to the clauses.

국문요약

해상적하보험 계약은 보험의 목적을 지배하고 있는 보험계약자측이 보험의 목적에 대한 위험사정을 가장 잘 알고 있기 때문에 언더라이팅(underwriting) 과정에서 보험자가 질문한 중요사항에 대하여 고지를 하고 보험자는 이를 근거로 위험인수 여부를 결정한다. 위험을 인수한 보험자는 보험계약자측에게 위험유지의무를 부과하고 위험사정이 변경될 경우에는 보험자에게 통지하도록 하는 통지의무를 부과하고 있다. 이러한 과정에서 보험자는 보험계약자에게 보험계약 성립 전에 부과하는 고지의무와 보험계약 성립 후에 부과하는 통지의무를 두었으며, 이 의무를 위반하였을 경우에는 형성권(形成權)으로서 보험계약을 해지할 수 있도록 하였다. 사실상 해상적하보험에서 보험분쟁이 야기되는 것은 고지의무 위반 또는 통지의무 위반에 해당되는 사항들이다. 이렇게 볼 때 다양한 법원(法源)이 존재하는 해상적하보험 계약에서 대다수의 무역업자들이 여기에 관련한 제반 규정을 숙지 또는 이해하고 보험계약을 체결하는지에 관하여 의문을 제기하지 않을 수 없다. 이러한 점을 고려하여 보험계약의 법원(法源) 중 MIA나 국제언더라이팅협회(IUA)가 제정한 협회적하약관처럼 국외(國外)에서 제정되어진 법과 규정, 이를 근거로 한 국내 상법의 규정은 "사적 자치의 원칙"에 적절한 규정이 되는지에 관하여 문제의 제기를 하였으며, 제기된 문제점에 관한 개선책을 제시하는 데 연구의 목적을 두었다.

국제무역 해상보험 관련 연구 4

논문제목

영국 해상보험법상 소말리아해적사건처리의 취급에 관한 연구

저 자

한낙현(경남대학교, 대한민국)
김애영(경남대학교, 대한민국)

간행논문집(발행연도)

해운물류연구(2010)

영문요약

Piracy off the Somali coast has been a threat to international shipping since the Somali Civil War in the early 21st century. In recent years there has been significant growth in the number of piracy kidnap attacks off the Somali Coast. Rather than taking ships and their cargoes, Somalian pirates are taking crew members hostage and demanding ransom from vessel owners. Since 2005, International Maritime Organization has expressed concern over the rise in acts of piracy. In the Bunga Melati Dua, it is the claimant's primary case that on the capture of the vessel by the pirates and its removal into Somali waters the cargo became an actual total loss in terms of s. 57(1) of the MIA in that the assured had been irretrievably deprived of the cargo. In the alternative the claimant asserted that there had been a constructive total loss under s. 60(1) of the MIA in that the vessel and cargo had been reasonably abandoned on account of its actual total loss appearing to be unavoidable. The court was concluded that the claimant has not made out its claim for a total loss whether actual or constructive. This renders it unnecessary to consider an alternative issue raised by the defendants as regards late declaration of freight under the policy.

국문요약

21세기 초 소말리아내전 이후로 소말리아해안에서의 해적행위는 국제해운에 위협이 되고 있다. 최근에 소말리아해안에서 해적에 의한 납치사건이 심각할 정도로 증가하고 있는 것이 현실이다. 소말리아해적들은 선박이나 화물을 약탈하기보다 그들은 선원을 인질로 하여 선주에게 석방금을 요구하고 있어, 2005년 이후로 국제해사기구(IMO)는 해적행위를 중대한 관심사로 취급하고 있다. Bunga Melati Dua호 사건에서 원고의 주의적 주장은 소말리아영해로 연행된 것은 화물이 1906년 영국 해상보험법(MIA) 제57조 제(1)항에 규정한 회복할 수 없는 화물의 점유상실에 해당하므로 현실전손이 성립되며, 또한 대체적 주장에서는 본선과 화물은 현실전손이 불가피하므로 포기되고 있어 MIA 제60조 제(1)항에 규정한 추정전손이 성립한다고 주장했다. 이에 대해 법원은 원고의 주장을 전면적으로 배척했다.

국제무역 해상보험 관련 연구 5

논문제목

UCP 600 보험서류 조항의 개정내용과 해석에 관한 연구

저 자

이제현(한남대학교, 대한민국)
구종순(충남대학교, 대한민국)

간행논문집(발행연도)

해운물류연구(2009)

영문요약

The practices of the commercial parties has been standardized by the International Chamber of Commerce by publishing the Uniform Customs and Practice for Documentary in 1933 and subsequently updating it. The UCP for Documentary Credit is a set of the rules on the issuance and letters of credit. Documentary Letter of Credit is the main method of payment in international trade transaction. The UCP is utilized by banks and commercial parties in more than 175 countries. Some 11–15% of international trade utilizes letter of credit, totaling more than a trillion dollars(us) per annum. The ICC has developed and moulded the UCP by regular revisions. The revision commenced in May 2003. The stated aim of the new revision has been, as with earlier revisions, "to address development in the banking, transport and insurance industries." The aim of ICC was to enhance the reputation of letters of credit as the settlement means of choice among international traders. Part of this aim involves reducing documentary rejections, which surveys indicate may be as 70% of first presentations. The latest revision was approved by the Banking Commission of the ICC at its meeting in Paris on October 24, 2006. These new became effective July 1, 2007. UCP 600 came at time when use is on the decease world wide due to high changes of L/C associated with divergent interpretation causing payment risk.

Languaf UCP 600 article 28 has been made more clear and simple. For the insurance documents the following has been changed. Proxies can now sign on behalf of the insurance company or underwriter. Percentage to be covered will be understand as a minium coverage required. The document may contain reference to any exclusion clause. The risks must be covered at least the shipment points stipulated in the credit.

국문요약

UCP 600 제28조의 특징은 문장이 간결화되고 의미도 더 분명하게 작성되었다는 점이다. 보험서류의 발행자, 보험담보기간, 면책약관의 표기에 관하여 새로운 규정이 UCP 600에 도입되었고, 보험서류, 최저보험금액, 부보범위의 표시, 보험서류의 발행일에 대하여는 조금 수정되었고 나머지 내용은 수정되지 않았다.

보험서류는 보험증권, 보험증명서, 확정통지서만이 유효한 보험서류로 간주되며, 대리권자도 보험서류를 발행할 수 있도록 하였다. 보험담보기간에 관하여 UCP 600의 보험담보 시발점과 종결점은 CIP, CPT가격조건과 ICC(A) 운송약관에 명시된 것과 다르지만 UCP 600의 규정은 최소담보기간을 의미하기 때문에 보험서류에 기재된 보험담보의 시발점과 종결점이 UCP 600의 보험담보의 시발점과 종결점을 포함하면 은행은 보험서류를 수리하여야 한다.

참고문헌

구종순(2012), 해상보험, 유원북스.

이봉수(2010), 무역실무, 두남출판사.

조영정(2010), 무역학개론, 박영사.

김희길(2010), "해상적하보험에서 통지의무의 문제점에 관한 고찰," 한국무역상무학회지, 46, 211-235.

이원근(2012), "영국 해상적하보험에 있어서 담보위험의 확장에 관한 연구," 해운물류연구, 28(1), 85-106.

이제현 · 구종순(2009), "UCP 600 보험서류 조항의 개정내용과 해석에 관한 연구," 해운물류연구, 25(4), 981-1006.

한낙현 · 최병권(2011), "신용장거래와 해상보험서류의 관계에 관한 연구," 국제상학, 26(3), 21-44.

한낙현 · 김애영(2010), "영국 해상보험법상 소말리아해적사건처리의 취급에 관한 연구," 해운물류연구, 26(3), 601-631.

국문색인

영문색인

【저자소개】

조 혁 수
미국 Washington State University, MBA
미국 Washington State University, Ph.D. in International Business
한국해운물류학회 학술위원 및 편집이사
한국전자무역연구소 학술위원 및 편집위원
한국인터넷전자상거래학회, 최우수 논문상, 2008
한국통상정보학회, 최우수 논문상, 2011
현 충남대학교 무역학과 부교수

저서 및 논문

E-무역영어(공저), 태일사, 2005

"Is There Really an Asian Connection? Professional Service Quality Perceptions and Customer atisfaction," *Journal of Business Research*, 2009

"Identifying Country Environments to Increase Container Traffic Volumes," *The Asian Journal of Shipping and Logistics*, 2011

"Electronic intermediaries: Research and Practice of Electronic Intermediaries in Export Marketing," *Innovative Marketing*, 2011 외 다수

글로벌 시대의
국제통상환경과 무역실무

2013년 2월 20일 초판발행
2016년 1월 20일 초판2쇄발행
저 자 조 혁 수
발행인 이 구 만
발행처 유원북스
121-130 서울특별시 마포구 토정로 198, 204호
전화 (02)593-1800 FAX (02)593-1801
등록 2011. 9. 6. 제25100-2012-3호
www.uwonbooks.com uwbooks@daum.net

정 가 27,000원 ISBN 978-89-97926-06-0

이 도서의 국립중앙도서관 출판시도서목록(CIP)은 e-CIP홈페이지(http://www.nl.go.kr/ecip)와 국가자료공동목록시스템(http://www.nl.go.kr/kolisnet)에서 이용하실 수 있습니다.(CIP제어번호: CIP2013000679)